普通高等学校应用型教材
·会计·

会计职业道德

（第2版）

PROFESSIONAL ETHICS FOR ACCOUNTING

主　编◎梁文涛
副主编◎苏　杉　张清亮

中国人民大学出版社
·北京·

前　言

“会计职业道德”是应用型院校会计类专业的一门专业核心课。“会计职业道德”服务于会计专业人才培养目标，培养能够遵守会计职业道德和会计法律制度的应用型人才。本课程坚持“理实一体，学做合一”，以会计职业道德的培养为主线，直接为培养学生从事会计工作应具备的会计职业道德知识、会计职业道德修养服务。

《会计职业道德》（第 2 版）包括道德与职业道德，会计法律制度，会计职业道德概述，会计职业道德规范，会计职业道德教育、建设、检查与奖惩，会计人员诚信建设和对会计领域违法失信相关责任主体实施联合惩戒，严重违法失信会计人员黑名单管理和重大税收违法失信主体信息公布管理，注册会计师职业道德，会计相关行业的职业道德共九章。为培养具备会计职业道德的高端技能型人才，本教材设有“学习目标”“导入案例”“情境案例”，对与会计职业道德相关的知识点进行分析，主要讲授会计及相关行业所必需的职业道德和法律制度等，突出会计及相关行业职业道德的实用性和应用性，让学生在学习会计及相关行业职业道德理论知识的同时，提升会计及相关行业职业道德的实践能力。

本教材在借鉴大量优秀前期成果的基础上，结合作者对会计职业道德的理论与实践上的认识，具有以下特色：

一、落实立德树人根本任务，实施课程思政

为贯彻落实党的二十大精神，进一步“落实立德树人根本任务”，实施课程思政，本教材每章开头设置“素养提升”栏目，引导学生提升会计职业道德修养。

财政部于 2023 年 1 月 12 日制定了《会计人员职业道德规范》，并于 2023 年 2 月 1 日以《财政部关于印发〈会计人员职业道德规范〉的通知》（财会〔2023〕1 号）附件的形式发布。这是我国首次制定并发布全国性的会计人员职业道德规范。《会计人员职业道德规范》将新时代会计人员职业道德规范要求总结提炼为三条核心表述：（1）坚持诚信，守法奉公；（2）坚持准则，守责敬业；（3）坚持学习，守正创新。通过教导“坚持诚信，守法奉公”，促使学生在未来会计工作中符合自律要求；通过教导“坚持准则，守责敬业”，促使学生在未来会计工作中符合履职要求；通过教导“坚持学习，守正创新”，促使学生在未来会计工作中符合发展要求。

二、案例经典、丰富，实用性和应用性强

选取40多个会计及相关行业职业道德案例，通过“导入案例”“情境案例”“案例分析题”的方式融入教材中。通过对这些案例的分析，让学生较快地把握会计及相关行业职业道德的精髓和思想。

三、编写体例、形式和内容适合应用型人才培养特点

本教材每章开头设置“学习目标”，让学生首先能够明确本章的学习要求；接着设置“素养提升”，引导学生树立正确的“三观”；在每章具体内容之前设置“导入案例”，激发学生的学习兴趣；在与会计职业道德相关的理论知识讲授过程中，融入“情境案例”“单项选择题”“多项选择题”“判断题”“导入案例解析”，实现理实一体；与此同时，设置“特别提示”“点拨指导”“举例说明”“归纳总结”“知识链接”“区别比较”等模块，再次激发学生的学习兴趣；每章的最后设置“技能训练”，包括“单项选择题”“多项选择题”“判断题”“案例分析题”，让学生通过训练，进一步理解和掌握所学知识。

四、严格按照与会计职业道德相关的最新法律法规编写

本教材的第4章“会计职业道德规范”主要根据《财政部关于印发〈会计人员职业道德规范〉的通知》（财会〔2023〕1号）的附件《会计人员职业道德规范》编写。本教材本次加印印次的所有章节根据截稿之日（2024年12月1日）与会计职业道德相关的最新法律法规编写，其中包括自2024年7月1日起修正施行《中华人民共和国会计法》。在本教材后续加印、修订或再版时，将根据最新法律法规及时修正和完善，同时在PPT等教学资源中体现。

五、教学资源丰富

本教材提供给任课教师教学PPT、教学大纲、技能训练的参考答案电子版等资源。任课教师可通过中国人民大学出版社网站（www.crup.com.cn）获取上述课程资源。

本教材的出版，得到了中国人民大学出版社相关工作人员的大力支持与帮助，在此表示特别的感谢。本教材在撰写过程中，参考借鉴了大量本学科相关著作、教材与论文，在此向其作者表示由衷的感谢。由于作者水平有限，以及相关法律、法规、政策不断修订变化，本教材会存在不当之处，读者在实际运用时应当以最新的法律、法规、政策为准。同时，竭诚欢迎广大读者批评指正。若有意见、建议或指正，请发送至邮箱：nashuichouhua@126.com。本教材任课教师QQ群号码是：498267290（仅供任课教师加入，加入时请如实说明本人的单位、姓名）。

本教材由梁文涛担任主编，苏杉、张清亮担任副主编。

本教材可以作为应用型院校的教材，也可以作为各种财税培训机构的培训教材，还适合企业董事长、经理、财务主管、税务经理、会计人员、税务人员、律师、会计师、注册会计师、内部审计师、税务师、资产评估师、管理会计师、纳税筹划师等各类关心会计的人士阅读。

目 录

第 1 章

道德与职业道德

学习目标

1. 了解道德的含义、职业道德的含义。

2. 熟悉道德的特征、道德的功能、职业道德的特征、职业道德的作用。

3. 掌握职业道德的主要内容。

素养提升

1. 中华优秀传统文化源远流长、博大精深，是中华文明的智慧结晶，其中蕴含的天下为公、民为邦本、为政以德、革故鼎新、任人唯贤、天人合一、自强不息、厚德载物、讲信修睦、亲仁善邻等，是中国人民在长期生产生活中积累的宇宙观、天下观、社会观、道德观的重要体现，同科学社会主义价值观主张具有高度契合性。①

2. 人无德不立，品德是为人之本。止于至善，是中华民族始终不变的人格追求。我们要建设的社会主义现代化强国，不仅要在物质上强，更要在精神上强。精神上强，才是更持久、更深沉、更有力量的。青年要把正确的道德认知、自觉的道德养成、积极的道德实践紧密结合起来，不断修身立德，打牢道德根基，在人生道路上走得更正、走得更远。②

3. 教育引导学生把国家、社会、公民的价值要求融为一体，提高个人的爱国、敬业、诚信、友善修养，自觉把小我融入大我，不断追求国家的富强、民主、文明、和谐和社会的自由、平等、公正、法治，将社会主义核心价值观内化为精神追求、外化为自觉行动。③

---

① 选自《高举中国特色社会主义伟大旗帜 为全面建设社会主义现代化国家而团结奋斗——在中国共产党第二十次全国代表大会上的报告》。

② 2019 年 4 月 30 日，习近平总书记在纪念五四运动 100 周年大会上的讲话。

③ 选自《教育部关于印发〈高等学校课程思政建设指导纲要〉的通知》。

4. 教育引导学生深刻理解并自觉实践各行业的职业精神和职业规范，增强职业责任感，培养遵纪守法、爱岗敬业、无私奉献、诚实守信、公道办事、开拓创新的职业品格和行为习惯。①

导入案例

敢医敢言，生命至上——记"共和国勋章"获得者钟南山

"什么是最大的人权？我们保住了这么多人的命，这是我们最大人权的表现。"中国著名呼吸病学专家钟南山通过电视给全国中小学生上了特殊的"开学第一课"。

2020年1月18日，广州前往武汉的高铁上，钟南山疲惫地靠坐在高铁餐车的座位上，为的是要实地调研在武汉发生的一种"新型肺炎"。就在几天前，钟南山还呼吁人们，如果没有迫切需要，不要前往武汉，但他本人却毅然选择了"逆行"。

在武汉实地调研后，国家卫生健康委员会（简称国家卫健委）高级别专家组确认，这种"新型肺炎"存在"人传人"的情况。2020年1月20日，钟南山以国家卫健委高级别专家组组长的身份向全社会公布了"新型肺炎"存在"人传人"的结论，拉响了全国新冠疫情防控的警报。

讲真话、做实事，这是对党、对国家、对人民最大的忠诚。

这并非钟南山第一次"敢医敢言"。早在2003年非典疫情期间，在"衣原体是非典病因"几乎已经成为医学界定论的情况下，钟南山坚持实事求是的科学态度，以客观事实和临床经验为依据，指出非典病因是一种冠状病毒，并最终得以证实。他当时面对巨大的外部压力，指出当时北京的疫情尚未得到有效防控，为当时疫情防控走上正轨起到了关键性作用。

"科学只能实事求是，不能明哲保身，否则受害的将是患者。书本上没有的，只能在实践中摸索。"钟南山曾在接受采访时这样说。

在抗击非典疫情中，钟南山曾说"把最危重的病人送到我这里来"；在抗击新冠疫情中，他再次承诺"绝不放弃任何一个患者"。

时至今日，钟南山已年过八旬，仍然坚持出诊、查房、会诊、科研等繁忙的工作。有些外地病人来看病，钟南山会关心地问"有没有亲戚在这边？有没有地方住？"钟南山寄语广大青年："应当保持奋斗的精神，奋斗不是营造氛围，而需要坚持不懈，是实实在在的努力，需要坚韧不拔的精神。"

2020年8月11日，国家主席习近平签署主席令，授予84岁的钟南山"共和国勋章"，以表彰他在抗击新冠疫情进程中作出的杰出贡献。

资料来源：http://www.gov.cn/xinwen/2020-09/08/content_5541776.htm.

【要求】指出"共和国勋章"获得者钟南山的事迹所体现的职业道德要求。

① 选自《教育部关于印发〈高等学校课程思政建设指导纲要〉的通知》。

【解析】见本章的第 2 节。

第 1 节　道　德

一、道德的含义

道德是社会意识形态之一，是人们应当共同遵守的行为准则和规范。具体来说，道德是以真与假、善与恶、美与丑、公平与偏袒、正义与邪恶等为评价尺度，依靠信仰信念、教育引导、实践养成、制度保障、社会舆论和传统习俗等来维系和传播，用以调整个人与自己之间、个人与他人之间、个人与社会之间、个人与自然之间等各方面关系的行为准则和规范的总和。

道德主要分为社会公德、职业道德、家庭美德、个人品德等方面。

【特别提示】我国《新时代公民道德建设实施纲要》指出："全面推进社会公德、职业道德、家庭美德、个人品德建设，持续强化教育引导、实践养成、制度保障，不断提升公民道德素质，促进人的全面发展，培养和造就担当民族复兴大任的时代新人。"

【点拨指导】《新时代公民道德建设实施纲要》指出："要把社会公德、职业道德、家庭美德、个人品德建设作为着力点。推动践行以文明礼貌、助人为乐、爱护公物、保护环境、遵纪守法为主要内容的社会公德，鼓励人们在社会上做一个好公民；推动践行以爱岗敬业、诚实守信、办事公道、热情服务、奉献社会为主要内容的职业道德，鼓励人们在工作中做一个好建设者；推动践行以尊老爱幼、男女平等、夫妻和睦、勤俭持家、邻里互助为主要内容的家庭美德，鼓励人们在家庭里做一个好成员；推动践行以爱国奉献、明礼遵规、勤劳善良、宽厚正直、自强自律为主要内容的个人品德，鼓励人们在日常生活中养成好品行。"

【例 1－1・情境案例】

第七届全国道德模范之全国孝老爱亲模范——田琴

田琴，女，汉族，1980 年 12 月生，北京市密云区新城子镇太古石村村民。

田琴婚后 10 多年来，她的丈夫在外务工。田琴虽然身心过度劳累、颈椎腰椎疾病严重，仍然无怨无悔地悉心照顾爷爷、奶奶、父亲、母亲、爷爷公、公公、婆婆 7 位体弱多病的老人，以自己的实际行动诠释着人间大爱。

田琴年轻的时候也曾想和姐姐一样，到北京市区或密云城区打工，过上城里人的日子。但自从姐姐出嫁后，田琴考虑到自己的爷爷、奶奶、父亲、母亲都需要人照顾，于是就放弃了离开小山村的打算。2003 年，田琴与承德小伙周文军结婚，婚后一直居住在新城子镇太古石村。丈夫周文军常年在外打工，妻子田琴在家打零工，一家人的生活和和睦睦。2004 年，丈夫的弟弟突然车祸去世，照顾婆婆和爷爷公的重担一下子落在田琴夫妇肩上。2006 年，田琴的母亲得了脑血栓，田琴便把母亲接到自己家中照料。

2013 年，田琴的公公也得了脑血栓。考虑到婆婆年龄已大，同时爷爷公也需要照顾，田琴便把公公、婆婆和爷爷公都接到自己家中。这样一来，算上田琴的爷爷、奶奶、父亲、母亲，家中的老人增加到了 7 位。

丈夫在外务工，儿子尚且年幼，7 位老人也都需要照顾。面对莫大的压力，田琴并没有退缩，毅然担负起照顾老人的重任。多年来，田琴常年早起，帮老人洗脸梳头、整理衣服，伺候老人吃饭，坚持给老人按摩理疗，经常给老人讲外面的新闻，让老人天天有好心情。在田琴无微不至的照料下，老人们的生活很舒心。

2014 年，田琴的爷爷查出胃癌晚期，爷爷公也得了脑血栓，7 位老人中有 4 位身患重病。为了补贴家用，田琴找了一份在食堂做饭的工作。每天早晨，她先去食堂做饭，然后再回家给几位老人做饭，从早忙到晚。由于过度劳累，她患上了颈椎腰椎疾病，一到晚上就浑身难受。但在照顾老人的事情上，她一点儿也没有松懈。2015 年，田琴的爷爷和爷爷公相继离世，家中还剩下 5 位老人需要照顾。当别人问起田琴是否后悔时，她毫不犹豫地说，一点儿也不后悔，只有老人生活幸福了，我们全家人才幸福。

资料来源：http://bj.wenming.cn/tzh/tzby/202204/t20220408_6334853.shtml.

【要求】指出田琴的事迹所体现的道德方面的要求。

【解析】《新时代公民道德建设实施纲要》指出："推动践行以尊老爱幼、男女平等、夫妻和睦、勤俭持家、邻里互助为主要内容的家庭美德，鼓励人们在家庭里做一个好成员；推动践行以爱国奉献、明礼遵规、勤劳善良、宽厚正直、自强自律为主要内容的个人品德，鼓励人们在日常生活中养成好品行。"

田琴的丈夫长年在外务工，她虽然身心过度劳累、颈椎腰椎疾病严重，仍然无怨无悔地悉心照顾 7 位体弱多病的老人，以自己的实际行动诠释着人间大爱。田琴的事迹主要体现了家庭美德和个人品德的要求，具体来说，体现了田琴"尊老爱幼、夫妻和睦、勤俭持家"等方面的家庭美德，以及"勤劳善良、宽厚正直、自强自律"等方面的个人品德。

二、道德的特征

道德的特征主要包括：共同性、稳定性、自律性和广泛性。

1. 共同性

不同的国家、民族、社会、阶级的道德观念并不完全一样，但至少都包含真、善、美、公平与正义等内容。道德的共同性有利于不同的国家、民族、社会、阶级之间在遵守道德规范的前提下，相互交流、彼此合作、和平共处。

2. 稳定性

随着人类历史的演进，人类的道德观念虽然在一些细节方面有一定的发展和修正，但整体上是相对稳定的。例如文明礼貌、诚实守信、尊老爱幼、勤劳善良等道德品质都是一代一代继承和沿袭下来的，是植根于人的内心深处的。

【点拨指导】道德的稳定性又称为道德的继承性。

3. 自律性

道德并非依靠法律强制去遵守，而是依靠人类的信仰信念、教育引导、实践养成、制度保障、社会舆论和传统习俗等来维系和传播。相对于法律的强制性和他律性而言，道德通过自我择善、自我要求、自我约束、自我批评等方式来实现，具有明显的自律性。

4. 广泛性

道德作为调整个人与自我之间、个人与他人之间、个人与社会之间、个人与自然之间等各方面关系的行为准则和规范，贯穿于人类各个历史阶段并广泛存在于人类的各个领域。道德所涉及的范围比政治、经济、法律、行政、文化、教育、宗教等更为广泛。道德的广泛性要求人类在各个领域都要遵守道德规范。

【点拨指导】《新时代公民道德建设实施纲要》指出："在国际国内形势深刻变化、我国经济社会深刻变革的大背景下，由于市场经济规则、政策法规、社会治理还不够健全，受不良思想文化侵蚀和网络有害信息影响，道德领域依然存在不少问题。一些地方、一些领域不同程度存在道德失范现象，拜金主义、享乐主义、极端个人主义仍然比较突出；一些社会成员道德观念模糊甚至缺失，是非、善恶、美丑不分，见利忘义、唯利是图，损人利己、损公肥私；造假欺诈、不讲信用的现象久治不绝，突破公序良俗底线、妨害人民幸福生活、伤害国家尊严和民族感情的事件时有发生。这些问题必须引起全党全社会高度重视，采取有力措施切实加以解决。"

【例 1-2·多项选择题】 下列各项中，属于道德特征的有（　　）。

A. 共同性　　B. 稳定性

C. 他律性　　D. 广泛性

【答案】 ABD

【解析】 道德的特征主要包括：共同性、稳定性、自律性和广泛性。选项 C，自律性属于道德的特征；他律性不属于道德的特征，而属于法律的特征。

三、道德的功能

道德主要具有调节、教育和认识三大功能。

1. 调节功能

道德能够调整个人与自我之间、个人与他人之间、个人与社会之间、个人与自然之间等各方面关系，评价、指导并规范个人的行为。调节功能是道德最重要的功能。

2. 教育功能

道德能够教导人们塑造真、善、美、公平、正义等品格，通过劝善戒恶，并借舆论的褒贬等方式，传播正确的价值观，传递正能量，树立好榜样，形成良好的社会风气，塑造人们高尚的道德情操，从而对人与社会产生潜移默化的积极影响。

3. 认识功能

道德能够指导人们按照真、善、美、公平与正义等尺度或标准来认识自己、认识他人、认识社会、认识自然等，为人们进行正确的选择提供方向，并对自己、他人、社会、自然等承担相应的责任以及履行相应的义务。

【点拨指导】《新时代公民道德建设实施纲要》指出：“加强公民道德建设是一项长期而紧迫、艰巨而复杂的任务，要适应新时代新要求，坚持目标导向和问题导向相统一，进一步加大工作力度，把握规律、积极创新，持之以恒、久久为功，推动全民道德素质和社会文明程度达到一个新高度。”

【例1-3·判断题】 教育功能是道德最重要的功能。（　）

【答案】×

【解析】调节功能是道德最重要的功能。

第2节　职业道德

一、职业道德的含义

职业道德有广义和狭义之分。广义的职业道德是指从业人员在职业活动中应当遵循的行为准则和规范的总和，它涵盖了从业人员与自我之间、从业人员与客户之间、从业人员与本单位同事之间、从业人员与外单位同行之间、从业人员与职业本身之间、从业人员与产品或服务之间、不同职业之间等各方面的关系。狭义的职业道德是指从业人员在一定职业活动中应当遵循的、体现一定职业特征的、调整一定职业关系的职业行为准则和规范。

【特别提示】本书的职业道德主要是指狭义的职业道德。

【点拨指导】不同职业的从业人员在特定的职业活动中形成了特殊的职业关系，具体包括：

（1）从业人员与自我之间的关系，例如从业人员清楚地认识自己、教育自己、管理自己、约束自己、提升自己。

（2）从业人员与客户之间的关系，例如从业人员要对客户生命、财产等方面的安全负责。

（3）从业人员与本单位同事之间的关系，例如从业人员与本单位同事之间要友好协作，保证其共同生产的产品或提供的服务的质量。

（4）从业人员与外单位同行之间的关系，例如从业人员与外单位同行之间要彼此尊重，相互学习，不吹毛求疵，不恶意竞争。

（5）从业人员与职业本身之间的关系，例如从业人员要尊重、敬畏自己从事的职业，要对自己从事的职业负责。

（6）从业人员与产品或服务之间的关系，例如从业人员要对自己生产的产品或者提供的服务的质量负责。

（7）不同职业之间的关系，例如不同职业之间在一定程度上相互关联、相互影响、相互制约，某一职业道德出现问题有可能会影响到其他职业。

为了协调这种特殊的、多样的职业关系，不仅需要政治的、经济的、法律的、行政的、文化的、教育的规范和手段，而且需要一种适应职业特点的用于调整一定职业关系的职业行为准则和规范，即职业道德，以指导和约束职业行为，降低和化解职业风险，减少和防范职业事故，保证职业活动的正常和有序进行。

二、职业道德的主要内容

职业道德的主要内容包括：爱岗敬业、诚实守信、办事公道、热情服务、奉献社会。

1. 爱岗敬业

爱岗敬业是爱岗和敬业的统称。爱岗就是工作人员热爱自己的工作岗位，喜欢自己的本职工作；敬业就是用一种敬畏的态度对待自己的本职工作。爱岗敬业是职业道德的基础（出发点），是职业道德所倡导的首要规范。

2. 诚实守信

诚实是指工作人员外在言行和内在思想一致，忠诚真实、胸怀坦白、不说谎、不弄虚作假、不欺上瞒下、不文过饰非、不歪曲事实真相。守信是指工作人员遵守信约、信守诺言、持守信用、坚守信誉、保守秘密。诚实守信是职业在社会中生存和发展的基石，是职业道德的精髓。

3. 办事公道

办事公道是指工作人员在办理工作事务时，要站在公正的立场上，对不同的服务对象一视同仁，做到公平公正、不偏不倚、秉公办事、不徇私情。办事公道是处理职业内外关系的重要行为准则，是职业道德的基本准则。

4. 热情服务

热情服务是指工作人员在工作过程中要树立强烈的服务意识，秉持热情的服务态度，采用先进的服务手段，保证优良的服务质量。热情服务是职业道德的目标指向。

5. 奉献社会

奉献社会是指工作人员把自己的职业活动与社会联系起来，积极自觉地为他人、集体、国家乃至整个人类做贡献。奉献社会是职业道德的归宿点，是职业道德的最高要求、最终目标和最高境界。

【举例说明】医生的职业道德包括救死扶伤、实行人道主义、尊重患者的人格与权利、文明礼貌服务、为患者保守秘密、互学互尊、团结协作、严谨求实、奋发进取、钻研医术、精益求精，等等。

法官的职业道德的核心是公正、廉洁、为民。基本要求是忠诚司法事业、保证司法公正、确保司法廉洁、坚持司法为民、维护司法形象。

教师的职业道德包括爱国守法、爱岗敬业、关爱学生、教书育人、为人师表、终身学习。

商人的职业道德是诚信经营、童叟无欺、货真价实、不囤积居奇、不恶意抬高价格，等等。

【特别提示】《新时代公民道德建设实施纲要》指出了职业道德的内容，即“爱岗敬业、诚实守信、办事公道、热情服务、奉献社会”。但本书认为职业道德的内容除了上述5点以外，还可以加上“提高技能（或坚持学习、不断学习）”这一项。提高技能是指工作人员通过自学、接受培训、考取相关证书和实践等途径，持续不断地提升职业技能，以达到获取并保持足够的专业胜任能力的目的。不断提高职业技能既是工作人员的义务，也是在职业活动中做到办事公道、热情服务、奉献社会的前提条件。例如，医生张某，平时不钻研医术，不学习先进的医疗技术和理念，与同行相比，张某为病人手术的成功率很低，经常误诊、漏诊，给病人及其家属带来了灾难和麻烦。这样，即使张某文明礼貌服务、为患者保守秘密，也不能说明张某的职业道德水平高。

【点拨指导】《新时代公民道德建设实施纲要》指出：“文明单位创建要立足行业特色、职业特点，突出涵养职业操守、培育职业精神、树立行业新风，引导从业者精益求精、追求卓越，为社会提供优质产品和服务。”

【例1-4·多项选择题】 下列各项中，属于职业道德主要内容的有（　　）。

A. 爱岗敬业　　B. 诚实守信

C. 办事公道　　D. 助人为乐

【答案】 ABC

【解析】 道德主要分为社会公德、职业道德、家庭美德、个人品德等方面。职业道德的主要内容包括：爱岗敬业、诚实守信、办事公道、热情服务、奉献社会。选项D，助人为乐属于社会公德的主要内容。

【例1-5·单项选择题】 职业道德的出发点是（　　）。

A. 爱岗敬业　　B. 诚实守信

C. 热情服务　　D. 奉献社会

【答案】 A

【解析】 选项A，爱岗敬业是职业道德的基础（出发点）。选项B，诚实守信是职业道德的精髓。选项C，热情服务是职业道德的目标指向。选项D，奉献社会是职业道德的归宿点，是职业道德的最高要求、最终目标和最高境界。

导入案例解析

《新时代公民道德建设实施纲要》指出，“推动践行以爱岗敬业、诚实守信、办事公道、热情服务、奉献社会为主要内容的职业道德，鼓励人们在工作中做一个好建设者”。

2020年1月18日，钟南山“逆行”前往疫区武汉，实地调研“新型肺炎”，体现了“爱岗敬业、奉献社会”等职业道德要求。

2003 年非典疫情期间，钟南山实事求是地指出并证实非典病因是一种冠状病毒；2020 年 1 月 20 日，钟南山向全社会公布了“新型肺炎”存在“人传人”的结论，体现了“诚实守信”等职业道德要求。

在抗击非典疫情中，钟南山曾说“把最危重的病人送到我这里来”，在抗击新冠疫情中，他再次承诺“绝不放弃任何一个患者”，体现了“爱岗敬业、办事公道、热情服务、奉献社会”等职业道德要求。

钟南山已年过八旬，仍然坚持出诊、查房，会诊、科研，关心从外地来看病的病人，体现了“爱岗敬业、热情服务”等职业道德要求。

三、职业道德的特征

职业道德的特征主要包括：职业性（行业性）、实践性、继承性和多样性。

1. 职业性（行业性）

虽然不同职业的职业道德具有一定的共同基本内容，但职业道德的内容与职业活动本身密切相连，反映了特定的职业活动对从业人员行为的道德要求和规范，因此，职业道德具有很强的职业性（行业性），而不具有全社会所有职业（行业）的普遍适用性。某一特定的职业道德规范一般仅适用于该特定的职业活动领域。也就是说，某一特定行业的职业道德规范，一般仅适用于本行业，并不完全适用于其他行业，甚至有可能完全不适用于其他行业。

2. 实践性

由于职业活动本身是具体的实践活动，因此，在职业实践活动中积累形成的职业道德规范具有较强的操作性和实践性，并且容易形成具体的条文。职业道德规范一般采用行业公约、工作须知、行为准则、操作规程等具体的规章制度形式来指导和约束本行业的从业人员。有的职业道德规范甚至以法律规范的形式出台，要求从业人员在该行业中严格遵守。职业道德规范一般都会公之于众，接受行业内外人员的提醒、检查和监督。

【举例说明】《中国注册会计师职业道德守则》以行业自律性文件的形式制定并公之于众，用以规范注册会计师职业道德行为，提高注册会计师职业道德水准，维护注册会计师职业形象。

3. 继承性

在不同的社会经济发展阶段，同一种职业的服务范围、服务方式、职业利益、职业权利和义务是相对稳定的，由于职业道德与职业活动密切相连，因此，职业道德作为一种特殊的社会意识形态，也是相对稳定的，职业道德的核心内容也就得以继承和发扬。

【举例说明】医生“救死扶伤”，法官“公正、廉洁、为民”，教师“为人师表”，商人“诚信经营”等职业道德要求，在这些行业中世代相传，具有较强的稳定性和继承性。

4. 多样性

现实中的职业是复杂多样的，一般来说，有多少种职业就应当有多少种职业道德，因此职业道德具有多样性特点。不仅如此，在同一职业中又有可能进一步细化为不同的岗位，这些不同的岗位又应当有更加具体的职业道德规范。另外，随着社会经济的不断发展，新兴行业会不断出现，与之相配合的职业道德也会随之产生，职业道德会更加多样和丰富。

【举例说明】 医生有"医德"，法官有"法德"，教师有"师德"，商人有"商德"。随着社会经济的不断发展，人工智能等新兴行业不断出现，这些新兴行业职业道德的形成和确定以及法律规范的制定和实施都是非常迫切和重要的。

【例 1－6·多项选择题】 下列各项中，属于职业道德特征的有（　　）。

A. 行业性　　B. 实践性

C. 继承性　　D. 多样性

【答案】 ABCD

【解析】 职业道德的特征主要包括：职业性（行业性）、实践性、继承性和多样性。

四、职业道德的作用

职业道德的作用主要有以下两个方面。

1. 促进职业活动的正常和有序进行

职业道德最主要的作用就是通过处理和协调职业活动关系中的各种矛盾和差异，指导和约束职业活动中从业人员的行为，维护正常的职业活动秩序，促进职业活动健康有序地发展。

2. 对社会道德风尚产生积极的影响

职业道德是社会道德体系的重要组成部分，职业道德水平的高低在很大程度上影响社会道德水准。如果各行业的从业人员都能自觉遵守各自的职业道德，必将促进良好社会道德风尚的形成。

【点拨指导】 职业道德与社会公德、家庭美德、个人品德之间相辅相成、相互制约。良好的职业道德水平会在很大程度上影响社会公德、家庭美德、个人品德水准；良好的社会公德、家庭美德、个人品德水准也能促进职业道德水平的整体提升。

【例 1－7·判断题】 职业道德是社会道德体系的重要组成部分，职业道德水平的高低在很大程度上影响社会道德水准。（　　）

【答案】 √

技能训练

一、单项选择题

1. 下列各项中，不属于道德特征的是（　　）。

A. 共同性　　B. 多变性

C. 自律性　　D. 广泛性

2.（　　）功能是道德最重要的功能。

A. 调节　　B. 教育

C. 认识　　D. 惩罚

3. 下列各项中，属于职业道德的主要内容的是（　　）。

A. 热情服务　　B. 遵纪守法

C. 尊老爱幼　　D. 自强自律

4. 职业道德的归宿点是（　　）。

A. 爱岗敬业　　B. 诚实守信

C. 办事公道　　D. 奉献社会

5. 下列各项中，不属于职业道德特征的是（　　）。

A. 职业性　　B. 实践性

C. 继承性　　D. 单一性

二、多项选择题

1. 道德主要分为（　　）等方面。

A. 社会公德　　B. 职业道德

C. 家庭美德　　D. 个人品德

2. 下列各项中，属于职业道德主要内容的有（　　）。

A. 办事公道　　B. 男女平等

C. 爱国奉献　　D. 奉献社会

3. 下列各项中，属于道德特征的有（　　）。

A. 共同性　　B. 稳定性

C. 自律性　　D. 广泛性

4. 下列各项中，属于道德功能的有（　　）。

A. 认识　　B. 调节

C. 强制　　D. 教育

5. 下列关于职业道德的说法，正确的有（　　）。

A. 爱岗敬业是职业道德的最高要求　　B. 诚实守信是职业道德的精髓

C. 办事公道是职业道德的基本准则　　D. 奉献社会是职业道德的归宿点

6. 下列各项中，属于职业道德特征的有（　　）。

A. 职业性　　B. 理论性

C. 继承性　　D. 多样性

三、判断题

1. 道德的广泛性有利于不同的国家、民族、社会、阶级之间在遵守道德规范的前提下，相互交流、彼此合作、和平共处。（　　）

2. 道德的共同性要求人类在各个领域都遵守道德规范。（　　）

3. 调节功能是道德最重要的功能。（　　）

4. 爱岗敬业是职业道德的基础（出发点），是职业道德所倡导的首要规范。（　　）

5. 某一特定行业的职业道德规范，不仅适用于本行业，也完全适用于其他行业。（　　）

6. 一般来说，有多少种职业就应当有多少种职业道德，因此职业道德具有多样性的特点。（　　）

7. 职业道德与社会公德、家庭美德、个人品德无关。（　　）

四、案例分析题

第七届全国道德模范之全国敬业奉献模范——王曙群

王曙群，男，汉族，1970年6月生，中共党员，上海航天设备制造总厂有限公司班组长。

30年来，王曙群耐得住寂寞、热爱本职工作，默默无私奉献，坚守在航天装配一线岗位，传承仰望星空、脚踏实地的航天精神，不断开拓创新，攻克多项技术难关，以匠人之心铸航天重器，是新时代产业工人的优秀榜样。

资料来源：http://www.81.cn/2019zt/2019－07/10/content_9553762.htm.

【要求】指出王曙群的事迹主要体现了哪两项职业道德要求。

第2章

会计法律制度

学习目标

1. 了解会计法律制度的含义与构成。
2. 熟悉会计核算、会计机构与会计人员。
3. 掌握会计工作管理体制、会计监督、法律责任。

素养提升

1. 弘扬社会主义法治精神，传承中华优秀传统法律文化，引导全体人民做社会主义法治的忠实崇尚者、自觉遵守者、坚定捍卫者。①

2. 通过学习会计核算与监督技能，培养学生坚持诚信、守责敬业、认真仔细、不断学习、积极进取的工匠精神。

3. 通过上市公司财务造假案例分析，教育学生树立正确的价值观，提升学生的会计职业道德水平，提高学生的会计职业素养，增强学生的法律意识。

导入案例

A县甲公司是一家国有企业。张某自20×5年起担任该公司总经理。20×8年12月，因甲公司业绩突出，组织部门准备提拔张某担任该县某局副局长。在考核过程中，组织部门接到群众实名举报，举报张某任职期间有指使和放任会计人员做假账、打击压制坚持原则的会计人员等问题。随即该县财政、审计等部门组成联合调查组对甲公司近几年尤其是张某任总经理期间的会计资料进行了全面检查，结果发现：

（1）甲公司设置“大小两套账”，“大账”对外，“小账”对内。

① 选自《高举中国特色社会主义伟大旗帜 为全面建设社会主义现代化国家而团结奋斗——在中国共产党第二十次全国代表大会上的报告》。

（2）甲公司未按法律规定保管会计资料，导致部分会计原始资料毁损、灭失严重。

（3）3个月前，张某因不满会计王某多次不听从其做假账的指令，尤其不满王某向上级主管部门反映真实情况，将其调至后勤保卫科。

（4）张某任命没有会计从业资格证但具备从事会计工作所需要的专业能力的孙某担任会计。

（5）甲公司近3年的账目中存在伪造、变造会计凭证虚增利润等违法问题，经确认系会计人员孙某在张某的强令下所为。

调查组向县财政局通报上述情况。县财政局据此对甲公司作出责令限期改正的处罚，并罚款8.6万元，要求甲公司立即恢复王某会计职务和会计级别待遇。对张某的相关违法行为根据《中华人民共和国会计法》生成书面意见，反馈给组织部门，最后将张某移送检察院进入司法程序。

【要求】从会计法律制度的角度，分析甲公司存在的问题。

【解析】见本章的第6节。

第1节　会计法律制度的含义与内容

一、会计法律制度的含义

会计法律制度，简称会计法规，是指国家权力机关和行政机关制定的关于会计工作的法律、法规、规章和规范性文件的总称。会计法律制度是我国财经法律法规的重要组成部分，是调整会计关系的法律规范，是会计人员从事会计工作必须严格遵守的行为准则。

【点拨指导】为了规范会计行为和调整会计关系，保证会计工作正常和有序进行，国家需要制定一系列会计法律制度。

会计关系是指会计机构和会计人员在从事会计工作过程中，以及国家在管理会计工作过程中发生的经济关系。

【点拨指导】某一单位中会计关系的主体与客体。主体：会计机构和会计人员；客体：与会计工作相关的具体事务。

【举例说明】经济关系包括：供销关系、债权债务关系、分配关系、税款征纳关系、管理与被管理关系等。

【特别提示】不同的法律、法规、规章和规范性文件，分别使用了单位负责人、单位领导人作为称谓名称，实际上两者为同义词，使用时一般不加区分。另外，会计机构负责人、会计主管人员的称谓名称，实际上也为同义词，使用时一般也不加区分。

会计法律制度的含义有广义和狭义之分。本章会计法律制度的含义是狭义上的；广义的会计法律制度除了狭义的会计法律制度之外，还包括结算法律制度、税收法律制度、财政法律制度等与会计工作相关的法律制度。

【例 2－1·判断题】 会计法律制度指的就是全国人大常委会制定的《中华人民共和国会计法》。（　）

【答案】×

【解析】会计法律制度，是指国家权力机关和行政机关制定的关于会计工作的法律、法规、规章和规范性文件的总称，《中华人民共和国会计法》只是其中的一部分。

二、会计法律制度的构成

目前，我国的会计法律制度基本形成了比较完善的法律体系，该体系中主要包括会计法律、会计行政法规、会计部门规章和地方性会计法规这四个层次。

（一）会计法律

会计法律是指由全国人民代表大会及其常务委员会经过一定立法程序制定的有关会计工作的法律。

我国目前有两部会计法律，分别是《中华人民共和国会计法》（简称《会计法》）和《中华人民共和国注册会计师法》（简称《注册会计师法》）。

【点拨指导】广义会计的观点认为，注册会计师既属于审计，也属于会计，因此认为我国目前有两部会计法律，分别是《会计法》和《注册会计师法》；狭义会计的观点认为，注册会计师只属于审计，不属于会计，因此认为我国目前只有一部会计法律，即《会计法》。本书采用广义会计的观点，认为我国目前有两部会计法律，分别是《会计法》和《注册会计师法》。

1.《会计法》

《会计法》是调整我国经济活动中会计关系的总规范，是会计法律制度中层次最高的法律规范，是制定其他会计行政法规、会计部门规章和地方性会计法规的依据，也是指导会计工作的最高准则。《会计法》是由全国人民代表大会常务委员会制定并通过的。《会计法》在 1985 年 1 月 21 日制定，1993 年 12 月 29 日进行第一次修正，1999 年 10 月 31 日进行修订，2017 年 11 月 4 日进行第二次修正，2024 年 6 月 28 日进行第三次修正。现行的《会计法》是于 2024 年 6 月 28 日进行修正并于 2024 年 7 月 1 日起开始施行的。

【点拨指导】《会计法》的立法宗旨是规范会计行为，保证会计资料真实、完整，加强经济管理和财务管理，提高经济效益，维护社会主义市场经济秩序。

【特别提示】《会计法》除了总则和附则之外，主要规定了会计核算、会计监督、会计机构和会计人员、法律责任等方面的内容。

【点拨指导】《会计法》适用的空间范围界定：我国国家机关、社会团体、公司、企业、事业单位和其他组织都必须依照《会计法》办理会计事务。

【特别提示】《会计法》的适用范围不包括个体工商户。个体工商户会计管理的具体办法，由国务院财政部门根据《会计法》的原则另行规定。

【例 2－2·判断题】 《会计法》是制定其他会计行政法规、会计部门规章和地方性会计法规的依据。（　）

【答案】√

2.《注册会计师法》

《注册会计师法》是指导注册会计师及其行业行为的最高准则。1986年，国务院发布了《中华人民共和国注册会计师条例》，它属于行政法规，尚未成为法律；直到1993年10月31日，第八届全国人民代表大会常务委员会第四次会议审议通过了《注册会计师法》，并于1994年1月1日起施行，才正式升格为法律。现行的《注册会计师法》是于2014年8月31日进行修正并于公布之日起开始施行的。

【点拨指导】《注册会计师法》的立法宗旨是发挥注册会计师在社会经济活动中的鉴证和服务作用，加强对注册会计师的管理，维护社会公共利益和投资者的合法权益，促进社会主义市场经济的健康发展。

【特别提示】《注册会计师法》除了总则和附则之外，主要规定了注册会计师的考试与注册、注册会计师承办的业务范围和规则、会计师事务所、注册会计师协会、法律责任等方面的内容。

【点拨指导】注册会计师并不等同于人们常说的会计，注册会计师是依法取得注册会计师证书并接受委托从事审计和会计咨询、会计服务业务的执业人员。单就接受委托从事审计业务而言，注册会计师属于监督会计工作的独立第三方，起到的是中介作用。

【特别提示】会计师事务所是依法设立并承办注册会计师业务的机构。注册会计师执行业务，应当加入会计师事务所。

【点拨指导】《注册会计师法》的地位：我国中介行业的第一部法律。

【例2-3·判断题】 我国目前的会计法律只有《会计法》这一部。（　　）

【答案】×

【解析】我国目前有两部会计法律，分别是《会计法》和《注册会计师法》。

（二）会计行政法规

会计行政法规是指由国务院制定并发布，或者国务院有关部门拟定并经国务院批准发布，用以调整经济生活中某些方面会计关系的法律规范。

我国目前已经施行的会计行政法规主要有两部，分别是《总会计师条例》和《企业财务会计报告条例》。

【点拨指导】会计行政法规是由国务院制定的，其效力低于会计法律，高于会计部门规章和地方性会计法规，其制定依据是《会计法》。

1.《总会计师条例》

《总会计师条例》是国务院于1990年12月31日以国务院令第72号发布、2011年1月8日以国务院令第588号修正的，是对《会计法》中相关规定的细化和补充。《总会计师条例》规定：全民所有制大、中型企业设置总会计师；事业单位和业务主管部门根据需要，经批准可以设置总会计师。

【点拨指导】《总会计师条例》的制定宗旨是确定总会计师的职权和地位，发挥总会计师在加强经济管理、提高经济效益中的作用。

【特别提示】《总会计师条例》除了总则和附则之外，主要规定了单位总会计师的职责、权限、任免与奖惩等方面的内容。

2.《企业财务会计报告条例》

《企业财务会计报告条例》是国务院于 2000 年 6 月 21 日以国务院令第 287 号发布的，自 2001 年 1 月 1 日起施行，是对《会计法》中相关财务会计报告的规定的细化。

【点拨指导】《企业财务会计报告条例》的制定宗旨是规范企业财务会计报告，保证财务会计报告的真实、完整。

【特别提示】《企业财务会计报告条例》除了总则和附则之外，主要规定了企业财务会计报告的构成、编制和对外提供的要求、法律责任等方面的内容。

【例 2－4・判断题】 目前我国的会计行政法规主要有《总会计师条例》和《企业财务会计报告条例》这两部。　　（　　）

【答案】√

（三）会计部门规章

会计部门规章是指国家主管会计工作的行政部门即财政部以及其他相关部委根据法律和国务院的行政法规、决定、命令，在本部门的权限范围内制定的，调整会计工作中某些方面内容的国家统一的会计准则制度和规范性文件，包括国家统一的会计核算制度、会计监督制度、会计机构和会计人员管理制度及会计工作管理制度等。

国务院其他部门根据其职责权限制定的会计方面的规范性文件也属于会计部门规章，但必须报财政部审核或者备案。

我国目前已经施行的会计部门规章主要有：财政部 2018 年 12 月 6 日发布的《会计人员管理办法》，财政部 2016 年 2 月 16 日发布、2019 年 3 月 14 日修正的《代理记账管理办法》，财政部、国家档案局 2015 年 12 月 11 日第二次修订发布的《会计档案管理办法》，财政部、人力资源和社会保障部 2018 年 5 月 19 日发布的《会计专业技术人员继续教育规定》，财政部 1996 年 6 月 17 日发布、2019 年 3 月 14 日修正的《会计基础工作规范》，以及《企业会计准则》及其解释等。

【特别提示】会计部门规章不得与宪法、法律和行政法规相违背，其效力低于宪法、法律和行政法规。

【例 2－5・多项选择题】 下列各项中，属于会计部门规章的有（　　）。

A.《会计人员管理办法》

B.《会计专业技术人员继续教育规定》

C.《会计基础工作规范》

D.《企业财务会计报告条例》

【答案】ABC

【解析】选项 D 属于会计行政法规。

（四）地方性会计法规

地方性会计法规是指由省、自治区、直辖市人民代表大会及其常务委员会在同宪法、会计法律、行政法规和国家统一的会计准则制度不相抵触的前提下，根据本地区情况制定发布的关于会计核算、会计监督、会计机构和会计人员以及会计工作管理的规范性文件。

地方性会计法规是会计法律制度的重要组成部分。如2010年7月30日，辽宁省人民代表大会常委会公告第30号《辽宁省会计管理条例（2010）》就属于地方性会计法规。

除此之外，计划单列市、经济特区的人民代表大会及其常务委员会，在宪法、法律、行政法规允许的范围内也可以制定会计规范性文件，如2019年12月31日深圳市第六届人民代表大会常务委员会第三十七次会议第四次修正实施的《深圳经济特区注册会计师条例》等。

【知识链接】计划单列市的特点：计划单列市的财政直接与中央挂钩，但不一定与所在省份的财政完全脱钩。目前大连、青岛、宁波、厦门、深圳都属于计划单列市。

【点拨指导】区分会计法律、会计行政法规、会计部门规章、地方性会计法规的技巧："××法"均为会计法律（从广义上看，我国目前有《会计法》和《注册会计师法》两部会计法律）；没有地方称谓的"××条例"均为会计行政法规（我国目前主要有《总会计师条例》和《企业财务会计报告条例》两部会计行政法规）；有地方称谓的"××条例"均为地方性会计法规（例如《辽宁省会计管理条例》《深圳经济特区注册会计师条例》）；剩下的基本上均为会计部门规章（例如《会计人员管理办法》《代理记账管理办法》等）。

【归纳总结】法律效力排序：宪法＞会计法律＞会计行政法规＞会计部门规章＞地方性会计法规。

制定机关或者发布部门归纳：会计法律（全国人民代表大会及其常务委员会）；会计行政法规（国务院或者国务院有关部门拟定并经国务院批准）；会计部门规章（财政部以及其他相关部委、国务院其他部门）；地方性会计法规（省、自治区、直辖市人民代表大会及其常务委员会）。

【例2-6·单项选择题】 下列各项中，属于地方性会计法规的是（　　）。

A.《总会计师条例》

B.《辽宁省会计管理条例》

C.《企业会计准则》及其解释

D.《会计人员管理办法》

【答案】B

【解析】选项A属于会计行政法规；选项CD属于会计部门规章。

【例2-7·多项选择题】 下列关于我国会计法律制度的制定或发布机关的说法中，错误的有（　　）。

A.《会计法》是由全国人民代表大会制定的

B.《总会计师条例》是由财政部发布的

C.《注册会计师法》是由全国人民代表大会常务委员会制定的

D.《代理记账管理办法》是由国务院发布的

【答案】ABD

【解析】选项 A，《会计法》是由全国人民代表大会常务委员会制定的。选项 B，《总会计师条例》是由国务院发布的。选项 D，《代理记账管理办法》是由财政部发布的。

第 2 节　会计工作管理体制

会计工作管理体制是指国家管理会计工作的组织形式与基本制度，是贯彻落实国家会计法律、法规、规章、制度和方针政策的组织保障和制度保障。会计工作管理体制主要包括会计工作的行政管理、会计工作的自律管理和单位内部的会计工作管理等。

一、会计工作的行政管理

（一）会计工作行政管理体制

我国会计工作行政管理体制实行统一领导、分级管理的原则。国务院财政部门主管全国的会计工作。县级以上地方各级人民政府财政部门管理本行政区域内的会计工作。

财政、审计、税务、金融管理等部门应当依照有关法律、行政法规规定的职责，对有关单位的会计资料实施监督检查，并出具检查结论。

【特别提示】上述监督检查部门对有关单位的会计资料依法实施监督检查后，应当出具检查结论。有关监督检查部门已经作出的检查结论能够满足其他监督检查部门履行本部门职责需要的，其他监督检查部门应当加以利用，避免重复查账。

【点拨指导】财政部门与其他监督检查部门在管理会计事务中相互协作、相互补充。

【例 2-8·单项选择题】 根据会计法律制度规定，管理本行政区域内会计工作的行政机构是（　　）。

A. 县级以上各级人民政府

B. 县级以上各级人民政府的审计部门

C. 县级以上各级人民政府的税务部门

D. 县级以上各级人民政府的财政部门

【答案】D

【解析】县级以上地方各级人民政府财政部门管理本行政区域内的会计工作。

（二）会计工作行政管理的内容

会计工作的行政管理主要包括：制定国家统一的会计准则制度（简称“国家统一的会计制度”）；会计市场管理；会计专业人才评价；会计监督检查。

1. 制定国家统一的会计制度

国家统一的会计制度的制定，主要有以下要点。

（1）国家实行统一的会计制度。国家统一的会计制度由国务院财政部门根据《会计法》制定并公布。

【点拨指导】国家统一的会计制度，是指国务院财政部门根据《会计法》制定的关于会计核算、会计监督、会计机构和会计人员以及会计工作管理的制度。

（2）国务院有关部门可以依照《会计法》和国家统一的会计制度，制定对会计核算和会计监督有特殊要求的行业实施国家统一会计制度的具体办法或者补充规定，报国务院财政部门审核批准。

（3）国家加强会计信息化建设，鼓励依法采用现代信息技术开展会计工作，具体办法由国务院财政部门会同有关部门制定。

（4）中央军事委员会有关部门可以依照《会计法》和国家统一的会计制度制定军队实施国家统一的会计制度的具体办法，抄送国务院财政部门。

（5）各地区、各部门应当严格遵循会计法关于“国家实行统一的会计制度”的规定，不得擅自修改、调整、补充规定、解释国家统一的会计制度规定的政策口径。

（6）地方财政部门对企业、行政事业单位等在执行国家统一的会计制度中出现的政策口径问题，应按程序及时报财政部，由财政部作出统一解释；有关主管部门确需对国家统一的会计制度作出补充规定的，应按法定程序报财政部审核批准或备案。

国家统一的会计制度特指在全国范围内实施的会计工作管理方面的规范性文件，它主要包括以下四个方面的内容。

（1）会计核算制度。

（2）会计监督制度。

（3）会计机构和会计人员管理制度。

（4）会计工作管理制度。

【点拨指导】国家统一的会计制度的四个方面的内容，与本章第1节中“会计部门规章”的内容一致。

2. 会计市场管理

财政部门是会计工作和注册会计师行业的主管部门，履行相应的会计市场管理职责。财政部门对违反会计法律、行政法规规定和扰乱会计秩序的行为，有权进行管理和规范。

会计市场的管理包括会计市场的准入管理、运行管理和退出管理三个方面。

【特别提示】对与会计相关的出版市场、会计培训市场、境外“洋资格”的管理等也属于会计市场管理的范畴。

（1）会计市场的准入管理。会计市场的准入管理是指财政部门对代理记账机构的设立、会计师事务所的设立、注册会计师资格的取得等进行的条件设定。

【点拨指导】获准进入会计市场后，相关机构和人员还应当持续保持相关资格和准入条件并主动接受财政部门的监督检查。一旦不再符合相关资格和准入条件，审批机关应当撤回行政许可。

【特别提示】全国会计从业资格考试已经自2017年1月1日起暂停。根据国务院常务会议精神和《国务院关于取消一批职业资格许可和认定事项的决定》(国发〔2016〕68号),会计从业资格被列为建议取消的职业资格事项。取消会计从业资格涉及修正《会计法》,需要依照法定程序提请全国人民代表大会常务委员会修订相关法律规定。2017年11月4日,第十二届全国人民代表大会常务委员会第三十次会议决定,对《会计法》进行修正,修正后的新《会计法》删除了关于从事会计工作的人员必须取得会计从业资格证书等规定,对会计人员应当具备从事会计工作所需要的专业能力并遵守职业道德、违法会计人员5年内不得从事会计工作或者不得再从事会计工作等作出了规定。这是贯彻“放管服”改革要求、促进会计人员管理职能转变的重要措施。2024年6月28日第十四届全国人民代表大会常务委员会第十次会议对《会计法》再次进行修正,仍然延续上次修正的上述规定。

(2)会计市场的运行管理。会计市场的运行管理,又称会计市场的过程监管,是指财政部门对获准进入会计市场的机构和个人是否遵守各项法律法规,是否依据相关准则、制度和规范执行业务的过程及结果所进行的监督和检查。

(3)会计市场的退出管理。会计市场的退出管理是指财政部门对在会计工作和执业过程中发生的违反《会计法》《注册会计师法》《会计人员管理办法》《代理记账管理办法》等行为的机构和个人进行行政处罚或追究刑事责任,暂时或永久不得从事会计工作。

【点拨指导】《会计人员管理办法》规定:因发生与会计职务有关的违法行为被依法追究刑事责任的人员,单位不得任用(聘用)其从事会计工作。

因违反《中华人民共和国会计法》有关规定受到行政处罚5年内不得从事会计工作的人员,处罚期届满前,单位不得任用(聘用)其从事会计工作。

【特别提示】1)国家实行注册会计师全国统一考试制度。2)参加注册会计师全国统一考试成绩合格,并从事审计业务工作2年以上的,可以向省、自治区、直辖市注册会计师协会申请注册。3)注册会计师执行业务,应当加入会计师事务所。4)会计师事务所符合下列条件的,可以是负有限责任的法人:①不少于30万元的注册资本;②有一定数量的专职从业人员,其中至少有5名注册会计师;③国务院财政部门规定的业务范围和其他条件。5)设立会计师事务所,由国务院财政部门或省、自治区、直辖市人民政府财政部门批准。6)会计师事务所、律师事务所以及从事证券投资咨询、资产评估、资信评级、财务顾问、信息技术系统服务的证券服务机构,应当勤勉尽责、恪尽职守,按照相关业务规则为证券的交易及相关活动提供服务。从事证券投资咨询服务业务,应当经国务院证券监督管理机构核准;未经核准,不得为证券的交易及相关活动提供服务。从事其他证券服务业务,应当报国务院证券监督管理机构和国务院有关主管部门备案。

【例2-9·判断题】 会计市场的准入管理是指财政部门对获准进入会计市场的机构和个人是否遵守各项法律法规,是否依据相关准则、制度和规范执行业务的过程及

结果所进行的监督和检查。（ ）

【答案】×

【解析】会计市场的运行管理是指财政部门对获准进入会计市场的机构和个人是否遵守各项法律法规，是否依据相关准则、制度和规范执行业务的过程及结果所进行的监督和检查。

3. 会计专业人才评价

会计专业人才是我国经济建设与发展中不可或缺的重要力量，也是我国人才队伍的重要组成部分。目前我国已经基本形成阶梯式的会计专业人才评价机制，包括初级、中级、高级层次清晰、相互衔接、体系完整的会计专业人才职称评价体系，以及会计行业领军人才培养评价体系等。对先进会计工作者的表彰奖励也属于会计专业人才评价的范畴。

【点拨指导】会计专业技术资格分为初级资格、中级资格和高级资格三个级别，分别对应初级、中级、副高级和正高级会计职称（会计专业职务）的任职资格。目前，初级、中级资格实行全国统一考试制度，副高级会计师资格实行考试与评审相结合制度，正高级会计师资格实行评审制度。

4. 会计监督检查

财政部门实施的会计监督检查主要包括会计信息质量检查和会计师事务所执业质量检查两个方面。除此以外，财政部门对会计的监督检查还包括依法加强对会计行业自律组织的监督和指导。

财政部组织实施全国会计信息质量的检查工作，并依法对违法行为（主要是指违反《会计法》的行为）实施行政处罚；县级以上财政部门组织实施本行政区域内的会计信息质量检查工作，并依法对本行政区域单位或人员的违法行为（主要是指违反《会计法》的行为）实施行政处罚。

财政部组织实施全国会计师事务所的执业质量检查工作，并依法对违反《注册会计师法》的行为实施行政处罚。省、自治区、直辖市人民政府财政部门组织实施本行政区域内的会计师事务所执业质量检查工作，并依法对本行政区域内会计师事务所或注册会计师违反《注册会计师法》的行为实施行政处罚。

【归纳总结】对会计师事务所的执业质量检查（包括对会计师事务所出具审计报告的程序和内容进行监督检查）的执法主体是省级（省、自治区、直辖市）以上（含省级）人民政府财政部门，不包括县级。而对会计信息质量检查的执法主体是县级以上（含县级）财政部门。

【例2-10·情境案例】 甲公司是一家在青岛市李沧区注册成立的外商独资企业，该公司的股东张某和李某均是法籍华人。本年[1] 12月22日，甲公司接到通知，其

① 若没有特殊说明，本书中的“本年”均指2024年。

所在地的市财政局准备对其会计人员及其从业情况进行例行检查。甲公司负责人张某认为，甲公司是外商独资企业，要求青岛市李沧区财政局提供运用中国的《会计法》来约束一家外商独资企业的法律依据。

【要求】（1）指出青岛市李沧区财政局可以提供的法律依据；（2）说明甲公司是否应当接受青岛市李沧区财政局对其会计人员及其从业情况的检查。

【解析】（1）青岛市李沧区财政局可以提供的法律依据主要有：①《会计法》规定，县级以上地方各级人民政府财政部门管理本行政区域内的会计工作；②《会计法》规定，国家机关、社会团体、公司、企业、事业单位和其他组织（以下统称单位）必须依照《会计法》办理会计事务。财政、审计、税务、金融管理等部门应当依照有关法律、行政法规规定的职责，对有关单位的会计资料实施监督检查，并出具检查结论。财政、审计、税务、金融管理等部门应当加强监督检查协作，有关监督检查部门已经作出的检查结论能够满足其他监督检查部门履行本部门职责需要的，其他监督检查部门应当加以利用，避免重复查账。依法对有关单位的会计资料实施监督检查的部门及其工作人员对在监督检查中知悉的国家秘密、工作秘密、商业秘密、个人隐私、个人信息负有保密义务。各单位必须依照有关法律、行政法规的规定，接受有关监督检查部门依法实施的监督检查，如实提供会计凭证、会计账簿、财务会计报告和其他会计资料以及有关情况，不得拒绝、隐匿、谎报。③《会计人员管理办法》规定，县级以上地方人民政府财政部门、新疆生产建设兵团财政局、中央军委后勤保障部、中共中央直属机关事务管理局、国家机关事务管理局应当采用随机抽取检查对象、随机选派执法检查人员的方式，依法对单位任用（聘用）会计人员及其从业情况进行管理和监督检查，并将监督检查情况及结果及时向社会公开。

（2）甲公司作为一家外商独资企业，属于在中国注册的法人企业，应当遵守中国有关法律法规并受其约束。因此，甲公司应当接受青岛市李沧区财政局对其会计人员及其从业情况的检查。

二、会计工作的自律管理

会计工作的自律管理，又称会计工作的行业管理或行业自律管理。我国会计工作的行业自律管理组织（简称“会计行业组织”“会计人员自律组织”“会计行业自律组织”）包括中国注册会计师协会、中国会计学会和中国总会计师协会。

【点拨指导】《会计人员管理办法》规定，依法成立的会计人员自律组织，应当依据有关法律法规和其章程规定，指导督促会员依法从事会计工作，对违反有关法律法规、会计职业道德和其章程的会员进行惩戒。

（一）中国注册会计师协会

中国注册会计师协会成立于 1988 年 11 月，是依据《注册会计师法》和《社会团体登记管理条例》的有关规定设立，在财政部党组领导下开展行业管理和服务的法定组织，承担着《注册会计师法》赋予的职能和协会章程规定的职能。

（二）中国会计学会

中国会计学会创建于 1980 年，是财政部所属由全国会计领域各类专业组织，以及会计理论界、实务界专业人员自愿结成的学术性、专业性、非营利性社会组织。

（三）中国总会计师协会

中国总会计师协会成立于 1990 年，是经民政部正式批准，依法注册登记成立的跨地区、跨部门、跨行业的全国非营利性一级社团组织，是总会计师行业的全国性自律组织，业务指导单位是财政部。

【特别提示】中国内部审计协会不是会计工作的自律管理机构。

【例 2－11 · 多项选择题】 下列各项中，属于我国会计工作的行业自律管理组织的有（　　）。

A. 中国注册会计师协会

B. 中国会计学会

C. 中国总会计师协会

D. 中国注册税务师协会

【答案】ABC

【解析】选项 D，中国注册税务师协会是由中国税务师（改革前为“注册税务师”）和税务师事务所组成的行业民间自律管理组织，受民政部和国家税务总局的业务指导和监督管理。中国注册税务师协会不属于我国会计工作的行业自律管理组织。另外，虽然“注册税务师”已经改为“税务师”，但是就其所属协会而言，仍称为“中国注册税务师协会”。

【例 2－12 · 情境案例】 王某认为，中国会计学会是在财政部领导下针对会计人员的社会组织，因此只要是会计人员都可以申请加入。李某认为，个人要加入中国会计学会，需要满足一定的条件。

【要求】分析王某、李某的观点是否正确。

【解析】王某的观点不正确，李某的观点正确。《中国会计学会章程》规定，下列个人可申请成为本会个人会员：（1）在高等院校、科研单位从事会计教学、科研工作，并具有高级职称的人员或会计专业博士；（2）在大中型企业、行政单位、事业单位和中介机构从事会计或会计管理工作，并具有高级职称或相当水平的人员。因此，并非所有的会计人员都能加入中国会计学会，只有符合上述条件的个人才能加入。

三、单位内部的会计工作管理

单位内部的会计工作管理主要包括以下四个方面：（1）单位负责人的职责；（2）会计机构的设置；（3）会计人员的选拔任用；（4）会计人员回避制度。

（一）单位负责人的职责

单位负责人，又称单位领导人，是指单位法定代表人或者法律、行政法规规定代表单位行使职权的主要负责人。单位负责人主要包括以下两类人员。

（1）单位的法定代表人，是指依法代表法人单位行使职权的负责人，如国有工业企业的厂长（经理）、公司制企业的董事长、国家机关的最高行政官员等。

（2）法律、行政法规规定代表单位行使职权的主要负责人，是指依法代表非法人单位行使职权的负责人，如代表合伙企业执行合伙企业事务的合伙人、个人独资企业的投资人等。

《会计法》规定的单位负责人的职责主要有以下三项。

（1）对本单位的会计工作和会计资料的真实性、完整性负责。

（2）应当保证财务会计报告真实、完整。

（3）应当保证会计机构、会计人员依法履行职责，不得授意、指使、强令会计机构和会计人员违法办理会计事项。

【特别提示】对单位的会计工作和会计资料的真实性、完整性负责的并不是“会计机构负责人”，而是“单位负责人”。“单位负责人”才是单位的会计责任主体。

【点拨指导】不同的法律、法规、规章和规范性文件，分别使用了单位负责人、单位领导人作为称谓名称，实际上两者为同义词，使用时一般不加区分。

【例 2－13・多项选择题】下列单位人员中，应当对本单位的会计工作和会计资料的真实性、完整性负责的有（　　）。

A. 某合伙企业的合伙人

B. 某个人独资企业的投资人

C. 某有限责任公司的财务总监

D. 某有限责任公司的董事长

【答案】BD

【解析】单位负责人应当对本单位的会计工作和会计资料的真实性、完整性负责。选项 A，应当是代表合伙企业执行合伙企业事务的合伙人。选项 C，财务总监不属于单位负责人。

（二）会计机构的设置

《会计法》规定，各单位应当根据会计业务的需要，设置会计机构，或者在有关机构中设置会计人员并指定会计主管人员；不具备设置条件的，应当委托经批准设立从事会计代理记账业务的中介机构代理记账。

各单位是否设置会计机构，应当根据单位会计业务的需要来决定，也就是说各单位可以根据自身会计业务的繁简情况决定是否设置会计机构。一个单位是否需要单独设置会计机构，需要考虑的因素主要有以下三点。

1. 单位规模的大小

一个单位的规模大小往往决定了这个单位内部职能部门的设置，包括是否需要设置会计机构。一般来说，大中型企业、实行企业化管理的事业单位，应当设置会计机构；业务较多的行政单位、社会团体和其他组织，也应当设置会计机构。而规模较小的企业，业务和人员都不多的行政事业单位、社会团体和其他组织，可以不单独设置会计机构，而是在有关机构中设置会计人员并指定会计主管人员，或委托经批准设立从事会计代理记账业务的中介机构代理记账。

2. 经济业务和财务收支的繁简

在是否设置会计机构的问题上，应考虑全面、合理、有效的原则。一般来说，多数大中型企业以及少数小企业的经济业务复杂多样，财务收支频繁，应当设置会计机构；少数大中型企业以及多数小企业的经济业务单一，财务收支简单，则不需要设置会计机构。

3. 经营管理的要求

有效的经营管理是以信息的及时、准确、全面、系统为前提的。一个单位在经营管理上的要求或者需求越高，对会计信息系统的要求或者需求也就越高，从而促使该单位越有必要设置会计机构；反之就越不需要设置会计机构。

【例2-14·情境案例】 王某了解到，我国《会计法》规定，单位负责人对本单位的会计工作和会计资料的真实性、完整性负责。由此王某认为，一个单位是否需要单独设置会计机构应当由单位负责人主观意愿决定。但李某不同意王某的观点，李某认为，一个单位是否需要单独设置会计机构应当具体考虑该单位的实际情况，而不能由单位负责人主观意愿决定。

【要求】 分析王某、李某的观点是否正确。

【解析】 王某的观点不正确，李某的观点正确。我国《会计法》虽然规定单位负责人对本单位会计工作和会计资料的真实性、完整性负责，但单位是否需要单独设置会计机构，并不能由单位负责人自己的主观意愿决定。一个单位是否需要单独设置会计机构，通常应当考虑的因素有单位规模的大小、经济业务和财务收支的繁简以及经营管理的要求。

（三）会计人员的选拔任用

财政部对从事会计工作人员的相关任职资格条件进行了统一规定。

《会计人员管理办法》规定，会计人员从事会计工作，应当符合下列要求：（1）遵守《中华人民共和国会计法》和国家统一的会计制度等法律法规；（2）具备良好的职业道德；（3）按照国家有关规定参加继续教育；（4）具备从事会计工作所需要的专业能力。

《会计法》规定，担任单位会计机构负责人（会计主管人员）的，应当具备会计师以上专业技术职务资格或者从事会计工作3年以上经历。

【点拨指导】 会计机构负责人（会计主管人员）是指在一个单位内部具体负责会计工作的中层领导人员。设置会计机构的单位应当配备会计机构负责人；未设置会计机构的，但在有关机构中配备专职会计人员的，应当在专职会计人员中指定会计主管人员。

《总会计师条例》规定，总会计师的任职条件之一是取得会计师任职资格后，主管一个单位或者单位内一个重要方面的财务会计工作时间不少于3年。

【点拨指导】 总会计师是单位行政领导成员，协助单位主要行政领导人工作，直接对单位主要行政领导人负责。国有的和国有资本占控股地位或主导地位的大、中型企业必须设置总会计师。事业单位和业务主管部门根据需要，经批准也可以设置总会计师。凡是设置总会计师的单位，在单位行政领导成员中，不设与总会计师职权重叠的副职。

各单位应当根据国家有关法律法规和《会计人员管理办法》有关规定，判断会计人员是否具备从事会计工作所需要的专业能力。各单位应当根据《会计法》等法律法规和《会计人员管理办法》有关规定，结合会计工作需要，自主任用（聘用）会计人员。各单位应当对任用（聘用）的会计人员及其从业行为加强监督和管理。

【点拨指导】企业的总会计师由本单位主要行政领导人提名，政府主管部门任命或者聘任；免职或者解聘程序与任命或者聘任程序相同。事业单位和业务主管部门的总会计师依照干部管理权限任命或者聘任；免职或者解聘程序与任命或者聘任程序相同。

【归纳总结】区分会计机构负责人和会计主管人员：设置会计机构——配备会计机构负责人；不设置会计机构（在有关机构中配备专职会计人员）——指定会计主管人员（负责组织管理会计事务、行使会计机构负责人的职权的会计工作负责人）。

【例 2－15 · 多项选择题】 下列各项中，属于会计人员从事会计工作应当符合的要求的有（　　）。

A. 遵守《会计法》和国家统一的会计制度等法律法规

B. 具备良好的职业道德

C. 具有会计专业中专或中专以上学历

D. 具备从事会计工作所需要的专业能力

【答案】ABD

【解析】《会计人员管理办法》规定，会计人员从事会计工作，应当符合下列要求：（1）遵守《中华人民共和国会计法》和国家统一的会计制度等法律法规；（2）具备良好的职业道德；（3）按照国家有关规定参加继续教育；（4）具备从事会计工作所需要的专业能力。选项 C 的说法错误。

（四）会计人员回避制度

回避制度是指为了保证执业或者执法的公正性，对可能影响其公正性的执业或者执法人员实行职务回避和业务回避的一种制度。

《会计基础工作规范》中对于会计人员回避制度作出了规定，主要是从会计工作的特殊性出发，规定国家机关、国有企业、事业单位聘任会计人员应当实行回避制度。会计人员回避制度的内容主要包括以下两点。

（1）国家机关、国有企业、事业单位的单位负责人（单位领导人）的直系亲属不得担任本单位的会计机构负责人、会计主管人员。

（2）国家机关、国有企业、事业单位的会计机构负责人、会计主管人员的直系亲属不得在本单位会计机构中担任出纳工作。

需要回避的直系亲属包括夫妻关系、直系血亲关系、三代以内旁系血亲以及姻亲关系。直系血亲关系还包括本来没有自然的或者直接的血缘关系，但法律上确定其地位与血亲相等的关系，如养父母和养子女的关系。

【特别提示】只有“国家机关、国有企业、事业单位”聘任会计人员，才应当实行回避制度。

【点拨指导】直系亲属关系（夫妻关系、直系血亲关系、三代以内旁系血亲以及姻亲关系）如图2-1所示。

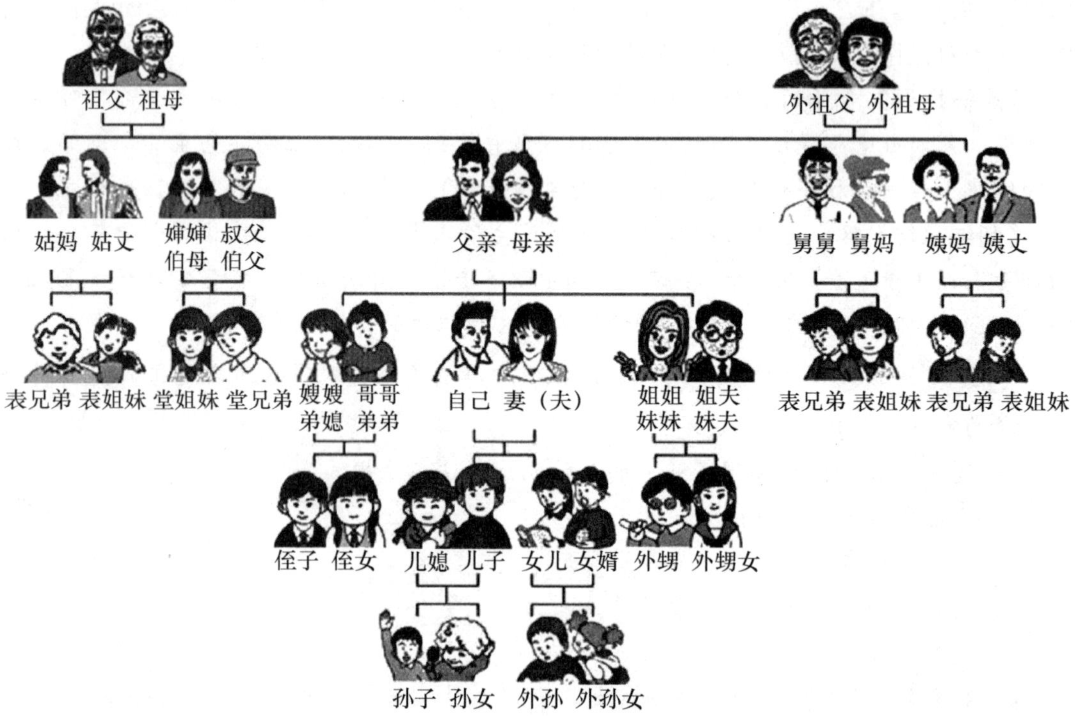

图2-1 直系亲属关系（夫妻关系、直系血亲关系、三代以内旁系血亲以及姻亲关系）图

资料来源：http://www.ahkjksw.com/one/n_21859_222_143.html.

【例2-16·情境案例】 赵某毕业于某大学中文系，毕业后一直在甲国有企业办公室作为办公室主任从事文秘工作，不具备会计师以上专业技术职务资格。本年2月，经甲国有企业领导集体决定，任命办公室主任赵某担任本单位会计机构负责人。本年8月，甲国有企业出纳王某因身体原因辞去出纳的职务。经甲国有企业领导集体决定，将厂长李某的妻子张某由外单位调入甲国有企业担任出纳工作。经查，张某具有多年从事会计工作的经历，并且具备会计师职称。

【要求】分析甲国有企业分别任命赵某、张某担任会计机构负责人、出纳工作的行为是否符合我国会计法律制度的规定。

【解析】(1) 甲国有企业任命赵某担任会计机构负责人不符合我国会计法律制度的规定。我国《会计法》规定，担任会计机构负责人的，应当具备会计师以上专业技术职务资格或从事会计工作3年以上的经历。赵某毕业后一直从事的不是会计工作，不具备会计师以上专业技术职务资格，更没有3年以上的会计工作经历，因此，赵某不符合担任会计机构负责人的条件。

（2）甲国有企业可以任命厂长李某的妻子张某担任出纳工作，符合我国会计法律制度的规定。《会计基础工作规范》规定，国家机关、国有企业、事业单位任用会计人员应当实行回避制度。国家机关、国有企业、事业单位的单位负责人（单位领导人）的直系亲属不得担任本单位的会计机构负责人、会计主管人员。国家机关、国有企业、事业单位的会计机构负责人、会计主管人员的直系亲属不得在本单位会计机构中担任出纳工作。需要回避的直系亲属为：夫妻关系、直系血亲关系、三代以内旁系血亲以及姻亲关系。因此，甲国有企业单位负责人（厂长）李某的妻子张某不得担任本单位的会计机构负责人、会计主管人员，但可以在本单位会计机构中担任出纳工作。

第 3 节　会计核算

会计核算是以货币为主要计量单位，运用专门的会计方法，通过确认、计量、记录和报告等环节，对特定主体的生产经营活动或预算执行过程及其结果进行反映，并为经营决策和宏观经济管理提供依据的一项会计活动。

【特别提示】会计核算是会计工作的基本职能之一，是会计工作的重要环节。

【点拨指导】《会计法》规定，会计机构、会计人员依照本法规定进行会计核算，实行会计监督。

一、会计核算的总体要求

（一）会计核算的依据

（1）各单位应当按照《会计法》和国家统一的会计制度规定建立会计账册，进行会计核算。

（2）各单位发生的各项经济业务事项应当统一进行会计核算，不得违反规定私设会计账簿进行登记、核算。

（3）各单位必须根据实际发生的经济业务事项进行会计核算，填制会计凭证，登记会计账簿，编制财务会计报告。实际发生的经济业务事项是指各单位在生产经营中发生的经济活动。以实际发生的经济业务事项为依据进行会计核算，是对会计核算最基本的要求。但并非所有实际发生的经济活动都需要进行会计核算，例如预算或者计划的制定。

【举例说明】甲公司在制定一项投资计划时并不需要进行会计核算，因为该项投资计划尚未执行，尚未引起资金的增减变动。只有在投资计划执行并引起资金的增减变动时，才需要对该项投资活动按照执行的情况进行会计核算。

（4）任何单位不得以虚假的经济业务事项或者资料进行会计核算。以虚假的经济业务事项或者资料进行会计核算，会导致所生成的会计信息与实际发生的经济业务事项不符，造成会计信息失真，侵害会计信息使用者的经济利益，扰乱社会经济秩序。

以虚假的经济业务事项或者资料进行会计核算，属于违法行为，应当承担相应的法律责任。

（二）对会计资料的基本要求

1. 会计资料的生成和提供必须符合国家统一的会计制度的规定

会计资料是指在会计核算过程中形成的，用来记录和反映实际发生的经济业务事项的会计专业资料，主要包括会计凭证、会计账簿、财务会计报告和其他会计资料。

会计资料作为记录会计核算过程和结果的重要载体，是国家进行宏观调控、经营者进行管理和投资者进行决策的重要依据。会计资料所记录和提供的信息也是一项重要的社会资源。会计资料必须符合国家统一的会计制度的规定。

使用电子计算机进行会计核算的，其软件及其生成的会计凭证、会计账簿、财务会计报告和其他会计资料，也必须符合国家统一的会计制度的规定。

目前，用于规范会计资料的国家统一会计准则制度主要有《会计基础工作规范》《会计档案管理办法》《企业会计准则》《企业会计制度》《金融企业会计制度》《小企业会计制度》《小企业会计准则》等。

2. 提供虚假的会计资料是违法行为

会计资料的真实性和完整性是对会计资料最基本的质量要求，是会计工作的生命线，各单位必须严格按照《会计法》的要求执行，保证会计资料的真实性和完整性。任何单位和个人不得伪造、变造会计凭证、会计账簿及其他会计资料，不得提供虚假的财务会计报告。

会计资料的真实性，主要是指会计资料所反映的内容和结果应当同单位实际发生的经济业务的内容及其结果相一致。会计资料的完整性，主要是指构成会计资料的各项要素必须齐全，使得会计资料能够如实、全面地记录和反映单位经济业务发生情况，便于会计资料的使用者全面、准确地了解经济活动情况。

伪造会计凭证、会计账簿及其他会计资料，是指以虚假的经济业务或者资金往来为前提，编造不真实的会计凭证、会计账簿及其他会计资料的行为，即“以假充真”。主要表现为：（1）伪造根本不存在的经济事项的原始凭证，如制作假发票、假收据、假工资表等假的原始凭证；（2）以实际存在的会计事项为基础，用夸大、缩小或隐匿事实的手段伪造原始凭证；（3）由于会计人员审核不严或者玩忽职守、丧失原则，以伪造的原始凭证为基础，填制记账凭证，如根据假发票填制记账凭证的行为等。

变造会计凭证、会计账簿及其他会计资料，是指用涂改、挖补等手段来更改会计凭证、会计账簿及其他会计资料的真实内容，即“篡改事实”。主要表现为：（1）涂改原始凭证的日期、数量、单价、金额等内容，如在原始凭证的金额数字上多加一个0；（2）利用现代化工具，对原始凭证进行二次处理；（3）由于会计人员审核不严或者玩忽职守、丧失原则，以变造的原始凭证为基础，填制记账凭证，如根据涂改后的发票填制记账凭证。

提供虚假财务会计报告，是指通过伪造、变造的会计凭证、会计账簿及其他会计资料来编制财务会计报告，或者直接篡改财务会计报告上的真实数据，使财务会计报告不真实、不完整地反映企业的财务状况、经营成果和现金流量，借以误导和欺骗财务会计报告使用者的行为，即“以假乱真”。

【归纳总结】伪造——以假充真；变造——篡改事实；提供虚假财务会计报告——以假乱真。

【例2-17·情境案例】 青岛市市北区财政部门在例行执法检查时发现，当地甲公司会计人员李某以虚假的经济业务编造了会计凭证和会计账簿，并据此编制了财务会计报告。与此同时，执法人员发现，甲公司会计人员张某制作的工资单有问题。事后查明，甲公司会计人员张某在单位负责人王某的要求下，在工资单上将徐某的工资由4 000元改为5 000元，而实际只向徐某发放4 000元；另外，甲公司会计人员张某在单位负责人王某的要求下，在未向职工发放中秋福利的情况下，制作了与中秋福利相关的产品出库单。

【要求】分析案例中提供虚假的会计资料的具体情形。

【解析】(1) 甲公司会计人员李某“以虚假的经济业务编造了会计凭证和会计账簿，并据此编制了财务会计报告”，属于伪造会计凭证、会计账簿，提供虚假财务会计报告的违法行为。

(2) 甲公司会计人员张某在单位负责人王某的要求下，“在工资单上将徐某的工资由4 000元改为5 000元，而实际只向徐某发放4 000元”，属于变造会计凭证的违法行为；“在未向职工发放中秋福利的情形下，制作了与中秋福利相关的产品出库单”，属于伪造会计凭证的违法行为。

(三) 会计核算的主要内容

会计核算的内容，是指应当进行会计核算的经济业务事项。根据《会计法》的规定，各单位应当对下列经济业务事项办理会计手续，进行会计核算：

(1) 资产的增减和使用；

(2) 负债的增减；

(3) 净资产（所有者权益）的增减；

(4) 收入、支出、费用、成本的增减；

(5) 财务成果的计算和处理；

(6) 需要办理会计手续、进行会计核算的其他事项。

(四) 会计核算的其他相关规定

我国会计法律制度还对会计年度、记账本位币、会计处理方法和会计记录文字等作了明确规定。

1. 会计年度

会计年度，是指以年度为单位进行会计核算的时间区间，是反映单位财务状况、核算经营成果的时间界限。根据《会计法》的规定，我国以公历年度为会计年度，即以每年公历1月1日起至12月31日止为一个会计年度。每一个会计年度还可以按照公历日期具体划分为半年度、季度和月度。

【点拨指导】小于年度的会计期间（如半年度、季度和月度）称为会计中期。

2. 记账本位币

记账本位币是指登记会计账簿和编制财务会计报告时用以计量的货币，也就是单位主要会计核算业务所使用的货币。根据《会计法》的规定，会计核算以人民币为记账本位币。业务收支以人民币以外的货币为主的单位，可以选定其中一种货币作为记账本位币，但是编报的财务会计报告应当折算为人民币。

3. 会计处理方法

会计处理方法是指在会计核算中所采用的具体方法。采用不同的会计处理方法会影响会计资料的一致性和可比性，进而影响会计资料的使用情况。

【特别提示】会计处理方法通常包括：收入确认的方法、企业所得税的会计处理方法、存货计价方法、坏账损失的核算方法、固定资产的折旧方法、编制合并会计报表的方法、外币折算的会计处理方法等。

各单位的会计核算应当按照规定的会计处理方法进行，保证会计指标的口径一致、相互可比和会计处理方法的前后各期一致，不得随意变更；确有必要变更的，应当按照国家统一的会计制度的规定变更，并将变更的原因、情况及影响在财务会计报告中说明。

4. 会计记录文字

根据《会计法》的规定，会计记录的文字应当使用中文。在民族自治地方，会计记录可以同时使用当地通用的一种民族文字。在中华人民共和国境内的外商投资企业、外国企业和其他外国组织的会计记录可以同时使用一种外国文字。

【例2-18·判断题】 在中国境内设立的外商投资企业、外国企业可以选定一种外国文字作为会计记录文字。（ ）

【答案】×

【解析】会计记录的文字应当使用中文。在中国境内设立的外商投资企业、外国企业和其他外国组织的会计记录可以同时使用一种外国文字。

【例2-19·情境案例】 济南市市中区财政局在对本地一家外商投资企业甲公司进行检查时发现：该公司的股东为法国人，其母公司在法国，其主要的购销业务面向欧洲市场。该公司选择法语作为会计记录文字，欧元为记账本位币，编报的财务会计报告以欧元反映。鉴于该公司的做法，济南市市中区财政局对甲公司提出整改要求。

【要求】请指出济南市市中区财政局对甲公司提出整改的具体要求以及法律依据。

【解析】济南市市中区财政局对甲公司提出整改的具体要求以及法律依据如下：

（1）鉴于甲公司是一家外商投资企业，会计记录文字应当使用中文，可以同时使用法文。根据《会计法》的规定，会计记录的文字应当使用中文。在民族自治地方，会计记录可以同时使用当地通用的一种民族文字。在中华人民共和国境内的外商投资企业、外国企业和其他外国组织的会计记录可以同时使用一种外国文字。

(2) 鉴于甲公司的业务面向欧洲市场，业务收支以欧元为主，记账本位币可以使用欧元，但编报的财务会计报告应当折算为人民币。根据《会计法》的规定，会计核算以人民币为记账本位币。业务收支以人民币以外的货币为主的单位，可以选定其中一种货币作为记账本位币，但是编报的财务会计报告应当折算为人民币。

二、会计凭证

会计凭证是指记录经济业务发生或者完成情况的书面证明，是登记账簿的依据。每个企业都必须按一定的程序填制和审核会计凭证，根据审核无误的会计凭证进行账簿登记，如实反映企业的经济业务。我国《会计法》对会计凭证的种类、取得、审核、更正等内容进行了规定。

【特别提示】填制和审核会计凭证是会计核算的首要环节，对会计核算过程、会计资料质量都起着至关重要的作用。

会计凭证按其来源和用途，分为原始凭证和记账凭证两种。

(一) 原始凭证

1. 原始凭证的含义

原始凭证，又称单据，是指在经济业务发生时，由业务经办人员直接取得或者填制，用以表明某项经济业务已经发生或完成情况并明确有关经济责任的一种原始凭据，如发票。

【点拨指导】原始凭证是会计核算的原始依据，来源于实际发生的经济业务事项。

2. 原始凭证的种类

(1) 原始凭证按照取得的来源不同，可分为自制原始凭证和外来原始凭证。

(2) 原始凭证按照填制的手续和内容不同，可分为一次凭证、累计凭证和汇总凭证。

(3) 原始凭证按照格式不同，可分为专用原始凭证和通用原始凭证。

3. 原始凭证的内容

原始凭证的内容必须具备：(1) 凭证的名称；(2) 填制凭证的日期；(3) 填制凭证的单位名称或者填制人姓名；(4) 经办人员的签名或者盖章；(5) 接受凭证单位名称；(6) 经济业务内容；(7) 数量、单价和金额。

4. 原始凭证填制和取得的基本要求

(1) 从外单位取得的原始凭证，必须盖有填制单位的公章；从个人取得的原始凭证，必须有填制人员的签名或者盖章。自制原始凭证必须有经办单位领导人或者其指定人员的签名或者盖章。对外开出的原始凭证，必须加盖本单位公章。

(2) 凡填有大写和小写金额的原始凭证，大写与小写金额必须相符。购买实物的原始凭证，必须有验收证明。支付款项的原始凭证，必须有收款单位和收款人的收款证明。

(3) 一式几联的原始凭证，应当注明各联的用途，只能以一联作为报销凭证。

(4) 发生销货退回的，除填制退货发票外，还必须有退货验收证明；退款时，必须取得对方的收款收据或者汇款银行的凭证，不得以退货发票代替收据。

（5）经上级有关部门批准的经济业务，应当将批准文件作为原始凭证附件。如果批准文件需要单独归档的，应当在凭证上注明批准机关名称、日期和文件字号。

5. 原始凭证的审核

会计机构、会计人员必须按照国家统一的会计制度的规定对原始凭证进行审核。

（1）对不真实、不合法的原始凭证有权不予接受，并向单位负责人报告。

（2）对记载不准确、不完整的原始凭证予以退回，并要求按照国家统一的会计制度的规定更正、补充。

6. 原始凭证的更改

（1）原始凭证记载的各项内容均不得涂改。

（2）原始凭证金额有错误的，应当由出具单位重开，不得在原始凭证上更正。

（3）原始凭证上除金额以外的其他事项有错误的，应当由出具单位重开或者更正，更正处应当加盖出具单位印章。

【例2-20·单项选择题】 根据会计法律制度的规定，原始凭证的金额有错误时，应当采取的正确做法是（　　）。

A. 由出具单位更正并加盖出具单位印章

B. 由出具单位重开

C. 由经办人员更正并加盖经办人员印章

D. 由接受单位更正并加盖接受单位印章

【答案】 B

【解析】 原始凭证金额有错误的，应当由出具单位重开，不得在原始凭证上更正。原始凭证上除金额以外的其他事项有错误的，应当由出具单位重开或者更正，更正处应当加盖出具单位印章。

（二）记账凭证

1. 记账凭证的含义

记账凭证，亦称传票，是指对经济业务事项按其性质加以归类，确定会计分录，并据以登记会计账簿的凭证。它具有分类归纳原始凭证和满足登记会计账簿需要的作用。

【区别比较】 原始凭证和记账凭证的区别：原始凭证来源于实际发生的经济业务事项，而记账凭证是根据原始凭证及有关资料编制；原始凭证有可能来源于单位外部，而记账凭证由单位自制。

2. 记账凭证的种类

（1）记账凭证按照填列的方式不同，可分为单式记账凭证和复式记账凭证。

（2）记账凭证按照其反映的经济业务的内容不同，可分为收款凭证、付款凭证和转账凭证。

（3）记账凭证按照用途不同，可分为专用记账凭证和通用记账凭证。

3. 记账凭证的内容

记账凭证的内容必须具备：（1）填制凭证的日期；（2）凭证编号；（3）经济业务摘要；（4）会计科目；（5）金额；（6）所附原始凭证张数；（7）填制凭证人员、稽核人员、记账人员、会计机构负责人（会计主管人员）签名或者盖章。收款和付款记账凭证还应当由出纳人员签名或者盖章。

【特别提示】以自制的原始凭证或者原始凭证汇总表代替记账凭证的，也必须具备记账凭证应有的项目。

【点拨指导】实行会计电算化的单位，打印出的机制记账凭证要加盖制单人员、审核人员、记账人员及会计机构负责人（会计主管人员）印章或者签字。

4. 记账凭证的填制和取得的基本要求

（1）记账凭证必须以经过审核无误的原始凭证及有关资料为依据进行填制。

（2）填制记账凭证时，应当对记账凭证进行连续编号。

（3）一笔经济业务需要填制两张以上记账凭证的，可以采用分数编号法编号。

（4）记账凭证可以根据每一张原始凭证填制，或者根据若干张同类原始凭证汇总填制，也可以根据原始凭证汇总表填制。但不得将不同内容和类别的原始凭证汇总填制在一张记账凭证上。

（5）除结账和更正错误的记账凭证可以不附原始凭证外，其他记账凭证必须附有原始凭证。

（6）如果一张原始凭证涉及几张记账凭证，可以把原始凭证附在一张主要的记账凭证后面，并在其他记账凭证上注明附有该原始凭证的记账凭证的编号或者附原始凭证复印件。

（7）一张原始凭证所列支出需要几个单位共同负担的，应当将其他单位负担的部分，开给对方原始凭证分割单进行结算。原始凭证分割单必须具备原始凭证的基本内容以及费用分摊情况等。

【例 2-21·判断题】所有的记账凭证必须附有原始凭证。（　　）

【答案】×

【解析】除结账和更正错误的记账凭证可以不附原始凭证外，其他记账凭证必须附有原始凭证。

5. 记账凭证的审核

记账凭证的审核内容主要包括：是否附有原始凭证；填写内容是否齐全；会计分录的使用是否正确；金额计算是否正确；书写是否清楚等。

实行会计电算化的单位，对于机制记账凭证也要认真审核，做到会计科目使用正确，数字准确无误。打印出来的机制记账凭证要加盖制单人员、审核人员、记账人员及会计机构负责人、会计主管人员的印章或者签字。

6. 记账凭证的更改

（1）如果在填制记账凭证时发生错误，应当重新填制。

（2）已经登记入账的记账凭证，在当年内发现填写错误时，可以用红字填写一张与原内容相同的记账凭证，在摘要栏注明“注销某月某日某号凭证”字样，同时再用蓝字重新填制一张正确的记账凭证，注明“订正某月某日某号凭证”字样。

（3）如果会计科目没有错误，只是金额错误，也可以将正确数字与错误数字之间的差额，另编一张调整的记账凭证，调增金额用蓝字，调减金额用红字。

（4）发现以前年度记账凭证有错误的，应当用蓝字填制一张更正的记账凭证。

【特别提示】一张原始凭证所列的支出需要由两个以上的单位共同负担时，应当由保存该原始凭证的单位开具“原始凭证分割单”（而非“复印件”）给其他应负担的单位。

【点拨指导】原始凭证、记账凭证的不同分类（见表2－1）。

表2－1　原始凭证、记账凭证的不同分类

原始凭证	按照取得的来源不同	自制原始凭证和外来原始凭证
	按照填制的手续和内容不同	一次凭证、累计凭证和汇总凭证
	按照格式不同	专用原始凭证和通用原始凭证
记账凭证	按照填列方式不同	单式记账凭证和复式记账凭证
	按照其反映的经济业务的内容不同	收款凭证、付款凭证和转账凭证
	按照用途不同	专用记账凭证和通用记账凭证

会计凭证的保管要注意以下几点：

（1）会计凭证登记完毕后，应当按照分类和编号顺序保管，不得散乱丢失。记账凭证应当连同所附的原始凭证或者原始凭证汇总表，按照编号顺序，折叠整齐，按期装订成册，并加具封面，注明单位名称、年度、月份和起讫日期、凭证种类、起讫号码，由装订人在装订线封签外签名或者盖章。

（2）对于数量过多的原始凭证，可以单独装订保管，在封面上注明记账凭证日期、编号、种类，同时在记账凭证上注明“附件另订”和原始凭证名称及编号。

（3）各种经济合同、存出保证金收据以及涉外文件等重要原始凭证，应当另编目录，单独登记保管，并在有关的记账凭证和原始凭证上相互注明日期和编号。

（4）原始凭证不得外借，其他单位如因特殊原因需要使用原始凭证时，经本单位会计机构负责人、会计主管人员批准，可以复制。向外单位提供的原始凭证复制件，应当在专设的登记簿上登记，并由提供人员和收取人员共同签名或者盖章。

【特别提示】原始凭证即使经过批准后，也不能“外借”，只能“复制”。

【知识链接】各单位保存的会计档案不得外借。如外单位有特殊需要的，经本单位负责人批准后，可以提供查阅或者复制，并办理登记手续。

【例2－22·判断题】　其他单位如因特殊原因需要使用原始凭证时，经本单位

会计机构负责人、会计主管人员批准，可以外借。　（　）

【答案】 ×

【解析】 原始凭证不得外借，其他单位如因特殊原因需要使用原始凭证时，经本单位会计机构负责人、会计主管人员批准，可以复制。

（5）从外单位取得的原始凭证如有遗失，应当取得原开出单位盖有公章的证明，并注明原始凭证的号码、金额和内容等，由经办单位会计机构负责人、会计主管人员和单位领导人批准后，才能代作原始凭证。如果确实无法取得证明的，如火车、轮船、飞机票等凭证，由当事人写出详细情况，由经办单位会计机构负责人、会计主管人员和单位领导人批准后，代作原始凭证。

【例 2－23・情境案例】 本年 12 月 10 日，上海甲机械有限公司收到一张法院传票，经询问得知，这是上海乙石油液化气公司将其告上了法庭，要求上海甲机械有限公司支付本年 6 月向上海乙石油液化气公司采购的液化气款项 120 000 元。

在法庭审理中，上海甲机械有限公司作为被告承认购货事实，但坚称已经于本年 7 月 10 日以其自产的设备抵付了该笔货款，并提供原告（上海乙石油液化气公司）向其开具的增值税普通发票为证。但原告上海乙石油液化气公司认为，自己至今并没有收到上海甲机械有限公司的设备以及相关发票，且并未向上海甲机械有限公司开具与石油液化气相关的增值税普通发票。经过核对上海甲机械有限公司提供的增值税普通发票发现，发票上发票专用章的供货商名称是“上海乙液化气公司”，比原告名称“上海乙石油液化气公司”少了“石油”两个字。

【要求】（1）分析被告上海甲机械有限公司是否要支付 120 000 元款项或者提供相应款项的设备给原告，并说明原因。（2）根据本案例，可以吸取哪些经验教训？

【解析】（1）从法律事实来看，被告上海甲机械有限公司需要支付 120 000 元款项或者提供相应款项的设备给原告。《会计法》规定，会计机构、会计人员必须按照国家统一的会计制度的规定对原始凭证进行审核，对不真实、不合法的原始凭证有权不予接受，并向单位负责人报告；对记载不准确、不完整的原始凭证予以退回，并要求按照国家统一的会计制度的规定更正、补充。本案中的发票，不能作为具有法律效力的原始凭证，表明被告已经付款或者提供相应款项的设备。

（2）根据本案例，可以吸取的经验教训是：经办人员支付货款时，对发票的任何项目都应仔细审查，如果收取了伪造或变造的发票，发生经济损失就不可避免了。发票的经办人员未必是会计人员，一般是采购人员等。以发票的经办人员是采购人员为例，采购人员支付货款时，需要对取得发票的所有项目进行仔细的审查，确认无误后才能收下；之后，采购人员还应当将发票交给采购部门，由采购部门进一步审核；最后再交给财务部门，由财务部门进行最终审核。

【点拨指导】 增值税发票的审核。

企业收到增值税发票后，首先应当登录国家税务总局全国增值税发票查验平台查验真伪。在确定发票真实后，应当按照以下三步对其进行审核。

1. 初步审核，主要看票面的各项要素是否完整、准确

（1）抬头是否规范，是否写对本单位全称，是否有错别字或漏字；

（2）纳税人识别号是否正确无误；

（3）涉及增值税专用发票的，还要审核地址、电话以及开户行及账号两栏信息是否准确完整；

（4）涉及增值税普通发票卷票的，还要看校验码是否完整；

（5）是否正确加盖发票专用章，其中要注意审核发票专用章的单位名称是否和开具发票的单位名称一致；

（6）票面是否有压线错格现象，尤其要关注增值税专用发票的密码区是否压线。

2. 重点审核，主要审核名称、规格型号、单位、数量、单价、金额、税率、开票方式、备注栏、清单开票等相关信息

（1）发票中的名称、规格型号是否准确具体，是否符合行业惯例，有无含混不清现象；

（2）单位、数量、单价、不含税金额是否与实际购买的情形一致；

（3）税率或征收率是否正确，是否与实际业务相符；

（4）价税合计金额与已支付或应支付金额是否一致；

（5）是否错误适用差额开票功能；

（6）特定应税行为发票的备注栏是否正确填写；

（7）清单开票方式的，增值税专用发票销货清单是否自税控系统开出。

3. 分析审核，主要结合业务实质、合同协议、税收政策、商品和服务税收分类与编码的选择等进行审核

（1）本业务是否属于增值税征税范围，是否需要开具增值税发票；

（2）开票对应的商品和服务税收分类是否正确；

（3）商品和服务税收分类与编码的选择是否正确；

（4）计税方法是否正确，一般纳税人适用简易计税方法计税，是否符合政策，是否符合合同约定。

三、会计账簿

会计账簿是指由一定格式的账页组成的，以经过审核的会计凭证为依据，全面、系统、连续地记录各项经济业务的簿籍。会计账簿是会计资料的重要组成部分，也是会计信息的主要载体之一。

（一）会计账簿的设置及分类

各单位必须依法设置会计账簿，并保证其真实、完整。各单位会计账簿的设置和登记应当符合有关法律、行政法规和国家统一的会计制度的规定以及单位会计业务的需要。各单位发生的各项经济业务事项应当在依法设置的会计账簿上统一登记、核算，不得违反《会计法》和国家统一的会计制度的规定私设会计账簿登记、核算。

会计账簿的种类如表2-2所示。

表 2-2　会计账簿的种类

种类	用途	形式
总账（也称总分类账）	根据会计科目（也称总账科目）开设的账簿，用于分类登记单位的全部经济业务事项，提供资产、负债、资本、费用、成本、收入和成果等总括核算的资料	总账一般有订本账和活页账两种
明细账（也称明细分类账）	根据总账科目所属的明细科目设置的，用于分类登记某一类经济业务事项，提供有关明细核算资料	明细账通常使用活页账
日记账	是一种特殊的序时明细账，它是按照经济业务事项发生的时间先后顺序，逐日逐笔进行登记的账簿	(1) 包括库存现金日记账和银行存款日记账 (2) 库存现金日记账和银行存款日记账必须采用订本账
其他辅助账簿（也称备查账簿）	对无法在上述账簿中登记的经济业务事项进行补充记录的账簿，为备忘备查而设置	主要包括各种租借设备、物资的辅助登记或有关应收、应付款项的备查簿，担保、抵押备查簿等

【例 2-24·多项选择题】 根据会计法律制度的规定，各单位应依法设置的会计账簿有（　　）。

A. 日记账　　B. 发票登记簿

C. 总账　　D. 备查账簿

【答案】 ACD

【解析】 各单位应当依法设置的会计账簿通常包括总账、明细账、日记账、其他辅助账簿（也称备查账簿）。选项 B，发票登记簿不属于会计账簿。

（二）启用会计账簿的基本要求

启用会计账簿时，应当在账簿封面上写明单位名称和账簿名称。在账簿扉页上应当附启用表，内容包括：启用日期、账簿页数、记账人员和会计机构负责人、会计主管人员姓名，并加盖名章和单位公章。

【特别提示】 记账人员或者会计机构负责人、会计主管人员调动工作时，应当注明交接日期、接办人员或者监交人员姓名，并由交接双方人员签名或者盖章。

启用订本式账簿，应当从第一页到最后一页顺序编定页数，不得跳页、缺号。使用活页式账页，应当按账户顺序编号，定期装订成册。装订后再按实际使用的账页顺序编定页码。另加目录，记明每个账户的名称和页次。

（三）登记会计账簿的基本要求

登记会计账簿的基本要求包括下列内容。

(1) 准确完整。登记会计账簿时，应当将会计凭证日期、编号、业务内容摘要、金额和其他有关资料逐项记入账内，做到数字准确、摘要清楚、登记及时、字迹工整。

【点拨指导】账簿记录中的日期，应当填写记账凭证上的日期；以自制原始凭证（如收料单、领料单等）作为记账依据的，账簿记录中的日期应当依照有关自制凭证上的日期填列。

【特别提示】每一项会计事项，一方面要记入有关的总账，另一方面要同时记入该总账所属的明细分类账（即“平行登记”的要求）。另外，应当注意的是，并不是所有的总账都需要细分并设立明细账，是否设立明细账应当视企业的具体情况而定。

（2）注明记账符号。登记完毕后，要在记账凭证上签名或者盖章，并在记账凭证的“过账”栏内注明账簿页数或标明已经登账的符号，如“√”，表示已经记账完毕，避免重记、漏记。

（3）书写留空。账簿中书写的文字和数字上面要留有适当空格，不要写满格；一般应占格距的1/2。

（4）正常记账使用蓝黑墨水，特殊记账使用红墨水。登记账簿要用蓝黑墨水或者碳素墨水书写，不得使用圆珠笔（银行的复写账簿除外）或者铅笔书写。下列情况可以用红色墨水记账：按照红字冲账的记账凭证，冲销错误记录；在不设借贷等栏的多栏式账页中，登记减少数；在三栏式账户的余额栏前，如未印明余额方向的，在余额栏内登记负数余额；根据国家统一会计制度的规定可以用红字登记的其他会计记录。

（5）顺序连续登记。各种账簿按页次顺序连续登记，不得跳行、隔页。如果发生跳行、隔页，应当将空行、空页划线注销，或者注明“此行空白”“此页空白”字样，并由记账人员签名或者盖章。

（6）结出余额的要求。凡需要结出余额的账户，结出余额后，应当在“借或贷”等栏内写明“借”或者“贷”等字样。没有余额的账户，应当在“借或贷”等栏内写“平”字，并在余额栏内用“θ”表示。库存现金日记账和银行存款日记账必须逐日结出余额。

（7）过次承前的要求。每一账页登记完毕结转下页时，应当结出本页合计数及余额，写在本页最后一行和下页第一行有关栏内，并在摘要栏内注明“过次页”和“承前页”字样；也可以将本页合计数及金额只写在下页第一行有关栏内，并在摘要栏内注明“承前页”字样。对需要结计本月发生额的账户，结计“过次页”的本页合计数应当为自本月初起至本页末止的发生额合计数；对需要结计本年累计发生额的账户，结计“过次页”的本页合计数应当为自年初起至本页末止的累计数；对既不需要结计本月发生额也不需要结计本年累计发生额的账户，可以只将每页末的余额结转次页。

【特别提示】实行会计电算化的单位，用计算机打印的会计账簿必须连续编号，经审核无误后装订成册，并由记账人员和会计机构负责人、会计主管人员签字或者盖章。

（四）账簿记录发生错误的更正方法

账簿记录发生错误，不准涂改、挖补、刮擦或者用药水消除字迹，不准重新抄写，必须按照下列方法进行更正。

(1) 划线更正法。划线更正法又称红线更正法。在结账前发现账簿记录有文字或数字错误，而记账凭证没有错误时，可以采用划线更正法。更正时，可在错误的文字或数字上划一条红线，表示注销，在红线的上方填写正确的文字或数字，并由记账及相关人员在更正处盖章。对于错误的数字，应全部划红线更正，不得只更正其中的错误数字。而对于文字错误，可只划去错误的部分，而不用把所有文字全部划去。

(2) 红字更正法。红字更正法又称红字冲账法，是指用红字冲销原有错误的账户记录或凭证记录，以更正或调整账簿记录的一种方法。通常有如下两种情况：

1) 记账后在当年内发现记账凭证所记的会计科目有错误，从而引起记账错误时，可以采用红字更正法。更正时，应用红字填写一张与原记账凭证完全相同的记账凭证，在摘要栏注明“冲销某月某日第×号记账凭证的错误”，并据以用红字登记入账，以示注销原记账金额，然后用蓝字填写一张正确的记账凭证，在摘要栏内写明“补记某月某日账”，并据以登记入账。

2) 记账后在当年内发现记账凭证所记的会计科目无误而所记金额大于应记金额，从而引起记账错误时，可以采用红字更正法。更正时应按多记的金额用红字编制一张与原记账凭证应借、应贷科目完全相同的记账凭证，在摘要栏内写明“冲销某月某日第×号记账凭证多记金额”字样，以冲销多记的金额，并据以登记入账。

(3) 补充登记法。补充登记法是在记账后发现记账凭证填写的会计科目无误，只是所记金额小于应记金额时采用的一种更正错账的方法。更正时应按少记的金额用蓝字编制一张与原记账凭证应借、应贷科目完全相同的记账凭证，在摘要栏内写明“补记某月某日第×号记账凭证少记金额”字样，以补充少记的金额，并据以登记入账。

(五) 结账

各单位应当按照规定定期结账。结账前，必须将本期内所发生的各项经济业务全部登记入账。结账时，应当结出每个账户的期末余额。年度终了结账时，所有总账账户都应当结出全年发生额和年末余额。

年度终了，要把各账户的余额结转到下一会计年度，并在摘要栏注明“结转下年”字样；在下一会计年度新建有关会计账簿的第一行余额栏内填写上年结转的余额，并在摘要栏注明“上年结转”字样。

【点拨指导】会计期末（月末、季末、年末）都可以进行结账，而不是一定要在年末才可以结账。

【特别提示】结账工作是编制财务报表的先决条件，即结账的目的是编制财务报表。

【点拨指导】私设会计账簿的行为是指单位为实现非法目的，在依法设置的会计账簿之外，另外私自设置一套或多套会计账簿，用于登记没有纳入依法设置的会计账簿之内统一核算的其他经济业务事项。例如，私设“小金库”便属于私设会计账簿。“小金库”是指违反法律法规及其他有关规定，应列入而未列入符合规定的单位账簿的各项资金（含有价证券）及其形成的资产。

【例2-25·判断题】 各单位发生的经济业务应当在依法设置的一套会计账簿

上登记、核算，针对企业需要，某些经济业务也可以在法定会计账簿之外，另外设置一套或多套账簿进行登记，无须纳入统一的法定账簿中。（ ）

【答案】×

【解析】各单位发生的经济业务应当在依法设置的一套会计账簿上登记、核算，没有特例。

四、财务会计报告

财务会计报告，也称财务报告，是指单位对外提供的、反映单位某一特定日期财务状况和某一会计期间经营成果、现金流量等会计信息的结构性表述文件。

（一）财务会计报告的类型

一套完整的财务会计报告至少应该包括下列组成部分：（1）资产负债表；（2）利润表；（3）现金流量表；（4）所有者权益（或者股东权益，下同）变动表；（5）附注。财务会计报告的上述组成部分同等重要。其中，资产负债表是指反映企业在某一特定日期的财务状况的会计报表；利润表是指反映企业在一定会计期间的经营成果的会计报表；现金流量表是指反映企业在一定会计期间的现金和现金等价物流入和流出情况的会计报表；所有者权益变动表是指反映一定会计期间构成所有者权益各个组成部分当期增减变动情况的会计报表；附注是指对在资产负债表、利润表、现金流量表和所有者权益变动表等报表中列示项目的文字描述或明细资料，以及对未能在这些报表中列示项目的说明等。

（二）财务会计报告的编制要求

财务会计报告的编制主要有以下五项要求：

（1）企业应当依照法律、行政法规和国家统一的会计制度中关于财务会计报告的编制要求、提供对象和提供期限的规定，及时对外提供财务会计报告。

（2）向不同的会计资料使用者提供的财务会计报告，其编制依据应当一致。

（3）有关法律、行政法规规定财务会计报告须经注册会计师审计的，注册会计师及其所在的会计师事务所出具的审计报告应当随同财务会计报告一并提供。

（4）对外报送的财务会计报告，应当依次编写页码，加具封面，装订成册，加盖公章。封面上应当注明单位名称，单位地址，财务报告所属年度、季度、月度，送出日期，财务会计报告应当由单位负责人和主管会计工作的负责人、会计机构负责人（会计主管人员）签名并盖章；设置总会计师的单位，还须由总会计师签名并盖章。

【特别提示】上述人员应当在财务会计报告上“签名并盖章”，而非“签名或者盖章”。

【点拨指导】单位领导人对财务会计报告的合法性、真实性负法律责任。

（5）接受企业财务会计报告的组织或者个人，在企业财务会计报告未正式对外披露前，应当对其内容保密。

【归纳总结】财务会计报告签名、盖章人归纳（见表2-3）。

表2-3　财务会计报告签名、盖章人归纳

单位类型		财务会计报告签名、盖章人	签名、盖章方式
自行记账	不设总会计师	（1）单位负责人 （2）主管会计工作的负责人 （3）会计机构负责人（会计主管人员）	签名并盖章
	设总会计师	（1）单位负责人 （2）主管会计工作的负责人 （3）总会计师 （4）会计机构负责人（会计主管人员）	
代理记账		（1）代理记账机构负责人 （2）委托人负责人	签名并盖章

【例2-26·多项选择题】下列各项中，应当在单位对外提供的财务会计报告上签名或者盖章的有（　　）。

A. 单位领导人

B. 总会计师

C. 编制财务会计报告的财务会计人员

D. 会计机构负责人

【答案】ABD

【解析】对外报送的财务会计报告，应当依次编写页码，加具封面，装订成册，加盖公章。封面上应当注明单位名称，单位地址，财务报告所属年度、季度、月度，送出日期，并由单位领导人、总会计师、会计机构负责人、会计主管人员签名或者盖章。

五、会计档案管理

《会计档案管理办法》对会计档案的内容、管理部门、归档、移交、查阅、保管期限及会计档案的销毁等内容均有明确规定，各单位必须遵照执行。各单位应当加强会计档案管理工作，建立和完善会计档案的收集、整理、保管、利用和鉴定销毁等管理制度，采取可靠的安全防护技术和措施，保证会计档案的真实、完整、可用、安全。

（一）会计档案的含义和内容

会计档案是指单位在进行会计核算等过程中接收或形成的，记录和反映单位经济业务事项的，具有保存价值的文字、图表等各种形式的会计资料，包括通过计算机等电子设备形成、传输和存储的电子会计档案。具体包括：

（1）会计凭证，包括原始凭证、记账凭证。

（2）会计账簿，包括总账、明细账、日记账、固定资产卡片及其他辅助性账簿。

【特别提示】固定资产卡片属于会计账簿中的卡片式账簿，简称卡片账，因此也应当归为会计账簿类。

（3）财务会计报告，包括月度、季度、半年度、年度财务会计报告。

（4）其他会计资料，包括银行存款余额调节表、银行对账单、纳税申报表、会计档案移交清册、会计档案保管清册、会计档案销毁清册、会计档案鉴定意见书及其他具有保存价值的会计资料。

【特别提示】各单位的预算、计划、制度等文件资料属于文书档案，不属于会计档案。

（二）会计档案的管理部门

财政部和国家档案局主管全国会计档案工作，共同制定全国统一的会计档案工作制度，对全国会计档案工作实行监督和指导。

县级以上地方人民政府财政部门和档案行政管理部门管理本行政区域内的会计档案工作，并对本行政区域内会计档案工作实行监督和指导。

（三）会计档案的归档

（1）电子会计档案。各单位可以利用计算机、网络通信等信息技术管理会计档案。同时满足下列条件的，单位内部形成的属于归档范围的电子会计资料可仅以电子形式保存，形成电子会计档案：1）形成的电子会计资料来源真实有效，由计算机等电子设备形成和传输；2）使用的会计核算系统能够准确、完整、有效地接收和读取电子会计资料，能够输出符合国家标准归档格式的会计凭证、会计账簿、财务会计报表等会计资料，设定了经办、审核、审批等必要的审签程序；3）使用的电子档案管理系统能够有效接收、管理、利用电子会计档案，符合电子档案的长期保管要求，并建立了电子会计档案与相关联的其他纸质会计档案的检索关系；4）采取有效措施，防止电子会计档案被篡改；5）建立电子会计档案备份制度，能够有效防范自然灾害、意外事故和人为破坏的影响；6）形成的电子会计资料不属于具有永久保存价值或者其他重要保存价值的会计档案。

满足上述条件，单位从外部接收的电子会计资料附有符合《中华人民共和国电子签名法》规定的电子签名的，可仅以电子形式归档保存，形成电子会计档案。

（2）单位的会计机构或会计人员所属机构（以下统称单位会计管理机构）按照归档范围和归档要求，负责定期将应归档的会计资料整理立卷，编制会计档案保管清册。

（四）会计档案的移交

1. 单位内部会计档案的移交

（1）当年形成的会计档案，在会计年度终了后，可由单位会计管理机构临时保管1年，再移交单位档案管理机构保管。因工作需要确需推迟移交的，应当经单位档案管理机构同意。单位会计管理机构临时保管会计档案最长不超过3年。出纳人员不得兼管会计档案。

（2）单位会计管理机构在办理会计档案移交时，应当编制会计档案移交清册，并按照国家档案管理的有关规定办理移交手续。

（3）纸质会计档案移交时，应当保持原卷的封装。电子会计档案移交时应当将电子会计档案及其元数据一并移交，特殊格式的电子会计档案应当与其读取平台一并移交。

（4）单位档案管理机构接收电子会计档案时，应当对电子会计档案的准确性、完整性、可用性、安全性进行检测，符合要求的才能接收。

【特别提示】出纳人员不得兼管会计档案。

【例2-27·单项选择题】根据会计法律制度规定，单位会计管理机构临时保管会计档案最长不超过（　　）年。

A. 1　　　　B. 3

C. 5　　　　D. 10

【答案】B

【解析】单位会计管理机构临时保管会计档案最长不超过3年。

2. 单位之间会计档案的移交

（1）单位之间交接会计档案时，交接双方应当办理会计档案交接手续。

（2）移交会计档案的单位，应当编制会计档案移交清册，列明应当移交的会计档案名称、卷号、册数、起止年度、档案编号、应保管期限和已保管期限等内容。

（3）交接会计档案时，交接双方应当按照会计档案移交清册所列内容逐项交接，并由交接双方的单位有关负责人负责监督。交接完毕后，交接双方经办人和监督人应当在会计档案移交清册上签名或盖章。

（4）电子会计档案应当与其元数据一并移交，特殊格式的电子会计档案应当与其读取平台一并移交。档案接收单位应当对保存电子会计档案的载体及其技术环境进行检验，确保所接收电子会计档案的准确、完整、可用和安全。

（五）会计档案的查阅、复制和借出

（1）各单位应当严格按照相关制度利用会计档案，在进行会计档案查阅、复制、借出时履行登记手续，严禁篡改和损坏。

（2）各单位保存的会计档案一般不得对外借出。确因工作需要且根据国家有关规定必须借出的，应当严格按照规定办理相关手续。

（3）会计档案借用单位应当妥善保管和利用借入的会计档案，确保借入会计档案的安全完整，并在规定时间内归还。

（4）各单位保存的会计档案及其复制件需要携带、寄运或传输至境外的，应当按照国家有关规定执行。

（六）会计档案的保管期限

会计档案的保管期限分为永久、定期两类，定期保管期限一般分为10年和30年。会计档案的保管期限，从会计年度终了后的第一天算起。各类会计档案的保管期限原则上应当按照《会计档案管理办法》附表执行，《会计档案管理办法》规定的会计档案保管期限为最低保管期限。单位会计档案的具体名称如有同《会计档案管理办法》附表所列档案名称不相符的，应当比照类似档案的保管期限办理。会计档案的内容及保管期限的规定如表2-4和表2-5所示。

表2-4　企业和其他组织会计档案保管期限表

序号	档案名称	保管期限	备注
一	会计凭证		
1	原始凭证	30年	
2	记账凭证	30年	
二	会计账簿		
3	总账	30年	
4	明细账	30年	
5	日记账	30年	
6	固定资产卡片		固定资产报废清理后保管5年
7	其他辅助性账簿	30年	
三	财务会计报告		
8	月度、季度、半年度财务会计报告	10年	
9	年度财务会计报告	永久	
四	其他会计资料		
10	银行存款余额调节表	10年	
11	银行对账单	10年	
12	纳税申报表	10年	
13	会计档案移交清册	30年	
14	会计档案保管清册	永久	
15	会计档案销毁清册	永久	
16	会计档案鉴定意见书	永久	

表2-5　财政总预算、行政单位、事业单位和税收会计档案保管期限表

序号	档案名称	保管期限			备注
		财政总预算	行政单位事业单位	税收会计	
一	会计凭证				
1	国家金库编送的各种报表及缴库退库凭证	10年		10年	
2	各收入机关编送的报表	10年			
3	行政单位和事业单位的各种会计凭证		30年		包括：原始凭证、记账凭证和传票汇总表
4	财政总预算拨款凭证和其他会计凭证	30年			包括：拨款凭证和其他会计凭证

续表

序号	档案名称	保管期限			备注
		财政总预算	行政单位事业单位	税收会计	
二	会计账簿				
5	日记账		30 年	30 年	
6	总账	30 年	30 年	30 年	
7	税收日记账（总账）			30 年	
8	明细分类、分户账或登记簿	30 年	30 年	30 年	
9	行政单位和事业单位固定资产卡片				固定资产报废清理后保管 5 年
三	财务会计报告				
10	政府综合财务报告	永久			下级财政、本级部门和单位报送的保管 2 年
11	部门财务报告		永久		所属单位报送的保管 2 年
12	财政总决算	永久			下级财政、本级部门和单位报送的保管 2 年
13	部门决算		永久		所属单位报送的保管 2 年
14	税收年报（决算）			永久	
15	国家金库年报（决算）	10 年			
16	基本建设拨、贷款年报（决算）	10 年			
17	行政单位和事业单位会计月、季度报表		10 年		所属单位报送的保管 2 年
18	税收会计报表			10 年	所属税务机关报送的保管 2 年
四	其他会计资料				
19	银行存款余额调节表	10 年	10 年		
20	银行对账单	10 年	10 年	10 年	
21	会计档案移交清册	30 年	30 年	30 年	
22	会计档案保管清册	永久	永久	永久	
23	会计档案销毁清册	永久	永久	永久	
24	会计档案鉴定意见书	永久	永久	永久	

注：税务机关的税务经费会计档案保管期限，按行政单位会计档案保管期限规定办理。

【例 2-28·判断题】 会计档案的保管期限从会计资料建档的第一天算起。

（　　）

【答案】 ×

【解析】 会计档案保管期限，从会计年度终了后的第一天算起。

（七）会计档案的鉴定和销毁

1. 会计档案的鉴定

（1）各单位应当定期对已到保管期限的会计档案进行鉴定，并形成会计档案鉴定意见书。经鉴定，仍需继续保存的会计档案，应当重新划定保管期限；对保管期满，确无保存价值的会计档案，可以销毁。

（2）会计档案鉴定工作应当由单位档案管理机构牵头，组织单位会计、审计、纪检监察等机构或人员共同进行。

2. 会计档案的销毁

经鉴定可以销毁的会计档案，应当按照以下程序销毁：

（1）单位档案管理机构编制会计档案销毁清册，列明拟销毁会计档案的名称、卷号、册数、起止年度、档案编号、应保管期限、已保管期限和销毁时间等内容。

（2）单位负责人、档案管理机构负责人、会计管理机构负责人、档案管理机构经办人、会计管理机构经办人在会计档案销毁清册上签署意见。

【知识链接】 财务会计报告由单位负责人和主管会计工作的负责人、会计机构负责人（会计主管人员）签名并盖章；设置总会计师的单位，还须由总会计师签名并盖章。

（3）单位档案管理机构负责组织会计档案销毁工作，并与会计管理机构共同派员监销。监销人在会计档案销毁前，应当按照会计档案销毁清册所列内容进行清点核对；在会计档案销毁后，应当在会计档案销毁清册上签名或盖章。

电子会计档案的销毁还应当符合国家有关电子档案的规定，并由单位档案管理机构、会计管理机构和信息系统管理机构共同派员监销。

【归纳总结】 会计档案销毁清册各事项总结如表2-6所示。

表2-6　会计档案销毁清册各事项总结

<table>
<tr><th>事项</th><th colspan="3">具体规定</th></tr>
<tr><td>编制</td><td colspan="3">单位档案管理机构</td></tr>
<tr><td>签署意见</td><td colspan="3">（1）单位负责人
（2）档案管理机构负责人、会计管理机构负责人
（3）档案管理机构经办人、会计管理机构经办人</td></tr>
<tr><td rowspan="2">清点核对后签名或盖章</td><td rowspan="2">监销人</td><td>纸质会计档案</td><td>单位档案管理机构、会计管理机构共同派员监销</td></tr>
<tr><td>电子会计档案</td><td>单位档案管理机构、会计管理机构和信息系统管理机构共同派员监销</td></tr>
</table>

【例2-29·多项选择题】 需要在会计档案销毁清册上签署意见的有（　　）。

A. 会计管理机构负责人　　B. 档案管理机构负责人

C. 会计管理机构经办人　　D. 档案管理机构经办人

【答案】 ABCD

3. 不得销毁的会计档案

（1）保管期满但未结清的债权债务会计凭证和涉及其他未了事项的会计凭证不得销毁。纸质会计档案应当单独抽出立卷，电子会计档案单独转存，保管到未了事项完结时为止。

（2）单独抽出立卷或转存的会计档案，应当在会计档案鉴定意见书、会计档案销毁清册和会计档案保管清册中列明。

【例 2－30·情境案例】 本年 6 月，甲公司拟销毁一批保管期限已满的会计档案，其中包括一张债权债务还没有结清的原始凭证。甲公司新来的会计人员张某认为只要保管期满的会计档案就可以销毁，但出纳人员赵某建议应将该张凭证保存，等债权债务结清后再进行销毁。

【要求】 分析张某、赵某的观点是否正确。

【解析】 张某的观点不正确，赵某的观点正确。《会计档案管理办法》规定，保管期满但未结清的债权债务会计凭证和涉及其他未了事项的会计凭证不得销毁。纸质会计档案应当单独抽出立卷，电子会计档案单独转存，保管到未了事项完结时为止。因此，甲公司的这张债权债务还没有结清的原始凭证不得销毁，应当单独抽出立卷予以保存，等债权债务结清后再进行销毁。

第 4 节　会计监督

会计监督是指单位内部的会计机构和会计人员、依法享有经济监督检查职权的政府有关部门、依法批准成立的社会审计中介组织，对国家机关、社会团体、企事业单位经济活动的合法性、合理性和会计资料的真实性、完整性以及本单位内部预算执行情况所进行的监督。

我国目前已形成三位一体的会计监督体系，包括单位内部会计监督、以政府财政部门为主体的政府监督和以注册会计师为主体的社会监督。

一、单位内部会计监督

（一）单位内部会计监督的含义

单位内部会计监督是指会计机构、会计人员依照法律规定，通过会计手段对经济活动的合法性、合理性和有效性进行的一种监督。

（1）会计机构、会计人员必须依法开展会计核算和会计监督，对于违反《会计法》和国家统一的会计制度规定的会计事项，有权拒绝办理或者按照职权予以纠正。

（2）会计机构、会计人员发现账簿记录与实物、款项及有关资料不相符的，按照国家统一的会计制度的规定，有权自行处理的，应当及时处理；无权自行处理的，应当立即向单位负责人报告，请求查明原因，作出处理。

（3）单位负责人应当保证会计机构、会计人员依法履行职责，不得授意、指使、强令会计机构、会计人员违法办理会计事项。

【点拨指导】《会计法》规定，任何单位或者个人不得以任何方式授意、指使、强令会计机构、会计人员伪造、变造会计凭证、会计账簿和其他会计资料，提供虚假财务会计报告。任何单位或者个人不得对依法履行职责、抵制违反本法规定行为的会计人员实行打击报复。

【特别提示】单位内部会计监督的最终责任承担者为单位负责人。

【点拨指导】单位内部会计监督的主体：各单位的会计机构、会计人员。单位内部会计监督的对象：单位的经济活动。

（二）单位内部会计监督制度的要求

各单位应当建立、健全本单位内部会计监督制度，并将其纳入本单位内部控制制度。单位内部会计监督制度应当符合以下要求：

（1）记账人员与经济业务事项和会计事项的审批人员、经办人员、财物保管人员的职责权限应当明确，并相互分离、相互制约。

【特别提示】记账人员不得兼任审批人员、经办人员或财物保管人员。

（2）重大对外投资、资产处置、资金调度和其他重要经济业务事项的决策和执行的相互监督、相互制约程序应当明确。

（3）财产清查的范围、期限和组织程序应当明确。

（4）对会计资料定期进行内部审计的办法和程序应当明确。

（5）国务院财政部门规定的其他要求。

【例2-31·单项选择题】 甲公司的李某主要负责原材料采购业务经办等事项，按照单位内部会计监督制度的要求，李某不能兼任的岗位是（　　）。

A. 技术研发　　　　B. 采购业务的记账

C. 机电维修　　　　D. 安全检查

【答案】B

【解析】记账人员与经济业务事项和会计事项的审批人员、经办人员、财物保管人员的职责权限应当明确，并相互分离、相互制约。

（三）内部控制

1. 内部控制的含义与目标

对企业而言，内部控制是指由企业董事会、监事会、经理层和全体员工实施的、旨在实现控制目标的过程。对行政事业单位而言，内部控制是指单位为实现控制目标，通过制定制度、实施措施和执行程序，对经济活动的风险进行防范和管控。

企业内部控制的目标主要包括：合理保证企业经营管理合法合规、资产安全、财务报告及相关信息真实完整，提高经营效率和效果，促进企业实现发展战略。行政事业单位内部控制的目标主要包括：合理保证单位经济活动合法合规、资产安全和使用有效、财务信息真实完整，有效防范舞弊和预防腐败，提高公共服务的效率和效果。

【特别提示】在企业的内部控制中，“全体员工”都要参与；企业内部控制的目标和行政事业单位内部控制的目标中的保证程度只能是“合理保证”，而不是“绝对保证”。

【例 2－32·判断题】 企业内部控制的目标主要包括：绝对保证企业经营管理合法合规、资产安全、财务报告及相关信息真实完整，提高经营效率和效果，促进企业实现发展战略。（　　）

【答案】×

【解析】企业内部控制的目标主要包括：合理保证企业经营管理合法合规、资产安全、财务报告及相关信息真实完整，提高经营效率和效果，促进企业实现发展战略。

2. 内部控制的原则

（1）企业内部控制的原则。企业建立与实施内部控制，应当遵循下列原则：

1）全面性原则。内部控制应当贯穿决策、执行和监督全过程，覆盖企业及其所属单位的各种业务和事项。

2）重要性原则。内部控制应当在全面控制的基础上，关注重要业务事项和高风险领域。

3）制衡性原则。内部控制应当在治理结构、机构设置及权责分配、业务流程等方面形成相互制约、相互监督，同时兼顾运营效率。

4）适应性原则。内部控制应当与企业经营规模、业务范围、竞争状况和风险水平等相适应，并随着情况的变化及时加以调整。

5）成本效益原则。内部控制应当权衡实施成本与预期效益，以适当的成本实现有效控制。

（2）行政事业单位内部控制的原则。行政事业单位建立与实施内部控制，应当遵循下列原则：

1）全面性原则。内部控制应当贯穿单位经济活动的决策、执行和监督全过程，实现对经济活动的全面控制。

2）重要性原则。在全面控制的基础上，内部控制应当关注单位重要经济活动和经济活动的重大风险。

3）制衡性原则。内部控制应当在单位内部的部门管理、职责分工、业务流程等方面形成相互制约和相互监督。

4）适应性原则。内部控制应当符合国家有关规定和单位的实际情况，并随着外部环境的变化、单位经济活动的调整和管理要求的提高，不断修订和完善。

【点拨指导】企业、行政事业单位建立与实施内部控制，均应遵循全面性原则、重要性原则、制衡性原则和适应性原则。此外，企业还应遵循成本效益原则。

3. 内部控制的责任人

（1）企业内部控制的责任人。对企业而言，董事会负责内部控制的建立健全和有效实施。监事会对董事会建立与实施内部控制进行监督。经理层负责组织领导企业内部控制的日常运行。企业应当成立专门机构或者指定适当的机构具体负责组织协调内部控制的建立实施及日常工作。

（2）行政事业单位内部控制的责任人。对行政事业单位而言，单位负责人对本单位内部控制的建立健全和有效实施负责。单位应当建立适合本单位实际情况的内部控制体系，并组织实施。

4. 内部控制的内容（内部控制要素）

（1）企业内部控制的内容。企业建立与实施有效的内部控制，应当包括下列要素：

1）内部环境。内部环境是企业实施内部控制的基础，一般包括治理结构、机构设置及权责分配、内部审计、人力资源政策、企业文化等。

2）风险评估。风险评估是指企业应及时识别、系统分析经营活动中与实现内部控制目标相关的风险，合理确定风险应对的策略。

3）控制活动。控制活动是指企业根据风险评估结果，采用相应的控制措施，将风险控制在可承受范围之内。

4）信息与沟通。信息与沟通是指企业及时、准确地收集、传递与内部控制相关的信息，确保信息在企业内部、企业与外部之间进行有效沟通。

5）内部监督。内部监督是指企业对内部控制建立与实施情况进行监督检查，评价内部控制的有效性，发现内部控制缺陷并及时加以改进。

内部监督分为日常监督和专项监督。日常监督是指企业对建立与实施内部控制的情况进行常规、持续的监督检查。专项监督是指在企业发展战略、组织结构、经营活动、业务流程、关键岗位员工等发生较大调整或变化的情况下，对内部控制的某一或者某些方面进行有针对性的监督检查。专项监督的范围和频率应当根据单位的风险评估结果以及日常监督的有效性等予以确定。

【点拨指导】日常监督是专项监督的基础，专项监督是日常监督的补充。

【例2-33·多项选择题】 下列各项中，属于企业内部控制的内容（要素）的是（　　）。

A. 外部环境　　B. 风险评估

C. 控制活动　　D. 内部监督

【答案】BCD

【解析】企业建立与实施有效的内部控制，应当包括下列要素：内部环境、风险评估、控制活动、信息与沟通、内部监督。选项A，外部环境不属于企业内部控制的内容。

（2）行政事业单位内部控制的内容。行政事业单位建立与实施内部控制的具体工作包括：梳理单位各类经济活动的业务流程，明确业务环节，系统分析经济活动风险，确定风险点，选择风险应对策略，在此基础上根据国家有关规定建立健全单位各项内部管理制度并督促相关工作人员认真执行。

5. 企业内部控制的控制措施

企业内部控制的控制措施一般包括不相容职务分离控制、授权审批控制、会计系统控制、财产保护控制、预算控制、运营分析控制和绩效考评控制等。

（1）不相容职务分离控制。不相容职务，是指如果由同一个人担任，既可能发生错误舞弊行为，又可能掩盖其错误舞弊行为的职务。

不相容职务分离控制要求企业全面系统地分析、梳理业务流程中所涉及的不相容职务，实施相应的分离措施，形成各司其职、各负其责、相互制约的工作机制。

【举例说明】不相容职务主要包括：授权批准与业务经办、业务经办与会计记录、会计记录与财产保管、业务经办与稽核检查、授权批准与监督检查等。

【例 2－34・多项选择题】 下列选项中，属于不相容职务的有（　　）。

A. 授权批准与业务经办

B. 授权批准与监督检查

C. 库存现金日记账登记与承担出纳职务

D. 业务经办与会计记录

【答案】ABD

【解析】选项 C，出纳人员可以负责库存现金日记账的记录，库存现金日记账登记与承担出纳职务不属于不相容职务。

（2）授权审批控制。授权审批控制要求企业根据常规授权和特别授权的规定，明确各岗位办理业务和事项的权限范围、审批程序和相应责任。

企业应当编制常规授权的权限指引，规范特别授权的范围、权限、程序和责任，严格控制特别授权。

常规授权是指企业在日常经营管理活动中按照既定的职责和程序进行的授权。特别授权是指企业在特殊情况、特定条件下进行的授权。企业各级管理人员应当在授权范围内行使职权和承担责任。

【点拨指导】企业对于重大的业务和事项，应当实行集体决策审批或者联签制度，任何个人不得单独进行决策或擅自改变集体决策。

（3）会计系统控制。会计系统控制要求企业严格执行国家统一的会计制度，加强会计基础工作，明确会计凭证、会计账簿和财务会计报告的处理程序，保证会计资料真实完整。

【知识链接】企业应当依法设置会计机构，配备会计从业人员。会计人员应当具备从事会计工作所需要的专业能力。会计机构负责人应当具备会计师以上专业技术职务资格或者从事会计工作 3 年以上经历。

大中型企业应当设置总会计师。设置总会计师的企业，不得设置与其职权重叠的副职。

（4）财产保护控制。财产保护控制要求企业建立财产日常管理制度和定期清查制度，采取财产记录、实物保管、定期盘点、账实核对等措施，确保财产安全。

【特别提示】企业应当严格限制未经授权的人员接触和处置财产。

（5）预算控制。预算控制要求企业实施全面预算管理制度，明确各责任单位在预算管理中的职责权限，规范预算的编制、审定、下达和执行程序，强化预算约束。

（6）运营分析控制。运营分析控制要求企业建立运营情况分析制度，经理层应当综合运用生产、购销、投资、筹资、财务等方面的信息，通过因素分析、对比分析、趋势分析等方法，定期开展运营情况分析，发现存在的问题，及时查明原因并加以改进。

（7）绩效考评控制。绩效考评控制要求企业建立和实施绩效考评制度，科学设置考核指标体系，对企业内部各责任单位和全体员工的业绩进行定期考核和客观评价，将考评结果作为确定员工薪酬以及职务晋升、评优、降级、调岗和辞退等的依据。

6. 行政事业单位内部控制的控制方法

行政事业单位内部控制的控制方法一般包括不相容岗位相互分离、内部授权审批控制、归口管理、预算控制、财产保护控制、会计控制、单据控制和信息内部公开等。

（1）不相容岗位相互分离。不相容岗位相互分离要求行政事业单位合理设置内部控制关键岗位，明确划分职责权限，实施相应的分离措施，形成相互制约、相互监督的工作机制。

（2）内部授权审批控制。内部授权审批控制要求行政事业单位明确各岗位办理业务和事项的权限范围、审批程序和相关责任，建立重大事项集体决策和会签制度。相关工作人员应当在授权范围内行使职权、办理业务。

（3）归口管理。归口管理要求行政事业单位根据本单位实际情况，按照权责对等的原则，采取成立联合工作小组并确定牵头部门或牵头人员等方式，对有关经济活动实行统一管理。

（4）预算控制。预算控制要求行政事业单位强化对经济活动的预算约束，使预算管理贯穿于单位经济活动的全过程。

（5）财产保护控制。财产保护控制要求行政事业单位建立资产日常管理制度和定期清查机制，采取资产记录、实物保管、定期盘点和账实核对等措施，确保资产安全完整。

（6）会计控制。会计控制要求行政事业单位建立并健全本单位财会管理制度，加强会计机构建设，提高会计人员业务水平，强化会计人员岗位责任制，规范会计基础工作，加强会计档案管理，明确会计凭证、会计账簿和和财务会计报告处理程序。

（7）单据控制。单据控制要求行政事业单位根据国家有关规定和单位经济活动的业务流程，在内部管理制度中明确界定各项经济活动所涉及的表单和票据，要求相关工作人员按照规定填制、审核、归档、保管单据。

（8）信息内部公开。信息内部公开要求行政事业单位建立并健全经济活动相关信息内部公开制度，根据国家有关规定和单位的实际情况，确定信息内部公开的内容、范围、方式和程序。

【特别提示】企业与行政事业单位内部控制的措施和方法中，完全相同或基本相同的有：不相容职务分离控制（不相容岗位相互分离）、授权审批控制（内部授权审批控制）、会计系统控制（会计控制）、财产保护控制、预算控制。

（四）内部审计

1. 内部审计的含义

内部审计是一种独立、客观的确认和咨询活动，它通过运用系统、规范的方法，审查和评价组织（组织可以理解为单位，下同）的业务活动、内部控制和风险管理的适当性和有效性，以促进组织完善治理、增加价值和实现目标。

【特别提示】 各类组织的内部审计机构、内部审计人员是内部审计活动的主体。其他组织或者人员接受委托、聘用，也可以承办或者参与内部审计业务。

【例2－35·判断题】 各类组织的内部审计机构、内部审计人员是内部审计活动的主体。其他组织或者人员接受委托、聘用，不可以承办或者参与内部审计业务。（　　）

【答案】 ×

【解析】 其他组织或者人员接受委托、聘用，也可以承办或者参与内部审计业务。

2. 内部审计的一般要求

组织应当设置与其目标、性质、规模、治理结构等相适应的内部审计机构，并配备具有相应资格的内部审计人员。

内部审计的目标、职责和权限等内容应当在组织的内部审计章程中明确规定。

内部审计机构和内部审计人员应当保持独立性和客观性，不得负责被审计单位的业务活动、内部控制和风险管理的决策与执行。内部审计人员应当具备相应的专业胜任能力，并通过后续教育加以保持和提高。内部审计人员应当履行保密义务，对于实施内部审计业务中所获取的信息保密。

【知识链接】 内部审计人员应当遵守职业道德，在实施内部审计业务时保持应有的职业谨慎。

【例2－36·判断题】 内部审计机构和内部审计人员应当保持独立性和客观性，可以负责被审计单位的业务活动、内部控制和风险管理的决策与执行。（　　）

【答案】 ×

【解析】 内部审计机构和内部审计人员应当保持独立性和客观性，不得负责被审计单位的业务活动、内部控制和风险管理的决策与执行。

3. 内部审计的作业要求

内部审计机构和内部审计人员应当全面关注组织风险，以风险为基础组织实施内部审计业务。内部审计人员应当充分运用重要性原则，考虑差异或者缺陷的性质、数量等因素，合理确定重要性水平。

内部审计机构应当根据组织的风险状况、管理需要及审计资源的配置情况，编制年度审计计划。内部审计人员根据年度审计计划确定的审计项目编制项目审计方案。内部审计机构应当在实施审计3日前，向被审计单位或者被审计人员送达审计通知书，做好审计准备工作。

内部审计人员应当深入了解被审计单位的情况，审查和评价业务活动、内部控制和风险管理的适当性和有效性，关注信息系统对业务活动、内部控制和风险管理的影响。内部审计人员应当关注被审计单位业务活动、内部控制和风险管理中的舞弊风险，对舞弊行为进行检查和报告。内部审计人员可以运用审核、观察、监盘、访谈、调查、函证、计算和分析程序等方法，获取相关、可靠和充分的审计证据，以支持审计结论、意见和建议。内部审计人员应当在审计工作底稿中记录审计程序的执行过程、获取的审计证据以及作出的审计结论。

【特别提示】内部审计人员应当以适当方式提供咨询服务，改善组织的业务活动、内部控制和风险管理。

【例2-37·判断题】 内部审计机构应当在实施审计5日前，向被审计单位或者被审计人员送达审计通知书，做好审计准备工作。（　　）

【答案】×

【解析】内部审计机构应当在实施审计3日前，向被审计单位或者被审计人员送达审计通知书，做好审计准备工作。

4. 内部审计的报告要求

内部审计机构应当在实施必要的审计程序后，及时出具审计报告。

审计报告应当客观、完整、清晰，具有建设性并体现重要性原则。审计报告应当包括审计概况、审计依据、审计发现、审计结论、审计意见和审计建议，还应包含是否遵循内部审计准则的声明。如存在未遵循内部审计准则的情形，应当在审计报告中作出解释和说明。

5. 内部审计的内部管理要求

内部审计机构应当接受组织董事会或者最高管理层的领导和监督，并保持与董事会或者最高管理层及时、高效的沟通。

内部审计机构应当建立合理、有效的组织结构，多层级组织的内部审计机构可以实行集中管理或者分级管理。内部审计机构应当根据内部审计准则及相关规定，结合本组织的实际情况制定内部审计工作手册，指导内部审计人员的工作。内部审计机构应当对内部审计质量实施有效控制，建立指导、监督、分级复核和内部审计质量评估制度，并接受内部审计质量外部评估。

内部审计机构应当编制中长期审计规划、年度审计计划、本机构人力资源计划和财务预算。内部审计机构应当建立激励约束机制，对内部审计人员的工作进行考核、评价和奖惩。内部审计机构应当在董事会或者最高管理层的支持和监督下，做好与外部审计的协调工作。

【特别提示】内部审计机构负责人应当对内部审计机构管理的适当性和有效性负主要责任。

二、会计工作的政府监督

（一）会计工作的政府监督的含义

会计工作的政府监督主要是指财政部门代表国家对单位和单位中相关人员的会计行为实施的监督检查，以及对发现的违法会计行为实施的行政处罚。

【点拨指导】会计工作的政府监督是一种外部监督。

【特别提示】财政部门，是指国务院财政部门、省级以上人民政府财政部门派出机构和县级以上人民政府财政部门。财政部门按照行政区域对会计事项实施监督。

财政部门是会计工作的政府监督的实施主体。除财政部门外，审计、税务、金融管理等部门依照有关法律、行政法规规定的职责，可以对有关单位的会计资料实施监督检查，并出具检查结论。

【点拨指导】财政部门与审计、税务、金融管理等各部门实施会计监督的职责是不同的。财政部门有权代表国家对单位和单位中相关人员的会计行为实施普遍的监督检查，而其他有关部门则依照有关法律、行政法规规定的职责，只能对有关单位的"会计资料"实施监督检查。

【特别提示】《会计人员管理办法》规定，县级以上地方人民政府财政部门、新疆生产建设兵团财政局、中央军委后勤保障部、中共中央直属机关事务管理局、国家机关事务管理局应当采用随机抽取检查对象、随机选派执法检查人员的方式，依法对单位任用（聘用）会计人员及其从业情况进行管理和监督检查，并将监督检查情况及结果及时向社会公开。

【例 2-38·多项选择题】（　　）部门具有对有关单位的会计资料实施监督检查的职能。

A. 财政部门　　　　B. 审计

C. 人民银行　　　　D. 保险监管

【答案】ABD

【解析】除财政部门外，审计、税务、金融管理等部门依照有关法律、行政法规规定的职责，可以对有关单位的会计资料实施监督检查，并出具检查结论。

（二）会计工作的政府监督的主要内容

财政部门对各单位的下列情况实施监督。

1. 是否依法设置会计账簿

是否依法设置会计账簿，具体包括：

（1）按照法律、行政法规和国家统一的会计制度的规定，应当设置会计账簿的单位是否按规定设置账簿。

（2）是否存在账外设账违法行为。

（3）是否存在伪造、变造会计账簿的行为。

（4）设置会计账簿是否存在其他违反法律、行政法规和国家统一的会计制度的行为。

2. 会计凭证、会计账簿、财务会计报告和其他会计资料是否真实、完整

会计凭证、会计账簿、财务会计报告和其他会计资料是否真实、完整，具体包括：

（1）应当依法办理会计手续、进行会计核算的经济业务事项是否如实在会计凭证、会计账簿、财务会计报告和其他会计资料上反映。

（2）填制的会计凭证、登记的会计账簿、编制的财务会计报告与实际发生的经济业务事项是否相符。

（3）财务会计报告的内容是否符合有关法律、行政法规和国家统一的会计制度的规定。

（4）其他会计资料是否真实完整。

（5）使用的会计软件及其生成的会计资料是否符合法律、行政法规和国家统一的会计制度的规定。

3. 会计核算是否符合《会计法》和国家统一的会计制度的规定

会计核算是否符合《会计法》和国家统一的会计制度的规定，具体包括：

（1）采用的会计年度、使用的记账本位币和会计记录的文字是否符合法律、行政法规和国家统一的会计制度的规定。

（2）填制或取得原始凭证、填制记账凭证、登记会计账簿是否符合法律、行政法规和国家统一的会计制度的规定。

（3）财务会计报告的编制程序、报送对象和报送期限是否符合法律、行政法规和国家统一的会计制度的规定。

（4）会计处理方法的采用和变更是否符合法律、行政法规和国家统一的会计制度的规定。

（5）是否按照法律、行政法规和国家统一的会计制度的规定建立并实施内部会计监督制度。

（6）会计档案的建立、保管、销毁是否符合法律、行政法规和国家统一的会计制度的规定。

（7）会计核算是否有其他违法行为。

4. 从事会计工作的人员是否具备专业能力、遵守职业道德

从事会计工作的人员是否具备专业能力、遵守职业道德，具体包括：

（1）会计人员是否具有会计类专业知识，是否基本掌握会计基础知识和业务技能，是否能够独立处理基本会计业务，以表明其具备从事会计工作所需要的专业能力。

（2）会计机构负责人、会计主管人员是否具备下列基本条件：1）坚持原则，廉洁奉公；2）具备会计师以上专业技术职务资格或者从事会计工作不少于 3 年；3）熟悉国家财经法律、法规、规章和方针、政策，掌握本行业业务管理的有关知识；4）有较强的组织能力；5）身体状况能够适应本职工作的要求。

（3）从事会计工作的人员是否遵守职业道德。

另外，财政部门有权对会计师事务所出具审计报告的程序和内容进行监督。具体来说，国务院财政部门及其派出机构和省、自治区、直辖市人民政府财政部门依法对会计师事务所出具的审计报告的程序和内容实施监督检查。这是对社会中介组织监督职能的再监督，有利于会计监督职能的强化和完善。

【特别提示】财政部门对各单位实施的会计监督的内容中没有对“税收”的监督，也没有对单位“是否设置会计机构”的监督。

【例 2－39 · 多项选择题】 下列选项中，属于财政部门会计监督主要内容的是（　　）。

A. 是否依法设置会计账簿

B. 各单位是否设立会计机构

C. 会计核算是否符合《会计法》和国家统一的会计制度的规定

D. 从事会计工作的人员是否具备专业能力、遵守职业道德

【答案】ACD

【解析】财政部门对各单位以下情况实施会计监督：（1）是否依法设置会计账簿；（2）会计凭证、会计账簿、财务会计报告和其他会计资料是否真实、完整；（3）会计核算是否符合《会计法》和国家统一的会计制度的规定；（4）从事会计工作的人员是否具备专业能力、遵守职业道德。

（三）国务院财政部门及其派出机构的账户查询权

国务院财政部门及其派出机构在对各单位会计凭证、会计账簿、财务会计报告和其他会计资料真实性、完整性实施监督检查中，发现重大违法嫌疑时，国务院财政部门及其派出机构可以向与被监督单位有经济业务往来的单位和被监督单位开立账户的金融机构查询有关情况，有关单位和金融机构应予以支持。

（四）财政部门和各单位的相关义务

依法对有关单位的会计资料实施监督检查的部门及其工作人员对在监督检查中知悉的国家秘密、工作秘密、商业秘密、个人隐私、个人信息负有保密义务。

各单位必须依照有关法律、行政法规的规定，接受有关监督检查部门依法实施的监督检查，如实提供会计凭证、会计账簿、财务会计报告和其他会计资料以及有关情况，不得拒绝、隐匿、谎报。

（五）会计信息质量检查

会计信息质量检查是财政部门在总结多年会计监督实践经验的基础上，创新的一种实施会计监督的重要方式。会计信息质量检查是贯彻落实《会计法》、认真履行财政部门会计监督职责的基本要求，是严肃财经纪律、整顿和规范市场经济秩序的客观需要，是推进财政改革、加强财政管理的重要手段。财政部门要充分认识开展会计信息质量检查的重要意义，切实加强组织领导，采取有效措施，完善工作制度，创新工作方法，促进会计信息质量检查工作不断发展。

三、会计工作的社会监督

（一）会计工作的社会监督的含义

会计工作的社会监督，主要是指由注册会计师及其所在的会计师事务所等中介机构接受委托，依法对单位的经济活动进行审计，出具审计报告，发表审计意见的一种监督制度。

【特别提示】社会监督的主体主要是注册会计师及其所在的会计师事务所。

此外，单位和个人检举违反《会计法》和国家统一的会计制度规定的行为，也属于会计工作社会监督的范畴。为保护检举人的合法权益，收到检举处理和处理检举的部门及其相关人员应当为检举人保密，不得将检举人姓名和检举材料转给被检举单位和被检举个人。

会计工作的社会监督是一种外部监督，是对单位内部监督的再监督，其特征是监督行为的独立性和有偿性。社会监督以其特有的中介性和公正性而得到法律认可，具有很强的权威性和公正性。

【点拨指导】社会监督的特征：独立性、有偿性、中介性、公正性、权威性。

【例2-40·判断题】 单位和个人检举违反《会计法》和国家统一的会计制度规定的行为，不属于会计工作社会监督的范畴。（ ）

【答案】×

【解析】单位和个人检举违反《会计法》和国家统一的会计制度规定的行为，属于会计工作社会监督的范畴。

（二）注册会计师审计与内部审计的关系

注册会计师审计与内部审计既有联系又有区别。

1. 注册会计师审计与内部审计的联系

（1）注册会计师审计与内部审计都是现代审计体系的重要组成部分。

（2）注册会计师审计与内部审计都注重内部控制的健全性和有效性。

（3）注册会计师审计中可能会涉及对内部审计成果的利用等。

2. 注册会计师审计与内部审计的区别

（1）审计独立性不同。内部审计为单位内部服务，接受本单位管理层的领导，独立性较弱。注册会计师审计为需要可靠信息的第三方提供服务，不受被审计单位管理层的领导和制约，独立性较强。

（2）审计方式不同。内部审计由本单位组织实施，具有较大灵活性，内部审计人员遵循的是《中国内部审计准则》；注册会计师审计是接受委托进行审计，注册会计师遵循的是《中华人民共和国注册会计师法》《中国注册会计师执业准则》等。

（3）审计的职责和作用不同。内部审计的结果（内部审计报告）只对本单位负责，只作为本单位改善经营管理的参考，且内部审计报告不对外公开；注册会计师审计需要对被审计单位的投资者、债权人及其他利益相关者负责，对外出具的审计报告具有鉴证作用。

（4）接受审计的自愿程度不同。内部审计是代表本单位管理层实施的组织内部监督，是单位内部控制的重要组成部分，单位内部的部门必须接受单位内部审计人员的监督；注册会计师审计是以独立的第三方对被审计单位进行的审计，委托人可以自由选择会计师事务所，会计师事务所也可以自愿决定是否接受委托。

【点拨指导】在注册会计师审计中，委托人可以自由选择会计师事务所；会计师事务所也可以自愿决定是否接受委托。

（三）注册会计师的审计业务范围和审计报告

1. 注册会计师、会计师事务所可以承办的审计业务

（1）审查企业会计报表，出具审计报告。

（2）验证企业资本，出具验资报告。

（3）办理企业合并、分立、清算事宜中的审计业务，出具有关的报告。

（4）法律、行政法规规定的其他审计业务。

2. 注册会计师审计报告

（1）审计报告的含义和要素。审计报告，是指注册会计师根据审计准则的规定，在执行审计工作的基础上，对被审计单位财务报表发表审计意见的书面文件。

【特别提示】注册会计师应当就财务报表是否在所有重大方面按照适用的财务报告编制基础编制并实现公允反映形成审计意见。

【点拨指导】审计不是为了查账，也不是为了纠错，而是为了针对财务会计报告的合法性和公允性发表意见。

审计报告应当包括下列要素：标题；收件人；审计意见；形成审计意见的基础；管理层对财务报表的责任；注册会计师对财务报表审计的责任；按照相关法律法规的要求报告的事项（如适用）；注册会计师的签名和盖章；会计师事务所的名称、地址和盖章；报告日期。

【例2－41·多项选择题】 下列各项中，属于审计报告的要素有（　　）。

A. 标题

B. 形成审计意见的基础

C. 按照相关法律法规的要求报告的事项（如适用）

D. 强调事项段

【答案】ABC

【解析】选项D，强调事项段是审计报告中含有的一个段落，但并不是审计报告的要素。

（2）审计报告的种类和审计意见的类型。审计报告分为无保留意见审计报告和非无保留意见审计报告。

无保留意见，是指当注册会计师认为财务报表在所有重大方面按照适用的财务报告编制基础的规定编制并实现公允反映时发表的审计意见。非无保留意见，是指对财务报表发表的保留意见、否定意见或无法表示意见。

当存在下列情形之一时，注册会计师应当在审计报告中发表非无保留意见：1）根据获取的审计证据，得出财务报表整体存在重大错报的结论；2）无法获取充分、适当的审计证据，不能得出财务报表整体不存在重大错报的结论。

非无保留意见具体来说包含以下情况：

（1）当存在下列情形之一时，注册会计师应当发表保留意见：1）在获取充分、适当的审计证据后，注册会计师认为错报单独或汇总起来对财务报表影响重大，但不具有广泛性；2）注册会计师无法获取充分、适当的审计证据以作为形成审计意见的基础，但认为未发现的错报（如存在）对财务报表可能产生的影响重大，但不具有广泛性。

（2）在获取充分、适当的审计证据后，如果认为错报单独或汇总起来对财务报表的影响重大且具有广泛性，注册会计师应当发表否定意见。

（3）如果无法获取充分、适当的审计证据以作为形成审计意见的基础，但认为未发现的错报（如存在）对财务报表可能产生的影响重大且具有广泛性，注册会计师应当发表无法表示意见。在极少数情况下，可能存在多个不确定事项。尽管注册会计师对每个单独的不确定事项获取了充分、适当的审计证据，但由于不确定事项之间可能存在相互影响，以及可能对财务报表产生累积影响，注册会计师不可能对财务报表形成审计意见。在这种情况下，注册会计师应当发表无法表示意见。

【归纳总结】三类会计监督的主体和对象（见表2-7）。

表2-7　三类会计监督的主体和对象

监督类型	监督主体	监督对象
单位内部会计监督	单位的会计机构、会计人员	单位的经济活动
政府监督	财政部门	单位的会计行为（包括会计资料）
	审计、税务、金融管理等部门	单位的会计资料
社会监督	注册会计师及其所在的会计师事务所	委托单位的经济活动
	单位和个人（通过检举方式）	违法行为

第5节　会计机构与会计人员

一、会计机构的设置

会计机构，是指各单位内部设置的办理会计事务的职能部门。会计人员，是指根据《会计法》的规定，在国家机关、社会团体、企业、事业单位和其他组织（统称单位）中从事会计核算、实行会计监督等会计工作的人员。

【点拨指导】《会计法》规定，单位负责人对本单位的会计工作和会计资料的真实性、完整性负责。

（一）办理会计事务的组织方式

《会计法》规定，各单位应当根据会计业务的需要，依法采取下列一种方式组织本单位的会计工作：（1）设置会计机构；（2）在有关机构中设置会计岗位并指定会计主管人员；（3）委托经批准设立从事会计代理记账业务的中介机构代理记账；（4）国务院财政部门规定的其他方式。下面主要介绍前三种方式。

1. 设置会计机构

设置会计机构是指单位依法设置独立负责会计事务的内部机构，负责会计核算工作，实行会计监督，拟定本单位办理会计事务的具体办法，参与拟订经济计划、业务计划，考核、分析预算、财务计划的实行情况，办理其他会计事务等。会计机构内部应当建立稽核制度。会计机构应当配备会计机构负责人。

2. 在有关机构中设置会计人员并指定会计主管人员

不具备单独设置会计机构条件的，应当在有关机构中设置会计人员，并指定会计主管人员。会计主管人员是不设置会计机构的单位在会计人员中指定的、负责组织管理会计事务、行使会计机构负责人职权的会计工作负责人。

【点拨指导】会计主管人员不同于我们平常所说的会计主管、主管会计、主办会计。

【知识链接】区分会计机构负责人和会计主管人员：设置会计机构——配备会计机构负责人；不设置会计机构（在有关机构中设置会计人员）——指定会计主管人员（负责组织管理会计事务、行使会计机构负责人职权的会计工作负责人）。

【例 2－42·判断题】会计机构应当配备会计主管人员。　（　）

【答案】×

【解析】设置会计机构的单位，其会计机构应当配备会计机构负责人；不设置会计机构的单位，应当在有关机构中设置会计人员并指定会计主管人员。不具备上述设置条件的，应当委托经批准设立从事会计代理记账业务的中介机构代理记账。

3. 委托经批准设立从事会计代理记账业务的中介机构代理记账

《会计基础工作规范》规定，没有设置会计机构或者配备会计人员的单位，应当根据《代理记账管理办法》的规定，委托会计师事务所或者持有代理记账许可证书的代理记账机构进行代理记账。该项规定适用于没有设置会计机构以及没有在有关机构中设置会计人员的单位。

【知识链接】各单位应当根据单位规模的大小、经济业务和财务收支的繁简、经营管理的要求决定是否设置会计机构。

（二）代理记账

代理记账机构是指依法取得代理记账资格，从事代理记账业务的机构。代理记账是指代理记账机构接受委托办理会计业务。

1. 代理记账机构的审批

（1）会计师事务所及其分所可以依法从事代理记账业务。

（2）除会计师事务所以外的机构从事代理记账业务，应当经县级以上地方人民政府财政部门批准，领取由财政部统一规定样式的代理记账许可证书。具体审批机关由省、自治区、直辖市、计划单列市人民政府财政部门确定。另外，自2021年7月23日起，我国实施代理记账资格行政审批制度改革，其中，自由贸易试验区取消代理记账资格行政审批。

【特别提示】代理记账资格行政审批制度改革。

自2021年7月23日起，在全国范围内（不含自由贸易试验区，下同）对代理记账资格行政审批按照实行告知承诺方式推进行政审批制度改革，同时在自由贸易试验区进一步加大改革力度，试点取消代理记账资格行政审批。具体规定如下：

（1）实行告知承诺。全国范围内代理记账资格行政审批实行告知承诺方式后，各省级财政部门应当明确具体办事流程，制作并以适当方式公布告知承诺书格式文本，一次性告知申请人许可条件和所需材料，对申请人自愿作出承诺并按要求提交材料的，受理申请的财政部门应当当场作出行政许可决定。

（2）直接取消审批。自由贸易试验区试点取消代理记账资格行政审批后，注册地在自由贸易试验区的企业取得营业执照后即可接受其他单位委托，遵照《中华人民共和国会计法》和《代理记账管理办法》（财政部令第98号）等法律法规和国家统一的会计制度的规定开展代理记账业务，并接受具有行政管辖权的财政部门的管理。自由贸易试验区内原已按照《代理记账管理办法》（财政部令第98号）有关规定取得代理记账许可证书的企业，其证书依然有效。

（3）申请代理记账资格的机构应当同时具备以下条件：

1）为依法设立的企业；

2）专职从业人员不少于3名；

3）主管代理记账业务的负责人具有会计师以上专业技术职务资格或者从事会计工作不少于3年，且为专职从业人员；

4）有健全的代理记账业务内部规范。

【特别提示】代理记账机构从业人员应当具有会计类专业基础知识和业务技能，能够独立处理基本会计业务，并由代理记账机构自主评价认定。专职从业人员是指仅在一个代理记账机构从事代理记账业务的人员。

申请人应当自取得代理记账许可证书之日起20日内通过企业信用信息公示系统向社会公示。

代理记账机构设立分支机构的，分支机构应当及时向其所在地的审批机关办理备案登记。

2. 代理记账机构的业务范围

（1）根据委托人提供的原始凭证和其他相关资料，按照国家统一的会计制度的规定进行会计核算，包括审计原始凭证、填制记账凭证、登记会计账簿、编制财务会计报告等。

（2）对外提供财务会计报告。

（3）向税务机关提供税务资料。

（4）委托人委托的其他会计业务。

3. 代理记账委托合同的必备内容

委托合同除应具备法律规定的基本条款外，还应当明确下列内容：

（1）双方对会计资料真实性、完整性各自应当承担的责任；

（2）会计资料传递程序和签收手续；

（3）编制和提供财务会计报告的要求；

（4）会计档案的保管要求及相应的责任；

（5）终止委托合同应当办理的会计交接事宜。

4. 委托人的义务

（1）对本单位发生的经济业务事项，应当填制或者取得符合国家统一的会计制度规定的原始凭证。

（2）应当配备专人负责日常货币收支和保管。

（3）及时向代理记账机构提供真实、完整的原始凭证和其他相关资料。

（4）对于代理记账机构退回的，要求按照国家统一的会计制度的规定进行更正、补充的原始凭证，应当及时予以更正、补充。

5. 代理记账机构及其从业人员的义务

（1）遵守有关法律法规和国家统一的会计制度的规定，按照委托合同办理代理记账业务。

（2）对在执行业务中知悉的商业秘密予以保密。

（3）对委托人要求其作出不当的会计处理，提供不实的会计资料，以及其他不符合法律法规和国家统一的会计制度行为的，予以拒绝。

（4）对委托人提出的有关会计处理相关问题予以解释。

【特别提示】代理记账机构为委托人编制的财务会计报告，经代理记账机构负责人和委托人签名并盖章后，按照有关法律法规和国家统一的会计制度的规定对外提供。

6. 对代理记账机构的管理

（1）代理记账机构每年应当向审批机关报送的材料。代理记账机构应当于每年 4 月 30 日之前，向审批机关报送下列材料：

1）代理记账机构基本情况表。

2）专职从业人员变动情况。

【特别提示】代理记账机构设立分支机构的，分支机构应当于每年 4 月 30 日之前向其所在地的审批机关报送上述材料。

（2）对代理记账机构的监督和检查。县级以上人民政府财政部门对代理记账机构及其从事代理记账业务情况实施监督，随机抽取检查对象、随机选派执法检查人员，并将抽查情况及查处结果依法及时向社会公开。对委托代理记账的企业因违反财税法律、法规受到处理处罚的，县级以上人民政府财政部门应当将其委托的代理记账机构列入重点检查对象。对其他部门移交的代理记账违法行为线索，县级以上人民政府财政部门应当及时予以查处。

（3）代理记账机构的注销。代理记账机构有下列情形之一的，审批机关应当办理注销手续，收回代理记账许可证书并予以公告：

1）代理记账机构依法终止的；

2）代理记账资格被依法撤销或撤回的；

3）法律、法规规定的应当注销的其他情形。

二、会计工作岗位的设置

会计工作岗位，是指一个单位会计机构内部根据业务分工而设置的职能岗位。

各单位应当根据会计业务需要设置会计工作岗位。会计工作岗位一般可分为：（1）会计机构负责人或者会计主管人员；（2）出纳；（3）财产物资核算；（4）工资核算；（5）成本费用核算；（6）财务成果核算；（7）资金核算；（8）往来结算；（9）总账报表；（10）稽核；（11）档案管理。

开展会计电算化和管理会计的单位，可以根据需要设置相应的工作岗位，也可以与其他工作岗位相结合。

会计工作岗位，可以一人一岗、一人多岗或者一岗多人。但出纳人员不得兼管（兼任）稽核、会计档案保管和收入、费用、债权债务账目的登记工作。

会计人员的工作岗位应当有计划地进行轮换。

【点拨指导】单位应当根据有关法律法规、内部控制制度要求和会计业务需要设置会计岗位，明确会计人员职责权限。

【知识链接】会计机构中，对正式移交之前的会计档案进行保管的工作岗位属于会计岗位，但档案管理部门中对正式移交之后的会计档案进行保管的岗位不再属于会计岗位。另外，医院挂号收费员、药品库房记账员、超市收银员也不属于会计工作岗位。单位内部审计、社会审计、政府审计工作岗位也不属于会计工作岗位。

【例2-43·多项选择题】 单位会计的舞弊行为经常会牵涉对现金的贪污、挪用，因此，出纳人员不得兼任（　　）工作。

A. 库存现金日记账的登记

B. 稽核

C. 债权债务账目的登记

D. 银行存款日记账的登记

【答案】BC

【解析】出纳人员不得兼任稽核、会计档案保管和收入、支出、费用、债权债务账目的登记工作（不包括库存现金日记账和银行存款日记账的登记工作）。

【例2-44·判断题】 会计工作岗位，可以一人一岗、一人多岗、一岗多人或者多岗多人。（　　）

【答案】×

【解析】会计工作岗位，可以一人一岗、一人多岗或者一岗多人，但不能多岗多人。

【例 2-45·情境案例】 甲公司是一家小微企业，业务量较少，会计业务的核算相对简单。单位负责人王某为了压缩开支，决定由刚刚大学毕业的李某担任出纳，负责单位库存现金的收付、记账、会计报表的编制以及会计档案的保管工作，并要求李某每一笔账务的处理都要经过王某本人的审核，避免出现账务问题。

【要求】分析王某对李某工作内容的安排是否符合《会计法》的规定。

【解析】王某对李某工作内容的安排不符合《会计法》的规定。我国《会计法》规定，会计机构内部应当建立稽核制度。出纳人员不得兼任稽核、会计档案保管和收入、支出、费用、债权债务账目的登记工作。李某担任出纳的同时，兼任会计档案的保管工作，不符合《会计法》的规定。

三、会计人员

（一）会计人员的含义和范围

会计人员，是指根据《会计法》的规定，在国家机关、社会团体、企业、事业单位和其他组织中从事会计核算、实行会计监督等会计工作的人员。会计人员包括从事下列具体会计工作的人员：（1）出纳；（2）稽核；（3）资产、负债和所有者权益（净资产）的核算；（4）收入、费用（支出）的核算；（5）财务成果（政府预算执行结果）的核算；（6）财务会计报告（决算报告）编制；（7）会计监督；（8）会计机构内会计档案管理；（9）其他会计工作。担任单位会计机构负责人（会计主管人员）、总会计师的人员，属于会计人员。

【例 2-46·多项选择题】 下列各项中，属于会计人员的有（　　）。

A. 稽核　　B. 会计监督

C. 会计机构内会计档案管理　　D. 计划管理

【答案】ABC

（二）对会计人员的一般要求

（1）会计人员从事会计工作，应当符合下列要求：1）遵守《会计法》和国家统一的会计制度等法律法规；2）具备良好的职业道德；3）按照国家有关规定参加继续教育；4）具备从事会计工作所需要的专业能力。

【特别提示】各单位应当根据会计业务需要配备会计人员，督促其遵守职业道德和国家统一的会计制度。

【点拨指导】会计人员具有会计类专业知识，基本掌握会计基础知识和业务技能，能够独立处理基本会计业务，表明具备从事会计工作所需要的专业能力。

（2）会计机构负责人或会计主管人员，是指在一个单位内具体负责会计工作的中层领导人员。会计机构负责人、会计主管人员应当具备下列基本条件：1）坚持原则，廉洁奉公；2）具备会计师以上专业技术职务资格或者从事会计工作不少于 3 年；3）熟悉国家财经法律、法规、规章和方针、政策，掌握本行业业务管理的有关知识；4）有较强的组织能力；5）身体状况能够适应本职工作的要求。

（三）会计工作的禁入规定

（1）因有提供虚假财务会计报告，做假账，隐匿或者故意销毁会计凭证、会计账簿、财务会计报告，贪污，挪用公款，职务侵占等与会计职务有关的违法行为被依法追究刑事责任的人员，不得再从事会计工作。

（2）因伪造、变造会计凭证、会计账簿，编制虚假财务会计报告，隐匿或者故意销毁依法应当保存的会计凭证、会计账簿、财务会计报告，尚不构成犯罪的，5年内不得从事会计工作。

（3）会计人员具有违反国家统一的会计制度的一般违法行为，情节严重的，5年内不得从事会计工作。

（四）会计专业职务与会计专业技术资格

1. 会计专业职务（会计职称）

根据《人力资源社会保障部 财政部关于深化会计人员职称制度改革的指导意见》（人社部发〔2019〕8号），会计人员职称层级分为初级、中级、副高级和正高级。初级职称只设助理级，高级职称分设副高级和正高级，形成初级、中级、高级层次清晰、相互衔接、体系完整的会计人员职称评价体系。初级、中级、副高级和正高级职称名称依次为助理会计师、会计师、高级会计师和正高级会计师。

【特别提示】会计专业职务不包括总会计师，也不包括注册会计师。

助理会计师应具备以下条件：（1）基本掌握会计基础知识和业务技能。（2）能正确理解并执行财经政策、会计法律法规和规章制度。（3）能独立处理一个方面或某个重要岗位的会计工作。（4）具备国家教育部门认可的高中毕业［（含高中、中专（又称中职）、职高（职业高中的简称）、技校（技工学校的简称））］以上学历。

会计师应具备以下条件：（1）系统掌握会计基础知识和业务技能。（2）掌握并能正确执行财经政策、会计法律法规和规章制度。（3）具有扎实的专业判断和分析能力，能独立负责某领域会计工作。（4）具备博士学位；或具备硕士学位，从事会计工作满1年；或具备第二学士学位或研究生班毕业，从事会计工作满2年；或具备大学本科学历或学士学位，从事会计工作满4年；或具备大学专科学历，从事会计工作满5年。

高级会计师应具备以下条件：（1）系统掌握和应用经济与管理理论、财务会计理论与实务。（2）具有较高的政策水平和丰富的会计工作经验，能独立负责某领域或一个单位的财务会计管理工作。（3）工作业绩较为突出，有效提高了会计管理水平或经济效益。（4）有较强的科研能力，取得一定的会计相关理论研究成果，或主持完成会计相关研究课题、调研报告、管理方法或制度创新等。（5）具备博士学位，取得会计师职称后，从事与会计师职责相关工作满2年；或具备硕士学位，或第二学士学位或研究生班毕业，或大学本科学历或学士学位，取得会计师职称后，从事与会计师职责相关工作满5年；或具备大学专科学历，取得会计师职称后，从事与会计师职责相关工作满10年。

正高级会计师应具备以下条件：（1）系统掌握和应用经济与管理理论、财务会计理论与实务，把握工作规律。（2）政策水平高，工作经验丰富，能积极参与一个单位的生产经营决策。（3）工作业绩突出，主持完成会计相关领域重大项目，解决重大会计相关疑难问题或关键性业务问题，提高单位管理效率或经济效益。（4）科研能力强，取得重大会计相关理论研究成果，或其他创造性会计相关研究成果，推动会计行业发展。（5）一般应具有大学本科及以上学历或学士以上学位，取得高级会计师职称后，从事与高级会计师职责相关工作满5年。

【例2－47·判断题】 我国目前的会计人员职称层级分为初级、中级和副高级。（　　）

【答案】×

【解析】我国目前的会计人员职称层级分为初级、中级、副高级和正高级。

2. 会计专业技术资格

会计专业技术资格，是指担任会计专业职务的任职资格，简称会计资格。会计专业技术资格分为初级资格、中级资格和高级资格三个级别，分别对应初级、中级、副高级和正高级会计职称（会计专业职务）的任职资格，目前，初级、中级资格实行全国统一考试制度，副高级会计师资格实行考试与评审相结合制度，正高级会计师资格实行评审制度。

通过全国统一考试取得初级或中级会计专业技术资格的会计人员，表明其已具备担任相应级别会计专业技术职务的任职资格，用人单位可根据工作需要和德才兼备的原则，从获得会计专业技术资格的会计人员中择优聘任。

（五）会计专业技术人员继续教育

1. 继续教育参加人员

根据《专业技术人员继续教育规定》，国家机关、企业、事业单位以及社会团体等组织具有会计专业技术资格的人员，或不具有会计专业技术资格但从事会计工作的人员（简称会计专业技术人员）享有参加继续教育的权利和接受继续教育的义务。

2. 继续教育科目

继续教育内容包括公需科目和专业科目。

（1）公需科目包括专业技术人员应当普遍掌握的法律法规、理论政策、职业道德、技术信息等基本知识。

（2）专业科目包括会计专业技术人员从事会计工作应当掌握的财务会计、管理会计、财务管理、内部控制与风险管理、会计信息化、会计职业道德、财税金融、会计法律法规等相关专业知识。

3. 学分要求

会计专业技术人员参加继续教育实行学分制管理，每年参加继续教育取得的学时不少于90学时。其中，专业科目一般不少于总学时的2/3。

【例2-48·单项选择题】 专业技术人员参加继续教育的时间，每年累计不少于（　　）。

A. 48学时　　B. 60学时

C. 90学时　　D. 120学时

【答案】 C

4. 单位责任

（1）用人单位应当保障专业技术人员参加继续教育的权利。

（2）用人单位应当建立本单位会计专业技术人员继续教育与使用、晋升相衔接的激励机制，将参加继续教育情况作为会计专业技术人员考核评价、岗位聘用的重要依据。

【特别提示】 会计专业技术人员参加继续教育情况，应当作为聘任会计专业技术职务或者申报评定上一级资格的重要条件。

（六）总会计师

总会计师是主管本单位会计工作的行政领导，是单位行政领导成员，协助单位主要行政领导人工作，直接对单位主要行政领导人负责。

【点拨指导】 凡设置总会计师的单位，在单位行政领导成员中，不设与总会计师职权重叠的副职。

【特别提示】 总会计师组织领导本单位的财务管理、成本管理、预算管理、会计核算和会计监督等方面的工作，参与本单位重要经济问题的分析和决策。

国有的和国有资本占控股地位或者主导地位的大中型企业必须设置总会计师。大中型企业、事业单位、业务主管部门应当根据法律和国家有关规定设置总会计师。总会计师由具有会计师以上专业技术资格的人员担任。事业单位和业务主管部门根据需要，经批准可以设置总会计师。其他单位可以根据业务需要，自行决定是否设置总会计师。

【点拨指导】 国有的和国有资本占控股地位或者主导地位的大中型企业必须设置总会计师，其他单位可以根据需要设置。总会计师的任职资格、任免程序、职责权限由国务院规定。总会计师是单位行政领导成员，协助单位主要行政领导人工作，直接对单位主要行政领导人负责。总会计师的任职资格有如下要求。

（1）坚持社会主义方向，积极为社会主义建设和改革开放服务。

（2）坚持原则，廉洁奉公。

（3）取得会计师任职资格后，主管一个单位或者单位内一个重要方面的财务会计工作时间不少于3年。

（4）有较高的理论政策水平，熟悉国家财经法律法规、方针、政策和制度，掌握现代化管理的有关知识。

（5）具备本行业的基本业务知识，熟悉本行业情况，有较强的组织领导能力。

（6）身体健康，能胜任本职工作。

四、会计工作交接

（一）会计工作交接的含义与责任

1. 会计工作交接的含义

会计工作交接，是指会计人员调动工作、离职或者因故暂时不能工作时，与接管人员办理交接手续的一种工作程序。

2. 会计工作交接的责任

（1）会计人员工作调动或者因故离职，必须将本人所经管的会计工作全部移交给接替人员。移交人员对所移交的会计凭证、会计账簿、会计报表和其他有关资料的合法性、真实性承担法律责任。接替人员应当认真接管移交工作，并继续办理移交的未了事项。

【特别提示】没有办清交接手续的会计人员，不得调动或者离职。

【点拨指导】不论是会计人员彻底离开会计工作岗位，还是因故暂时离开会计工作岗位，均应办理交接手续。

【特别提示】即便接替人员在交接时因疏忽没有发现接管的会计资料在合法性、真实性方面的问题，如事后发现仍应由原移交人员承担法律责任，原移交人员不应以会计资料已移交而推脱责任。

【例 2－49·判断题】 移交人员对所移交的会计凭证、会计账簿、会计报表和其他有关资料的合法性、真实性承担法律责任。移交人员不能因为会计资料已经移交而推脱责任。（　　）

【答案】√

（2）会计人员临时离职或者因病不能工作且需要接替或者代理的，会计机构负责人（会计主管人员）或者单位领导人必须指定有关人员接替或者代理，并办理交接手续。

（3）临时离职或者因病不能工作的会计人员恢复工作的，应当与接替或者代理人员办理交接手续。

（4）移交人员因病或者其他特殊原因不能亲自办理移交的，经单位领导人批准，可由移交人员委托他人代办移交，但委托人应当承担对所移交的会计凭证、会计账簿、会计报表和其他有关资料的合法性、真实性的法律责任。

（5）单位撤销时，必须留有必要的会计人员，会同有关人员办理清理工作，编制决算。未移交前，不得离职。接收单位和移交日期由主管部门确定。单位合并、分立的，其会计工作交接手续比照上述有关规定办理。

【例 2－50·判断题】 会计人员临时离职或因病不能工作，会计机构负责人（会计主管人员）或单位领导人必须指定有关人员接替或者代理，并办理会计工作交接手续。（　　）

【答案】×

【解析】会计人员临时离职或者因病不能工作且需要接替或者代理的，会计机构负责人（会计主管人员）或者单位领导人必须指定有关人员接替或者代理，并办理交接手续。

（二）会计工作移交前的准备工作

会计人员办理移交手续前，必须及时做好以下工作：（1）已经受理的经济业务尚未填制会计凭证的，应当填制完毕。（2）尚未登记的账目，应当登记完毕，并在最后一笔余额后加盖经办人员印章。（3）整理应该移交的各项资料，对未了事项写出书面材料。（4）编制移交清册，列明应当移交的会计凭证、会计账簿、会计报表、印章、现金、有价证券、支票簿、发票、文件、其他会计资料和物品等内容；实行会计电算化的单位，从事该项工作的移交人员还应当在移交清册中列明会计软件及密码、会计软件数据磁盘（磁带等）及有关资料、实物等内容。

（三）会计工作交接的监交与会计工作交接要求

1. 会计工作交接的监交

（1）会计人员办理交接手续，必须有监交人负责监交。一般会计人员办理交接手续由会计机构负责人（会计主管人员）监交。

（2）会计机构负责人（会计主管人员）办理交接手续，由单位负责人监交，必要时主管单位可以派人会同监交。

【例2－51・单项选择题】 一般会计人员办理会计工作交接，由（　　）监交。

A. 一般会计人员

B. 会计机构负责人

C. 单位内部审计人员

D. 单位负责人

【答案】 B

【解析】 一般会计人员办理交接手续由会计机构负责人（会计主管人员）监交。

2. 会计工作交接要求

（1）移交人员在办理移交时，要按移交清册逐项移交；接替人员要逐项核对点收。具体来说：1）现金、有价证券要根据会计账簿有关记录进行点交。库存现金、有价证券必须与会计账簿记录保持一致。不一致时，移交人员必须限期查清。2）会计凭证、会计账簿、会计报表和其他会计资料必须完整无缺。如有短缺，必须查清原因，并在移交清册中注明，由移交人员负责。3）银行存款账户余额要与银行对账单核对，如不一致，应当编制银行存款余额调节表调节相符，各种财产物资和债权债务的明细账户余额要与总账有关账户余额核对相符；必要时，要抽查个别账户的余额，与实物核对相符，或者与往来单位、个人核对清楚。4）移交人员经管的票据、印章和其他实物等，必须交接清楚；移交人员从事会计电算化工作的，要对有关电子数据在实际操作状态下进行交接。5）会计机构负责人（会计主管人员）移交时，还必须将全部财务会计工作、重大财务收支和会计人员的情况等，向接替人员详细介绍。对需要移交的遗留问题，应当提供书面材料。

（2）交接完毕后，交接双方和监交人要在移交清册上签名或者盖章，并应在移交清册上注明单位名称，交接日期，交接双方和监交人的职务、姓名，移交清册页数以及需要说明的问题和意见等。

（3）移交清册一般应当填制一式三份，交接双方各执一份，存档一份。

（4）接替人员应当继续使用移交的会计账簿，不得自行另立新账，以保持会计记录的连续性。

【例 2－52・情境案例】 20×8 年 6 月，A 市财政局派出检查组对市属国有企业甲（以下简称甲公司）的会计工作进行检查。检查中了解到以下情况：

（1）20×7 年 1 月，甲公司档案科会同会计科共同编制会计档案销毁清册。经甲公司负责人张某同意签字后，按规定程序进行了监销。经查实，销毁的会计档案中有一些是保管期限已满但未结清债权债务的原始凭证。

（2）20×7 年 3 月，出纳李某申请调离甲公司，甲公司的人事部门在其没有办理清楚会计工作交接手续的情况下，即为其办理了工作调动手续。

（3）20×7 年 5 月，出纳李某离职后，甲公司负责人张某将其朋友的刚大学毕业的儿子王某，调入甲公司财务部接替李某从事出纳工作。一段时间后，甲公司档案管理员又离职。王某又被任命兼任会计档案保管员。王某学的是会计专业，且具备从事会计工作所需要的专业能力。

（4）20×7 年 8 月，会计人员刘某由于工作变动，需要离开自己的会计工作岗位，其移交的一些会计凭证、会计账簿存在问题。在追究刘某的责任时，刘某辩解说：会计凭证、会计账簿既然已经移交给了财务部部长赵某，就应当由赵某承担所有相关责任，与自己没有任何关系。

【要求】 指出上述情况中哪些行为存在不妥之处，并说明理由。

【解析】（1）销毁保管期满但未结清债权债务的原始凭证的行为不符合规定。《会计档案管理办法》规定，保管期满但未结清的债权债务会计凭证和涉及其他未了事项的会计凭证不得销毁，纸质会计档案应当单独抽出立卷，电子会计档案单独转存，保管到未了事项完结时为止。

（2）出纳李某没有办清会计工作交接手续即办理调动手续的行为不符合规定。《会计基础工作规范》规定，会计人员工作调动或者因故离职，必须将本人所经管的会计工作全部移交给接替人员。没有办清交接手续的，不得调动或者离职。

（3）甲公司负责人张某将王某调入会计科担任出纳，后又兼管会计档案保管工作的行为不符合规定。《会计法》规定，会计机构内部应当建立稽核制度。出纳人员不得兼任稽核、会计档案保管和收入、支出、费用、债权债务账目的登记工作。

（4）刘某认为“会计凭证、会计账簿既然已经移交给了财务部部长赵某，就应当由赵某承担所有相关责任，与自己没有任何关系”的说法是错误的。《会计基础工作规范》规定，移交人员对所移交的会计凭证、会计账簿、会计报表和其他有关资料的合法性、真实性承担法律责任。即使接替人员在交接时因疏忽没有发现接管的会计资料在合法性、真实性方面存在的问题，如事后发现，仍应当由原移交人员负责，原移交人员不应以会计资料已经移交而推脱责任，接替人员不对移交过来资料的合法性、真实性负法律责任。

第6节 法律责任

一、法律责任概述

法律责任是指违反法律规定的行为应当承担的法律后果。法律责任通常包括民事责任、行政责任和刑事责任。为了保证我国《会计法》的有效实施，处罚会计违法行为，《会计法》规定了明确的法律责任。《会计法》主要规定了两种法律责任形式：一种是行政责任，另一种是刑事责任。

【点拨指导】《会计人员管理办法》规定，因发生与会计职务有关的违法行为被依法追究刑事责任的人员，单位不得任用（聘用）其从事会计工作。

因违反《会计法》有关规定受到行政处罚5年内不得从事会计工作的人员，处罚期届满前，单位不得任用（聘用）其从事会计工作。

上述违法人员行业禁入期限，自其违法行为被认定之日起计算。

（一）行政责任

行政责任是指犯有一般违法行为的单位或个人，依照法律法规的规定应承担的法律责任。行政责任主要有行政处罚和行政处分两种方式。

1. 行政处罚

行政处罚是指行政机关依法对违反行政管理秩序的自然人、法人或者其他组织，以减损权益或者增加义务的方式予以惩戒的行为。自2021年7月15日起施行的新《中华人民共和国行政处罚法》（简称《行政处罚法》）对行政处罚的种类和实施作出了如下规定：

（1）行政处罚的种类包括：1）警告、通报批评；2）罚款、没收违法所得、没收非法财物；3）暂扣许可证件、降低资质等级、吊销许可证件；4）限制开展生产经营活动、责令停产停业、责令关闭、限制从业；5）行政拘留；6）法律、行政法规规定的其他行政处罚。

【特别提示】违反《会计法》而给予的行政处罚的类别仅包括：（1）罚款；（2）责令限期改正；（3）5年内不得从事会计工作等。

（2）行政处罚由违法行为发生地的行政机关管辖。行政处罚由县级以上地方人民政府具有行政处罚权的行政机关管辖。行政机关实施行政处罚时，应当责令当事人改正或限期改正违法行为。

（3）对当事人的同一个违法行为，不得给予两次以上罚款的行政处罚。同一个违法行为违反多个法律规范应当给予罚款处罚的，按照罚款数额高的规定处罚。

（4）行政机关在作出行政处罚决定之前，应当告知当事人拟作出的行政处罚内容及事实、理由、依据，并告知当事人依法享有的陈述、申辩、要求听证等权利。

（5）行政处罚决定依法作出后，当事人应当在行政处罚决定书载明的期限内，予以履行。

2. 行政处分

行政处分是国家行政机关依法对国家工作人员违反法律、法规、规章以及行政机关的决定和命令的行为实施的法律制裁。行政处分的对象仅限于直接负责的国家工作人员。

行政处分的形式主要有：(1) 警告；(2) 记过；(3) 记大过；(4) 降级；(5) 撤职；(6) 开除。

【特别提示】违反《会计法》而给予的行政处分的类别仅包括：(1) 降级；(2) 撤职；(3) 开除。

(二) 刑事责任

刑事责任是指犯罪行为应当承担的法律责任，即对犯罪分子依照刑事法律的规定追究其法律责任。刑事责任包括主刑和附加刑两种。

(1) 主刑。主刑是对犯罪分子适用的主要刑罚方法，只能独立适用，不能附加适用，对同一犯罪分子只能判处一种主刑。主刑分为管制、拘役、有期徒刑、无期徒刑和死刑。

(2) 附加刑。附加刑是既可独立适用又可附加适用的刑罚方法。也就是说，对同一犯罪行为既可在主刑之后判处一个或两个以上的附加刑，也可独立判处一个或两个以上的附加刑。附加刑分为罚金、剥夺政治权利和没收财产。对犯罪的外国人，也可独立或附加适用驱逐出境。

【特别提示】罚金属于刑事责任，罚款属于行政责任。

【归纳总结】行政责任与刑事责任的主要区别（见表2-8）。

表2-8 行政责任与刑事责任的区别

区别	刑事责任	行政责任
追究的违法行为不同	犯罪行为	一般违法行为
追究责任的机关不同	由司法机关依照《刑法》的规定追究	由国家特定的行政机关依照有关法律法规的规定决定
承担法律责任的后果不同	最严厉的制裁，最高可以判处死刑	相对刑事责任要轻一些

二、违反国家统一会计制度行为及其法律责任

1. 违反国家统一会计制度行为

(1) 不依法设置会计账簿的。

(2) 私设会计账簿的。

(3) 未按照规定填制、取得原始凭证或者填制、取得的原始凭证不符合规定的。

(4) 以未经审核的会计凭证为依据登记会计账簿或者登记会计账簿不符合规定的。

（5）随意变更会计处理方法的。

（6）向不同的会计资料使用者提供的财务会计报告编制依据不一致的。

（7）未按照规定使用会计记录文字或者记账本位币的。

【知识链接】会计记录的文字应当使用中文。在民族自治地区，会计记录可以同时使用当地通用的一种民族文字。在中华人民共和国境内的外商投资企业、外国企业和其他外国组织的会计记录可以同时使用一种外国文字。

（8）未按照规定保管会计资料，致使会计资料毁损、灭失的。

（9）未按照规定建立并实施单位内部会计监督制度，拒绝依法实施的监督或者不如实提供有关会计资料及有关情况的。

（10）任用会计人员不符合《会计法》规定的。

【点拨指导】上述会计违法行为不包括违反税法的行为，但违反税法的行为往往同时也会造成会计违法行为。

【特别提示】在上述会计违法行为中，第（1）～（8）项和会计核算相关，第（9）、（10）项和会计监督相关。在其中，第（1）、（2）项涉及会计账簿，第（3）、（4）项涉及会计凭证，第（5）项涉及会计处理方法，第（6）项涉及财务会计报告，第（7）项涉及会计记录文字和记账本位币，第（8）项涉及会计档案。

【例2-53·多项选择题】 下列各项中，属于违反国家统一会计制度行为的有（　　）。

A. 以未经审核的会计凭证为依据登记会计账簿

B. 未按照规定使用会计记录文字或者记账本位币

C. 未按规定建立并实施单位内部会计监督制度

D. 未在规定期限办理纳税申报

【答案】ABC

【解析】选项D是违反税收法律制度的行为。

【例2-54·多项选择题】 下列各项中，属于违反国家统一会计制度行为的有（　　）。

A. 私设会计账簿

B. 随意变更会计处理方法

C. 未在规定期限办理变更税务登记

D. 未按规定建立并实施单位内部会计监督制度

【答案】ABD

【解析】选项C是违反税收法律制度的行为。

2. 违反国家统一会计制度行为的法律责任

违反《会计法》规定，有上述不依法设置会计账簿等会计违法行为之一的，由县级以上人民政府财政部门责令限期改正，给予警告、通报批评，对单位可以并处20万元以下的罚款，对其直接负责的主管人员和其他直接责任人员可以处5万元以下的罚款；

情节严重的，对单位可以并处 20 万元以上 100 万元以下的罚款，对其直接负责的主管人员和其他直接责任人员可以处 5 万元以上 50 万元以下的罚款；属于公职人员的，还应当依法给予处分；构成犯罪的，依法追究刑事责任；会计人员有上述所列行为之一，情节严重的，五年内不得从事会计工作；有关法律对上述所列行为的处罚另有规定的，依照有关法律的规定办理。

【例 2－55·情境案例】 甲公司的仓储部门将原材料包装箱等废品每月定期出售给废品回收站，每月所得的收入用以补贴仓储部门管理费用不足以及解决员工福利问题。甲公司管理层默许这种做法，不将该项收入纳入企业统一的会计核算，而是另设会计账簿进行核算。甲公司管理层认为，这种处理方法对仓储部门的运营也是一种激励。

【要求】 分析甲公司及相关人员的做法是否违法。

【解析】《会计法》规定，各单位必须依法设置会计账簿，并保证其真实、完整。单位负责人对本单位的会计工作和会计资料的真实性、完整性负责。各单位发生的各项经济业务事项应当在依法设置的会计账簿上统一登记、核算，不得违反本法和国家统一的会计制度的规定私设会计账簿登记、核算。甲公司仓储部门出售原材料包装箱等废品的收入不纳入企业统一核算，而是另设会计账簿进行核算，属于私设会计账簿（私设“小金库”）的行为，属于会计违法行为。

根据《会计法》的规定，上述私设会计账簿等会计违法行为，由县级以上人民政府财政部门责令限期改正，给予警告、通报批评，对单位可以并处 20 万元以下的罚款，对其直接负责的主管人员和其他直接责任人员可以处 5 万元以下的罚款；情节严重的，对单位可以并处 20 万元以上 100 万元以下的罚款，对其直接负责的主管人员和其他直接责任人员可以处 5 万元以上 50 万元以下的罚款；属于公职人员的，还应当依法给予处分；构成犯罪的，依法追究刑事责任；会计人员有上述所列行为之一，情节严重的，五年内不得从事会计工作；有关法律对上述所列行为的处罚另有规定的，依照有关法律的规定办理。

三、伪造、变造会计凭证、会计账簿，编制虚假财务会计报告，隐匿或者故意销毁依法应当保存的会计凭证、会计账簿、财务会计报告行为的法律责任

伪造、变造会计凭证、会计账簿，编制虚假财务会计报告，隐匿或者故意销毁依法应当保存的会计凭证、会计账簿、财务会计报告的，由县级以上人民政府财政部门责令限期改正，给予警告、通报批评，没收违法所得，违法所得 20 万元以上的，对单位可以并处违法所得 1 倍以上 10 倍以下的罚款，没有违法所得或者违法所得不足 20 万元的，可以并处 20 万元以上 200 万元以下的罚款；对其直接负责的主管人员和其他直接责任人员可以处 10 万元以上 50 万元以下的罚款，情节严重的，可以处 50 万元以上 200 万元以下的罚款；属于公职人员的，还应当依法给予处分；其中的会计人员，5 年内不得从事会计工作；构成犯罪的，依法追究刑事责任。

【特别提示】根据《刑法》的规定，隐匿或者故意销毁依法应当保存的会计凭证、会计账簿、财务会计报告，情节严重的，处5年以下有期徒刑或者拘役，并处或者单处2万元以上20万元以下罚金。单位犯该罪的，对单位判处罚金，并对其直接负责的主管人员和其他直接责任人员，依照上述规定处罚。

【特别提示】《会计法》规定，因有提供虚假财务会计报告，做假账，隐匿或者故意销毁会计凭证、会计账簿、财务会计报告，贪污，挪用公款，职务侵占等与会计职务有关的违法行为被依法追究刑事责任的人员，不得再从事会计工作。

【例2-56·多项选择题】对伪造、变造会计凭证、会计账簿，编制虚假财务会计报告，隐匿或者故意销毁依法应当保存的会计凭证、会计账簿、财务会计报告的行为，应当承担的法律责任有（　　）。

A. 由县级以上人民政府财政部门责令限期改正，给予警告、通报批评，没收违法所得

B. 违法所得20万元以上的，对单位可以并处违法所得1倍以上10倍以下的罚款

C. 没有违法所得或者违法所得不足20万元的，可以并处20万元以上200万元以下的罚款

D. 属于公职人员的，还应当依法给予处分

【答案】ABCD

【解析】伪造、变造会计凭证、会计账簿，编制虚假财务会计报告，隐匿或者故意销毁依法应当保存的会计凭证、会计账簿、财务会计报告的，由县级以上人民政府财政部门责令限期改正，给予警告、通报批评，没收违法所得，违法所得20万元以上的，对单位可以并处违法所得1倍以上10倍以下的罚款，没有违法所得或者违法所得不足20万元的，可以并处20万元以上200万元以下的罚款；对其直接负责的主管人员和其他直接责任人员可以处10万元以上50万元以下的罚款，情节严重的，可以处50万元以上200万元以下的罚款；属于公职人员的，还应当依法给予处分；其中的会计人员，5年内不得从事会计工作；构成犯罪的，依法追究刑事责任。

四、授意、指使、强令会计机构、会计人员及其他人员伪造、变造会计凭证、会计账簿，编制虚假财务会计报告或者隐匿、故意销毁依法应当保存的会计凭证、会计账簿、财务会计报告行为的法律责任

授意、指使、强令会计机构、会计人员及其他人员伪造、变造会计凭证、会计账簿，编制虚假财务会计报告或者隐匿、故意销毁依法应当保存的会计凭证、会计账簿、财务会计报告的，由县级以上人民政府财政部门给予警告、通报批评，可以并处20万元以上100万元以下的罚款；情节严重的，可以并处100万元以上500万元以下的罚款；属于公职人员的，还应当依法给予处分；构成犯罪的，依法追究刑事责任。

五、单位负责人对依法履行职责、抵制违反《会计法》规定行为的会计人员实行打击报复的法律责任

单位负责人对依法履行职责、抵制违反《会计法》规定行为的会计人员以降级、撤职、调离工作岗位、解聘或者开除等方式实行打击报复，依法给予处分；构成犯罪的，依法追究刑事责任。对受打击报复的会计人员，应当恢复其名誉和原有职务、级别。

【特别提示】《刑法》规定，公司、企业、事业单位、机关、团体的领导人，对依法履行职责、抵制违反《会计法》规定行为的会计人员实行打击报复，情节恶劣的，处 3 年以下有期徒刑或者拘役。

【特别提示】恢复原有职务、级别，不包括恢复“会计职称”等内容。

【特别提示】单位负责人对会计人员实施打击报复的法律责任不包括行政处罚，只有行政处分。

六、财政部门及有关行政部门工作人员在实施监督管理中违法行为的法律责任

财政部门及有关行政部门的工作人员在实施监督管理中滥用职权、玩忽职守、徇私舞弊或者泄露国家秘密、工作秘密、商业秘密、个人隐私、个人信息的，依法给予处分；构成犯罪的，依法追究刑事责任。违反《会计法》规定，将检举人姓名和检举材料转给被检举单位和被检举人个人的，依法给予处分。

【点拨指导】违反《会计法》规定，但具有《中华人民共和国行政处罚法》规定的从轻、减轻或者不予处罚情形的，依照其规定从轻、减轻或者不予处罚。

导入案例解析

（1）甲公司“设置大小两套账，大账对外，小账对内”属于私设会计账簿的会计违法行为。

（2）“不按规定进行会计资料的保管，致使原始资料被毁损、灭失严重”违反了《会计档案管理办法》中“会计档案的保管期限”的相关规定。

根据《会计法》的规定，“私设会计账簿、未按照规定保管会计资料，致使会计资料毁损、灭失的”等违法行为，由县级以上人民政府财政部门责令限期改正，给予警告、通报批评，对单位可以并处 20 万元以下的罚款，对其直接负责的主管人员和其他直接责任人员可以处 5 万元以下的罚款；情节严重的，对单位可以并处 20 万元以上 100 万元以下的罚款，对其直接负责的主管人员和其他直接责任人员可以处 5 万元以上 50 万元以下的罚款；属于公职人员的，还应当依法给予处分；构成犯罪的，依法追究刑事责任；会计人员有上述所列行为之一，情节严重的，五年内不得从事会计工作；有关法律对上述所列行为的处罚另有规定的，依照有关法律的规定办理。

(3)“任命没有会计从业资格证书但具备从事会计工作所需要的专业能力的孙某担任会计”符合《会计法》的规定。《会计法》规定，会计人员应当具备从事会计工作所需要的专业能力。

(4)“张某因不满会计王某多次不听从做假账的指令，尤其不满其向上级主管部门反映真实情况，将其调至后勤保卫科”属于单位负责人对依法履行职责、抵制违反《会计法》规定行为的会计人员实行打击报复的行为。《会计法》规定，单位负责人对依法履行职责、抵制违反《会计法》规定行为的会计人员以降级、撤职、调离工作岗位、解聘或者开除等方式实行打击报复，依法给予处分；构成犯罪的，依法追究刑事责任。

(5)“发现甲公司近3年的账目中存在伪造、变造会计凭证虚增利润等违法问题，经确认系会计人员孙某在张某的强令下所为”属于“授意、指使、强令会计机构、会计人员及其他人员伪造、变造会计凭证、会计账簿，编制虚假财务会计报告或者隐匿、故意销毁依法应当保存的会计凭证、会计账簿、财务会计报告行为”。《会计法》规定，授意、指使、强令会计机构、会计人员及其他人员伪造、变造会计凭证、会计账簿，编制虚假财务会计报告或者隐匿、故意销毁依法应当保存的会计凭证、会计账簿、财务会计报告的，由县级以上人民政府财政部门给予警告、通报批评，可以并处20万元以上100万元以下的罚款；情节严重的，可以并处100万元以上500万元以下的罚款；属于公职人员的，还应当依法给予处分；构成犯罪的，依法追究刑事责任。

技能训练

一、单项选择题

1. 下列各项中，法律效力仅次于《会计法》的是（　　）。
A.《企业会计准则》及其解释
B.《深圳经济特区注册会计师条例》
C.《企业财务会计报告条例》
D.《会计基础工作规范》

2. 下列各项中，属于会计行政法规的是（　　）。
A.《山东省总会计师管理办法》
B.《总会计师条例》
C.《中华人民共和国会计法》
D.《代理记账管理办法》

3. 我国会计工作行政管理的主管部门是（　　）。
A. 财政部　　B. 国务院
C. 审计署　　D. 国家税务总局

4. 下列各项中，不属于会计人员从事会计工作应当符合的要求的是（　　）。
A. 遵守《会计法》和国家统一的会计制度等法律法规

B. 具备良好的职业道德

C. 按照国家有关规定参加继续教育

D. 具有会计专业技术初级资格证书

5. 张某不小心打破了甲公司大门玻璃，甲公司相关负责人与张某协商后由张某支付 500 元赔偿款。张某支付现金 500 元，并取得由甲公司财务科会计人员开出的金额为 500 元的收据一张。甲公司财务科负责人王某将留存的另一张收据的金额私自改为 300 元，并连同现金 300 元一起交给财务科出纳人员。王某的行为属于下列违法行为中的（　　）。

A. 伪造会计凭证行为

B. 做假账行为

C. 变造会计凭证行为

D. 提供虚假财务会计报告行为

6. 下列关于会计记录文字的说法中，错误的是（　　）。

A. 会计记录文字不可以用外国文字

B. 会计记录文字应当用中文

C. 民族自治地方的单位，其会计记录文字可以同时用当地通用的一种民族文字

D. 在中国境内的外商投资企业、外国企业和其他外国组织的会计记录文字可以同时使用一种外国文字

7. 下列关于注册会计师审计与内部审计的关系的表述中，正确的是（　　）。

A. 我国的现代审计包括内部审计与注册会计师审计两种

B. 注册会计师具有较强的独立性，而内部审计人员受聘于本单位，因此不具有独立性

C. 注册会计师审计是受托进行，而内部审计由本单位组织实施，具有较大灵活性

D. 注册会计师审计报告和内部审计报告均须对外公开

8. 下列各项中，不属于会计工作岗位的是（　　）。

A. 成本费用核算岗位

B. 会计机构中的会计档案保管岗位

C. 仓库保管岗位

D. 财产物资核算岗位

9. 单位负责人对依法履行职责、抵制违反《会计法》规定行为的会计人员以降级、撤职、调离工作岗位、解聘或者开除等方式实行打击报复，（　　）；构成犯罪的，依法追究刑事责任。

A. 可以处 1 倍以上 5 倍以下的罚款

B. 可以处 5 倍以下的罚款

C. 依法给予处分

D. 可以处 1 倍以上 3 倍以下的罚款

10. 下列各项中，不属于违反《会计法》规定的是（　　）。
A. 未在规定期限办理纳税申报的行为
B. 随意变更会计处理方法的行为
C. 未按规定建立并实施单位内部会计监督制度的行为
D. 以未经审核的会计凭证为依据登记会计账簿的行为

二、多项选择题

1. 下列关于《会计法》的地位的说法中，正确的有（　　）。
A.《会计法》是调整我国经济活动中会计关系的总规范
B.《会计法》是会计法律制度中层次最高的法律规范
C.《会计法》是制定其他会计行政法规、会计部门规章和地方性会计法规的依据
D.《会计法》是指导会计工作的最高准则
2. 下列各项中，属于我国会计法律的有（　　）。
A.《会计法》　　B.《审计法》
C.《资产评估法》　　D.《注册会计师法》
3. 下列各项中，属于会计部门规章的有（　　）。
A.《代理记账管理办法》
B.《会计档案管理办法》
C.《深圳经济特区注册会计师条例》
D.《企业会计准则》及其解释
4. 下列各项中，属于我国会计工作的行业自律管理组织的有（　　）。
A. 中国注册会计师协会
B. 中国资产评估协会
C. 中国总会计师协会
D. 中国内部审计协会
5. 下列单位人员中，应当保证本单位财务会计报告真实、完整的有（　　）。
A. 某合伙企业的代表合伙企业执行合伙企业事务的合伙人
B. 某个人独资企业的投资人
C. 某股份有限公司的股东
D. 某国有工业企业的厂长
6. 下列关于会计机构的设置的说法中，正确的有（　　）。
A. 各单位应当根据会计业务的需要，设置会计机构，或者在有关机构中设置会计人员并指定会计主管人员
B. 不具备会计机构设置条件的，应当委托经批准设立从事会计代理记账业务的中介机构代理记账
C. 各单位均可以适当精简，不设置会计机构
D. 经济业务复杂、财务收支频繁的单位，即使规模较小，也应当单独设置会计机构

7. 会计机构、会计人员对不真实、不合法的原始凭证有权（　　）。

A. 不予接受

B. 向单位负责人报告

C. 请求查明原因，追究有关当事人的责任

D. 予以退回，并要求按照国家统一的会计制度的规定更正、补充

8. 下列各项中，属于备查账簿的有（　　）。

A. 租借设备、物资的辅助登记

B. 担保、抵押备查簿

C. 应收、应付票据备查簿

D. 固定资产总账

9. 下列企业会计档案中，最低保管期限为30年的有（　　）。

A. 银行存款余额调节表

B. 明细账

C. 会计档案销毁清册

D. 原始凭证

10. 下列各项中，即使会计档案保管期满也不得销毁的有（　　）。

A. 未结清债权债务的原始凭证

B. 已经结清债权债务的原始凭证

C. 涉及未了事项的会计凭证

D. 电子会计档案

11. 下列各项中，属于会计监督体系组成部分的有（　　）。

A. 单位内部会计监督

B. 以注册会计师为主体的会计工作社会监督

C. 社会舆论监督

D. 以政府财政部门为主体的会计工作政府监督

12. 下列各项中，属于行政事业单位内部控制的原则的有（　　）。

A. 全面性原则

B. 重要性原则

C. 适应性原则

D. 成本效益原则

13. 下列选项中，属于不相容职务的有（　　）。

A. 授权批准与业务经办

B. 业务经办与稽核检查

C. 会计记录与财产保管

D. 机器维修与财产保管

14. 申请代理记账资格的机构应具备的条件包括（　　）。

A. 专职从业人员不少于3名

B. 主管代理记账业务的负责人具有会计师以上专业技术职务资格并且从事会计工作不少于3年，且为专职从业人员

C. 有健全的代理记账业务内部规范

D. 为依法设立的企业

15. 会计人员工作交接完毕后，在移交清册上签名或盖章的人员包括（　　）。

A. 交出方

B. 接受方

C. 监交人员

D. 单位会计档案管理人员

三、判断题

1. 会计法律制度，是指国家权力机关和行政机关制定的关于会计工作的法律、法规、规章和规范性文件的总称。（　　）

2. 我国目前只有两部会计法律，分别是《会计法》和《注册会计师法》。（　　）

3. 按照法律效力排序：会计法律＞会计部门规章＞会计行政法规＞地方性会计法规。（　　）

4. 张某为某国有企业的会计机构负责人，他将其女儿安排在本部门担任会计，张某的这一行为违背了会计人员回避制度。（　　）

5. 从外单位取得的原始凭证如有遗失，应当取得原开出单位盖有公章的证明，并注明原来凭证的号码、金额和内容等，由经办单位会计机构负责人、会计主管人员和单位领导人批准后，才能代作原始凭证。（　　）

6. 当年形成的会计档案，在会计年度终了后，可由单位会计管理机构临时保管1年，再移交单位档案管理机构保管。因工作需要确需推迟移交的，应当经单位会计机构负责人同意。（　　）

7. 内部审计人员应当具备相应的专业胜任能力，并通过后续教育加以保持和提高。（　　）

8. 出纳人员不得兼管稽核、会计档案保管和收入、费用、债权债务账目的登记工作。（　　）

9. 会计人员具有违反国家统一的会计制度的一般违法行为，情节严重的，不得再从事会计工作。（　　）

10. 会计机构负责人（会计主管人员）办理交接手续，由单位负责人监交，必要时主管单位可以派人会同监交。（　　）

四、案例分析题

1. 甲上市公司的董事长（单位负责人）为粉饰公司业绩，授意本公司财务负责人

采取虚增收入、推迟财务费用列账等不正当手段，虚增利润 6 000 多万元，造成恶劣的社会影响。最终，甲公司被当地财政部门查处。甲上市公司的董事长以“自己不懂会计，会计工作应当由会计机构负责人承担责任”为由推脱责任。

【要求】 分析甲上市公司的董事长可否以“自己不懂会计，会计工作应当由会计机构负责人承担责任”为由推脱责任。

2. 当地财政部门对甲有限责任公司进行会计监督时，遇到以下情况：

（1）甲有限责任公司经营规模较小，未设置账簿。该有限责任公司认为本公司业务单一且较少，可以不用建账。

（2）甲有限责任公司无国有资本投入，该有限责任公司认为其无须接受财政部门监督，财政部门对其进行的会计监督属于政府对有限责任公司正常经营的无端干涉。

（3）甲有限责任公司准备将部分已经超过法定保管期限的会计档案销毁，但财政部门人员发现，其中有两张纸质原始凭证虽然保管期满，但是涉及的债权债务尚未结清，要求对准备销毁的这两张原始凭证予以保留。

【要求】 根据以上资料，结合会计法规的规定回答以下问题：

（1）甲有限责任公司是否应依法建账？

（2）甲有限责任公司是否应接受财政部门的监督？

（3）甲有限责任公司对已保管到期但涉及的债权债务尚未结清的原始凭证应如何处理？

3. 甲公司为一家国有企业，下设办公室、行政科、会计科、档案科等部门。本年 7 月，经上级主管单位任命，由会计科科长（会计机构负责人）A 的丈夫 B 担任该公司董事长。同月，A 的侄女 C 调到该公司会计科担任出纳工作。

8 月，董事长 B 对公司行政机构和人员进行了调整和精简。撤销原来的档案科，原由档案科保管的会计档案移交给会计科保管。档案科移交会计档案前，会同会计科对保管期满的会计档案进行销毁。会计档案销毁前，档案科科长与会计科科长 A 共同在会计档案销毁清册上签署意见；会计档案销毁时，档案科科长与会计科科长 A 共同进行了监销；会计档案销毁后，档案科科长与会计科科长 A 共同在会计档案销毁清册上签字。因董事长 B 在外地出差，故相关人员未将此事报告董事长 B，董事长 B 后来也不知情。之后，会计科科长 A 指定出纳 C 兼管会计档案保管工作。9 月，出纳 C 调到当地一家外贸公司的财务部工作，调离前与接任的 D 自行办理了会计工作交接手续。10 月，会计科科长 A 办理退休手续。会计科科长 A 与新任会计科科长 E 办理交接手续，上级主管单位派人与董事长 B 会同监交。后来，E 发现 A 移交的会计资料存在问题，遂找 A 询问。A 认为，会计资料已移交，自己不应再承担责任。

【要求】 根据上述情况和会计法律制度的有关规定，回答下列问题：

（1）按照回避制度的规定，会计科科长 A 与其丈夫董事长 B 是否应当回避？说明理由。

（2）C 担任该公司出纳工作是否符合相关法律规定？说明理由。

（3）档案科与会计科在销毁会计档案过程中有哪些不符合法律规定之处？

（4）会计科科长A指定出纳C兼管会计档案保管工作是否符合法律规定？说明理由。

（5）C自行与D办理会计工作交接手续是否符合法律规定？说明理由。

（6）A认为会计资料已移交E，自己不应再承担责任的观点是否符合法律规定？说明理由。

第3章

会计职业道德概述

学习目标

1. 了解会计职业的含义、特征与风险，了解会计职业道德的含义与特征。

2. 熟悉会计职业道德的功能与作用。

3. 掌握会计职业道德与会计法律制度的关系。

素养提升

1. 坚持依法治国和以德治国相结合，把社会主义核心价值观融入法治建设、融入社会发展、融入日常生活。①

2. 结合会计职业活动，提升学生的会计职业道德水平，引导学生加强自我修养，提高学生的会计专业胜任能力，有利于促进学生整体素质的不断提高。

3. 会计职业道德是会计法律制度运行和遵守的社会基础和思想根基，会计法律制度是促进会计职业道德规范确定和遵守的重要保障。遵守会计职业道德和会计法律制度都有利于规范会计行为，实现会计目标。

导入案例

甲公司的会计人员张某和李某分别就会计职业道德的含义、会计职业道德与会计法律制度的关系等问题表达了自己的观点。

（1）关于会计职业道德的含义，张某认为：会计职业道德是会计人员在社会交往和公共生活中应当遵循的，用以调整个人与自我之间、个人与他人之间、个人与社会之间、个人与自然之间等各方面关系的行为准则和规范的总和。

---

① 选自《高举中国特色社会主义伟大旗帜 为全面建设社会主义现代化国家而团结奋斗——在中国共产党第二十次全国代表大会上的报告》。

（2）关于会计职业道德与会计法律制度的关系，李某认为：1）会计法律制度是会计职业道德运行和遵守的社会基础和思想根基，会计职业道德规范是促进会计法律制度确定和遵守的重要保障。2）会计法律制度是对会计职业道德的重要补充，会计职业道德是对会计法律制度的最低要求。3）会计职业道德与会计法律制度一样，都是以国家强制力作为其实施的保障。

【要求】从会计职业道德的角度，分析评判张某、李某的观点。

【解析】见本章的第4节。

第1节　会计职业的含义、特征与风险

一、会计职业的含义

会计职业，是指利用会计专业的知识和技能，为经济社会提供会计服务，获取合理报酬的职业。

二、会计职业的特征

1. 会计职业的社会属性

会计职业是社会的一种分工，它履行会计职能，为社会提供会计服务，维护生产关系和经济社会秩序，正确处理企业利益相关者和社会公众的经济权益和关系。

2. 会计职业的规范性

会计职业不仅具有系统的专业规范操作要求，而且具有严格的职业道德规范要求。

3. 会计职业的经济性

会计职业是会计人员谋生的劳动手段，具有可以获取合理报酬的特点。

4. 会计职业的技术性

会计职业采用各种与会计专业相关的专门方法和程序来履行其职能。

5. 会计职业的时代性

会计职业应当适应经济社会生产经营方式的要求，助力市场发挥在经济资源配置中的决定作用，助力政府更好发挥作用，顺应文化、社会组织等多种因素的变化，切实贯彻创新、协调、绿色、开放、共享的高质量发展理念，与时俱进。

【例3-1·多项选择题】 会计职业的特征包括（　　）。

A. 会计职业的社会属性

B. 会计职业的规范性

C. 会计职业的经济性

D. 会计职业的技术性

【答案】ABCD

【解析】会计职业的特征包括：会计职业的社会属性、会计职业的规范性、会计职业的经济性、会计职业的技术性、会计职业的时代性。

三、会计职业风险

会计职业风险，是指因会计职业行为产生差错或不良后果而应由会计人员承担责任的可能性。企业会计的职业风险主要产生于以货币作为主要计量单位和公司治理等多方面。

首先，以货币作为计量单位受到多种不同的计量属性以及币值变动的影响，不同交易或者事项的确认、计量、记录和报告采用不同的计量属性形成不同的会计核算结果并产生不同的经济后果，可能导致会计人员面临不同的会计技术处理、职业判断和选择不当甚至发生会计差错的职业风险。

其次，企业会计作为公司治理结构的重要组成部分，受到公司治理的权责结构和代理冲突的重大影响，可能导致会计人员面临着客观、公正、公允、公平、及时与维护企业利益相关者和社会公众利益之间的道德冲突的职业风险，如会计人员在压力之下的不当盈余管理甚至会计造假或财务舞弊等。

除此之外，会计法律、规章制度和会计准则等规范性文件的变化，以及相应会计技术处理方法的改进等导致企业会计人员在确认、计量、记录和报告过程中可能发生的合法性、准确性的偏差甚至错误的风险等。

第2节　会计职业道德的含义与特征

一、会计职业道德的含义

会计职业道德，是指在会计职业活动中应当遵循的、体现会计职业特征的、调整会计职业关系的职业行为准则和规范。

会计职业道德是调整会计职业活动中各种利益关系的手段。会计工作的性质决定了会计人员在会计职业活动中需要处理各个方面的关系，从广义上来说，这些关系包括会计人员与自我之间、会计人员与本单位负责人之间、会计人员与本部门其他会计人员之间、会计人员与外单位同行之间、会计人员与本单位之间、会计人员与职业本身之间、会计人员及本单位与国家之间、会计人员及本单位与外单位之间、会计人员及本单位与投资者之间、会计人员及本单位与债权人之间、会计人员及本单位与其他部门以及职工之间、会计人员及本单位与社会公众之间等各类人际关系和经济关系；从狭义上来说，这些关系仅指上述关系中的经济关系。

本书主要采用狭义会计职业道德的观点。狭义上的上述经济关系的实质是经济利益关系。在市场经济活动中，当各经济主体利益（各单位利益）与国家利益、社会公众利益发生冲突时，会计职业道德不允许通过损害国家利益和社会公众利益来为各经济主体获取违法或不正当利益，只允许为各经济主体获取合法或正当的自身利益。会计职业道德通过配合国家法律制度来调整职业关系中的经济利益关系，维护正常的经济秩序。

【特别提示】《会计基础工作规范》规定，各单位应当根据会计业务需要配备会计人员，督促其遵守职业道德和国家统一的会计制度。《会计基础工作规范》规定，会计人员应当具备必要的专业知识和专业技能，熟悉国家有关法律、法规、规章和国家统一会计制度，遵守职业道德。

【点拨指导】《中国总会计师职业道德与行为规范（试行）》规定，总会计师职业道德是总会计师思想道德修养在本职工作中的体现。

【例3-2·单项选择题】 会计职业道德，是指在会计职业活动中应当遵循的、体现（　　）特征的、调整会计职业关系的职业行为准则和规范。

A. 会计工作　　　　B. 会计实践

C. 会计职业　　　　D. 会计工作岗位

【答案】 C

【解析】 会计职业道德，是指在会计职业活动中应当遵循的、体现会计职业特征的、调整会计职业关系的职业行为准则和规范。

二、会计职业道德的特征

会计作为社会经济活动中的一种特殊职业，除具有职业道德的一般特征外，还具有自身特有的特征。会计职业道德的特征主要包括：广泛的社会性、对公共利益的关注性、一定的强制性、较强的实践性、相对的稳定性。

1. 广泛的社会性

会计职业道德的社会性是由会计职业活动所提供的产品即会计信息决定的。在市场经济体制下，会计职业活动要为投资者、债权人、企业管理层、政府部门、金融机构、社会公众及其他各利益相关者等提供符合质量要求的会计信息。由于会计职业活动所服务的对象涉及面非常广，所提供的会计信息属于公共产品，因此会计信息质量的优劣将会影响国家利益和社会公众利益。而会计职业道德水平又会很大程度上影响会计信息质量，所以，会计职业道德必然受到社会普遍的关注，具有广泛的社会性。

【例3-3·判断题】 会计职业道德的好坏只会影响本单位的利益，因此，社会不需要太关注会计职业道德。（　　）

【答案】 ×

【解析】 由于会计职业活动所服务的对象涉及面非常广，所提供的会计信息属于公共产品，因此会计信息质量的优劣将会影响国家利益和社会公众利益。而会计职业道德水平又会很大程度上影响会计信息质量，所以，会计职业道德必然受到社会普遍的关注，具有广泛的社会性。

2. 对公共利益的关注性

在会计工作中，会计确认、计量、记录和报告程序、标准和方法发生改变或者对其进行调整，都有可能影响相关利益者的经济利益。当经济主体利益与国家利益、社会公众利益发生矛盾时，会计人员如果刻意偏向经济主体，就会损害国家利益和社会公众利益，将会产生会计职业道德问题。因此，会计职业活动与国家利益、社会公众利益密切相关是会计职业的一个显著特征。这也对会计职业道德提出了更高的要求，会计人员要忠于职守、敢于斗争，当发生道德冲突时要坚持准则，自觉抵制会计造假行为，始终把国家利益和社会公众利益放在第一位。

3. 一定的强制性

一般来说道德和职业道德均不具有强制性，只是要求人们“应该做什么或者不应该做什么”，而法律具有强制性，要求人们“必须做什么或者必须不能做什么”。但由于会计职业活动涉及国家利益和社会公众利益，具有广泛的社会性，因此，会计职业道德不同于一般的道德和职业道德，许多会计职业道德规范的内容同时也纳入了会计法律制度，并要求会计人员严格遵守，接受会计行业内外部人员的提醒、检查和监督。

【点拨指导】财政部 1996 年 6 月 17 日发布、2019 年 3 月 14 日修改的《会计基础工作规范》的第二章就专门规定了会计职业道德的基本要求。财政部于 2023 年 2 月 1 日发布了《会计人员职业道德规范》，这是我国首次制定全国性的会计人员职业道德规范。

【例 3-4·判断题】会计职业道德具有一定的强制性。（　）

【答案】√

4. 较强的实践性

由于会计职业活动本身是具体的实践活动，因此，在会计职业实践活动中积累形成的会计职业道德规范，具有较强的可操作性和实践性，并且容易形成具体的条文，用于指导和约束会计人员。随着会计实践发展，从手工会计到计算机会计，从单纯的财务会计到“财务会计＋管理会计”，从传统会计到人工智能会计，会计职业道德的内容会越来越丰富，对会计职业道德的要求会越来越高。

5. 相对的稳定性

会计是一种专业技术性很强的职业活动，在对单位经济业务事项进行确认、计量、记录和报告的过程中，会计制度的设计、会计政策和会计估计的选择和变更、会计差错的更正等，都必须遵循客观经济规律和会计法律制度的要求。因此，会计职业道德在社会经济不断的发展与更新中，始终保持自身特有的相对稳定性。任何一个国家和社会都不允许会计人员提供虚假的会计信息，任何一个经济主体都不会容忍会计人员泄露本单位的商业秘密。我国的“坚持诚信，守法奉公”“坚持准则，守责敬业”“坚持学习，守正创新”等会计职业道德要求都是对会计人员普遍且稳定不变的要求。

【例 3-5·判断题】会计职业道德的特征与其他职业道德的特征完全一致。（　）

【答案】×

【解析】会计作为社会经济活动中的一种特殊职业，除具有职业道德的一般特征外，还具有自身特有的特征。

第3节　会计职业道德的功能与作用

一、会计职业道德的功能

会计职业道德的功能，是指会计职业道德对会计职业活动所具有的功效和能力。会计职业道德的功能主要包括：指导功能、评价功能和教育功能。

1. 指导功能

会计职业道德具有指导会计具体行为的功能。会计职业道德引导会计人员的会计行为在正确的方向和道路上，指导会计人员自愿选择有利于防范和化解各种矛盾的会计行为，调整会计领域内的各方面的关系，促使会计人员和谐一致，保证会计工作正常、平稳、规范、高效地进行。

2. 评价功能

会计职业道德具有通过评价、命令、激励、惩罚等方式来规范、调整或纠正会计人员的行为，激发会计人员提高自身业务水平的积极性和主动性，鼓励会计人员自我批评、自我改进、自我完善、自我发展，促使会计人员的会计行为从"现有行为"向"应有行为"转化，从而协调相关利益关系、维护社会经济秩序的功能。

3. 教育功能

会计职业道德通过指导、评价、命令、示范等方式，运用塑造会计职业道德理想人格等手段，借助树立会计职业道德典型榜样等途径，来形成良好的会计职业道德风尚，以此深刻影响整个社会的会计职业道德观念和会计职业行为，培养整个社会的会计职业道德习惯和会计职业优秀品质，提高整个社会的会计职业道德觉悟，培养会计人员遵守会计职业道德的自觉性和自律性。

【例3-6·单项选择题】 下列各项中，不属于会计职业道德的功能的是（　　）。

A. 指导　　　　B. 宣传

C. 评价　　　　D. 教育

【答案】 B

【解析】 会计职业道德的功能主要包括：指导功能、评价功能和教育功能。

二、会计职业道德的作用

1. 会计职业道德是规范会计行为的基础

内心动机是外在行为的先导和动力，内心动机的好坏决定了外在行为的好坏，因此内心动机是非常重要的。会计行为也是由会计人员内心动机影响和决定的，如果会计人员内心动机符合会计职业道德规范的要求，则其外在会计行为在主观上是向善的；如果会计人员内心动机违背会计职业道德规范的要求，则其外在会计行为自然会出现问题。

会计职业道德对会计人员的内心动机提出了相应的要求，如坚持诚信、守责敬业等，这些内心动机可以引导、帮助会计人员树立正确的职业观念，遵守会计职业道德规范，从而达到规范会计行为的目的。

2. 会计职业道德是实现会计目标的重要保证

会计目标也称会计目的，是要求会计工作需要完成的任务或应当达到的标准。具体而言，会计工作的目的在于：向财务会计报告使用者提供与决策有关的会计信息；反映企业管理层受托责任履行情况，有助于财务会计报告使用者作出经济决策。

由于会计职业活动既是专业性、技术性的会计处理过程，又是对各种利益关系的调整，因此会计目标能否最终实现，既取决于会计人员的专业知识和技能水平，也取决于会计人员能否遵守会计职业道德。如果会计人员不遵守会计职业道德，故意提供不合法、不真实、不准确、不及时、不完整的会计信息，就会导致会计信息使用者决策失误，甚至会影响社会经济秩序。因此，运用会计职业道德规范约束会计人员的职业行为，是实现会计目标的重要保证。

3. 会计职业道德是对会计法律制度的重要补充

遵守会计法律制度是对会计人员从事会计职业的最低要求，然而有些会计行为是难以通过会计法律制度做出规定的，例如，会计法律制度只能对会计人员的违法行为及其法律责任做出规定，却不能对会计人员如何坚持诚信、守责敬业、坚持学习、守正创新等提出具体明确的要求。

如果会计人员缺乏坚持诚信、守责敬业的工作态度，没有坚持学习、守正创新的内在意识，很难保证会计信息的合法、真实、准确、及时、完整。因此，一方面会计职业道德的作用是会计法律制度所不能完全替代的；另一方面会计职业道德又是对会计法律制度的重要补充。

4. 会计职业道德是会计人员提高素质的内在要求

社会经济的不断发展，科学技术日新月异，对会计人员综合素质的要求也越来越高。会计职业道德正是会计人员综合素质的重要组成部分。一个高素质的会计人员理应作到“坚持诚信，守法奉公”“坚持准则，守责敬业”“坚持学习，守正创新”，这些既是会计职业道德规范的主要内容，又是会计人员遵守会计职业道德的可靠保证。

我们应当加强会计职业道德建设，实施会计职业道德教育，培养会计职业道德习惯，提升会计人员自我修养，树立正确的职业道德观念，提高专业胜任能力，以促进会计人员整体素质的不断提高。

【例 3-7·多项选择题】 下列关于会计职业道德的作用的说法中，正确的有（　　）。

A. 会计职业道德是规范会计行为的基础

B. 会计职业道德是实现会计目标的重要保证

C. 会计职业道德是对会计法律制度的重要补充

D. 会计职业道德是会计人员提高素质的内在要求

【答案】ABCD

【例 3-8·判断题】 遵守会计法律制度是对会计人员从事会计职业的最高要求。（ ）

【答案】×

【解析】遵守会计法律制度是对会计人员从事会计职业的最低要求。

第 4 节 会计职业道德与会计法律制度的关系

一、会计职业道德与会计法律制度的联系

会计职业道德与会计法律制度的目标一致、调整对象相同，两者的职责也相同，两者具有紧密的联系。

1. 会计职业道德与会计法律制度在作用上相互补充、相互协调

在规范会计行为的过程中，我们不可能完全依靠会计法律制度而拒绝运用会计职业道德。基本的会计行为必须运用会计法律制度进行规范，但对于不需要或不宜由会计法律制度进行规范的会计行为，则需要通过会计职业道德进行规范。因此，我们既要充分发挥会计法律制度的强制功能，又要强化会计职业道德的教育功能，两者相互补充、相互协调。

2. 会计职业道德与会计法律制度在内容上相互借鉴、相互吸收

起初的会计职业道德规范就是对会计行为约定俗成的基本要求，后来在会计立法过程中吸收了这些基本要求，便形成了会计法律制度。一方面会计法律制度中包含会计职业道德规范的某些内容；另一方面会计职业道德规范中也包含会计法律制度的某些条款，两者相互借鉴，相互吸收。

【点拨指导】会计职业道德是对会计法律制度的重要补充，会计法律制度是对会计职业道德的最低要求。

总之，会计职业道德与会计法律制度两者在实施过程中相互作用、相互影响，会计职业道德是会计法律制度运行和遵守的社会基础和思想根基，会计法律制度是促进会计职业道德规范确定和遵守的重要保障。

【例 3-9·多项选择题】 下列关于会计职业道德与会计法律制度的说法中，正确的有（ ）。

A. 会计职业道德与会计法律制度在作用上相互补充、相互协调

B. 会计职业道德与会计法律制度在内容上相互借鉴、相互吸收

C. 会计法律制度是会计职业道德运行和遵守的社会基础和思想根基

D. 会计职业道德规范是促进会计法律制度确定和遵守的重要保障

【答案】AB

【解析】选项 CD，正确的说法应当是：会计职业道德是会计法律制度运行和遵守的社会基础和思想根基，会计法律制度是促进会计职业道德规范确定和遵守的重要保障。

二、会计职业道德与会计法律制度的区别

1. 会计职业道德与会计法律制度的性质不同

会计法律制度通过国家强制力保障实施，具有很强的他律性和强制性；会计职业道德主要由会计人员自觉遵守，并依靠约定俗成、社会舆论和内在良心来发挥作用，具有很强的自律性和自觉性。

2. 会计职业道德与会计法律制度的作用范围不同

会计法律制度重点在于规范会计人员的外在行为及其结果的合法化，具有较强的客观性；会计职业道德不仅调整会计人员的外在行为，而且调整会计人员的内在精神世界，具有较强的主观性。

【点拨指导】会计法律制度中的各种规定是会计职业关系和会计工作秩序得以维系的最基本条件，是对会计人员职业行为的最低限度的要求。因此，违反会计法律制度一般同时会违背会计职业道德，但违背会计职业道德不一定同时会违反会计法律制度。

【特别提示】受到会计职业道德谴责的行为，不一定同时受到会计法律的制裁；受到会计法律制裁的行为一般同时会受到会计职业道德的谴责，个别过失违法行为除外。

【例 3－10・情境案例】　甲公司会计人员张某不钻研会计业务，不注重对会计专业知识的学习和更新，缺乏较强的专业胜任能力。

【要求】说明张某的行为是否违背会计职业道德，是否违反会计法律制度。

【解析】会计法律制度中的各种规定是会计职业关系和会计工作秩序得以维系的最基本条件，是对会计人员职业行为的最低限度的要求，因此，违反会计法律制度一般同时会违背会计职业道德，但违背会计职业道德不一定同时会违反会计法律制度。

张某的行为不能说违反了会计法律制度，但却违背了会计职业道德规范的要求，并且存在着可能违反会计法律制度的较大风险。

3. 会计职业道德与会计法律制度的表现形式不同

会计法律制度是通过一定的程序由国家权力机关和行政机关制定、颁布的法律、法规、规章和规范性文件的总称，其表现形式是明确的、具体的、正式形成文字的成文条款；会计职业道德源于会计人员的职业生活和职业实践，是经过日积月累而约定俗成的方式形成的，其表现形式既有明确成文的规定，也有仅存在于会计人员内心的标准、思想和信念。

4. 会计职业道德与会计法律制度的实施保障机制不同

会计法律制度是由国家强制力保障实施的；会计职业道德既有会计法律制度的相应要求，又需要通过自觉遵守、道德教育、榜样树立、道德评价和舆论引导来实现。

5. 会计职业道德与会计法律制度的评价标准不同

会计法律制度是以会计人员享有的权利和承担的义务为标准来判定其会计行为是否

违反会计法律制度；而会计职业道德则是以善恶为标准来判定会计行为是否违背会计职业道德规范。

【点拨指导】会计法律制度要求的是“必须”，即必须遵守会计法律制度；会计职业道德要求的是“应当”，即应当遵守会计职业道德。

【例 3－11·多项选择题】 下列关于会计职业道德与会计法律制度的说法，正确的有（　　）。

A. 会计职业道德是会计法律制度运行和遵守的社会基础和思想根基

B. 会计职业道德与会计法律制度有着不同的目标、不同的职责，调整着不同的对象

C. 会计法律制度是促进会计职业道德规范确定和遵守的重要保障

D. 违背会计职业道德不一定同时违反会计法律制度

【答案】ACD

【解析】选项 B，会计职业道德与会计法律制度两者的目标一致、调整对象相同，两者的职责也相同。

【例 3－12·判断题】 会计职业道德与会计法律制度一样，都是以国家强制力作为其实施的保障。（　　）

【答案】×

【解析】会计法律制度是由国家强制力保障实施的；会计职业道德既有会计法律制度的相应要求，又需要通过自觉遵守、道德教育、榜样树立、道德评价和舆论引导来实现。

导入案例解析

（1）张某关于会计职业道德的含义的观点不正确。会计职业道德是指在会计职业活动中应当遵循的、体现会计职业特征的、调整会计职业关系的职业行为准则和规范。

（2）李某关于会计职业道德与会计法律制度的关系问题的观点不正确。

1）会计职业道德是会计法律制度运行和遵守的社会基础和思想根基，会计法律制度是促进会计职业道德规范确定和遵守的重要保障。2）会计职业道德是会计法律制度的重要补充，会计法律制度是对会计职业道德的最低要求。3）会计法律制度是由国家强制力保障实施的；会计职业道德既有会计法律制度的相应要求，又需要通过自觉遵守、道德教育、榜样树立、道德评价和舆论引导来实现。

技能训练

一、单项选择题

1. 下列关于会计职业道德与会计法律制度的区别的说法，正确的是（　　）。

A. 两者的目标不同

B. 两者的调整对象不同

C. 两者的职责不同

D. 两者的作用范围不同

2. 下列关于会计职业道德的说法中正确的是（　　）。

A. 会计职业道德与会计法律制度的作用范围不同

B. 会计职业道德不具有强制性

C. 会计职业道德的功能主要包括指导功能、规范功能和教育功能

D. 会计职业道德要求会计人员在职业活动中，发生道德冲突时要坚持准则，自觉抵制会计造假行为，始终把单位集体利益放在第一位

3. 会计职业道德评价的基本标准是（　　）。

A. 善恶　　B. 是否违法

C. 是否客观公正　　D. 诚实与虚伪

二、多项选择题

1. 下列各项中，属于会计职业道德的特征的有（　　）。

A. 广泛的社会性　　B. 对公共利益的关注性

C. 一定的强制性　　D. 相对的稳定性

2. 下列各项中，属于会计职业道德的作用的有（　　）。

A. 提高单位经济效益的重要保障

B. 对会计法律制度的重要补充

C. 规范会计行为的基础

D. 实现会计目标的重要保证

3. 会计人员应遵循的道德规范有（　　）。

A. 会计职业道德　　B. 社会公德

C. 家庭美德　　D. 其他行业职业道德

三、判断题

1. 企业会计的职业风险主要产生于以货币作为主要计量单位和公司治理等多方面。（　　）

2. 在市场经济活动中，当各经济主体利益（各单位利益）与国家利益、社会公众利益发生冲突时，会计人员应当在保证经济主体利益的基础上，考虑国家利益和社会公众利益。（　　）

3. 随着社会经济的发展，会计职业道德的内容是一成不变的。（　　）

4. 会计职业道德的功能主要包括：指导功能、评价功能和教育功能。（　　）

5. 遵守会计法律制度是对会计人员从事会计职业的最低要求。（　　）

6. 会计法律制度是对会计职业道德的重要补充，会计职业道德是对会计法律制度的最低要求。（　　）

7. 会计法律制度中含有会计职业道德规范的某些内容。（　　）

8. 有些会计人员不钻研会计业务，不注重对会计专业知识的学习和更新，缺乏较强的专业胜任能力，这是一种既违反会计职业道德，又违反会计法律制度的行为。（　）

四、案例分析题

甲公司会计人员李某缺乏守责敬业精神，对会计工作没有感情、不思进取、敷衍了事。乙公司会计人员王某挪用公款10万元用于自己消费。

【要求】说明李某和王某的行为是否违背会计职业道德，是否违反会计法律制度。

第4章

会计职业道德规范

学习目标

1. 了解会计职业道德规范的含义和基本要求。

2. 掌握会计职业道德规范的主要内容。

素养提升

1. 通过教导“坚持诚信，守法奉公”的会计职业道德规范，要求学生在未来会计工作中牢固树立诚信理念，以诚立身、以信立业，严于律己、心存敬畏；学法知法守法，公私分明、克己奉公，树立良好职业形象，维护会计行业声誉。

2. 通过教导“坚持准则，守责敬业”的会计职业道德规范，要求学生在未来会计工作中严格执行准则制度，保证会计信息真实完整；勤勉尽责、爱岗敬业，忠于职守、敢于斗争，自觉抵制会计造假行为，维护国家财经纪律和经济秩序。

3. 通过教导“坚持学习，守正创新”的会计职业道德规范，要求学生在未来会计工作中始终秉持专业精神，勤于学习、锐意进取，持续提升会计专业能力；不断适应新形势新要求，与时俱进、开拓创新，努力推动会计事业高质量发展。

4. 统筹推动文明培育、文明实践、文明创建，推进城乡精神文明建设融合发展，在全社会弘扬劳动精神、奋斗精神、奉献精神、创造精神、勤俭节约精神，培育时代新风新貌。①

导入案例

甲公司本年工作中有以下情况：

---

① 选自《高举中国特色社会主义伟大旗帜 为全面建设社会主义现代化国家而团结奋斗——在中国共产党第二十次全国代表大会上的报告》。

（1）张某通过不断学习新会计准则的相关知识，持续提升了自己的会计专业能力，进一步规范了本公司的账务处理，优化了会计部门的分工，精简了财务部门的工作流程，提高了财务部门的工作效率。

（2）甲公司出售一批报废的包装物取得收入50 000元，甲公司董事长要求会计人员王某不在甲公司收入账簿上登记，并指示王某将其放入“小金库”，以便办公室交际应酬时使用。会计人员王某立刻按照董事长的意思办理。

（3）乙公司财务经理通过老乡联系到甲公司会计人员赵某，以20 000元好处费为条件，请求赵某利用职务便利让甲公司为乙公司银行贷款作抵押，遭到赵某断然拒绝。

（4）甲公司会计人员孙某利用职务便利将甲公司申请的新专利资料复印件泄露给亲戚，并取得了60 000元的好处费，给甲公司造成一定经济损失。

【要求】从会计职业道德的角度，分析评价张某、王某、赵某、孙某的行为。

【解析】见本章的第2节。

第1节　会计职业道德规范的含义和基本要求

一、会计职业道德规范的含义

会计职业道德规范，全称为“会计人员职业道德规范”，是指一定社会经济条件下，对会计职业行为及职业活动在职业道德范畴的统一要求或成文规定。会计职业道德规范是社会道德体系的一个重要组成部分，是职业道德在会计职业行为及职业活动中的具体体现。

【例4-1·判断题】 会计职业道德规范，是指一定社会经济条件下，对会计职业行为及职业活动在职业道德范畴的统一要求以及成文或不成文的规定。（　　）

【答案】×

【解析】会计职业道德规范，是指一定社会经济条件下，对会计职业行为及职业活动在职业道德范畴的统一要求或成文规定。

二、会计职业道德规范的基本要求

我国《会计基础工作规范》对会计职业道德规范的基本要求包括以下内容：

（1）会计人员在会计工作中应当遵守职业道德，树立良好的职业品质、严谨的工作作风，严守工作纪律，努力提高工作效率和工作质量。

（2）会计人员应当热爱本职工作，努力钻研业务，使自己的知识和技能适应所从事工作的要求。

（3）会计人员应当熟悉财经法律、法规、规章和国家统一会计制度，并结合会计工作进行广泛宣传。

（4）会计人员应当按照会计法律、法规和国家统一会计制度规定的程序和要求进行会计工作，保证所提供的会计信息合法、真实、准确、及时、完整。

（5）会计人员办理会计事务应当实事求是、客观公正。

（6）会计人员应当熟悉本单位的生产经营和业务管理情况，运用掌握的会计信息和会计方法，为改善单位内部管理、提高经济效益服务。

（7）会计人员应当保守本单位的商业秘密。除法律规定和单位领导人同意外，不能私自向外界提供或者泄露单位的会计信息。

（8）财政部门、业务主管部门和各单位应当定期检查会计人员遵守职业道德的情况，并作为会计人员晋升、晋级、聘任专业职务、表彰奖励的重要考核依据。

（9）会计人员违反职业道德的，由所在单位进行处理。

【点拨指导】《中国总会计师职业道德与行为规范（试行）》规定，敬业、诚信、廉洁、公正、遵纪守法、保守秘密，是对总会计师职业道德的基本要求；社会责任感，现代环保意识，全局观念，是新形势对总会计师职业道德的新要求。

【例 4－2·判断题】 会计人员应当保守本单位的商业秘密，绝对不能私自向外界提供或者泄露单位的会计信息。（　　）

【答案】×

【解析】会计人员应当保守本单位的商业秘密。除法律规定和单位领导人同意外，不能私自向外界提供或者泄露单位的会计信息。

第 2 节　会计职业道德规范的主要内容

会计人员承担着生成和提供会计信息、维护国家财经纪律和经济秩序的重要职责。党的十八大以来，党中央、国务院部署加快社会信用体系建设、构筑诚实守信的经济社会环境，将会计人员作为职业信用建设的重点人群，要求引导职业道德建设与行为规范。[①]

根据《财政部关于印发〈会计人员职业道德规范〉的通知》（财会〔2023〕1 号），为贯彻落实党中央、国务院关于加强社会信用体系建设的决策部署，推进会计诚信体系建设，提高会计人员职业道德水平，根据《中华人民共和国会计法》《会计基础工作规范》，财政部研究制定了《会计人员职业道德规范》。根据《会计人员职业道德规范》，将新时代会计人员职业道德规范要求（会计职业道德规范要求[②]）总结提炼为三条核心表述：（1）坚持诚信，守法奉公；（2）坚持准则，守责敬业；（3）坚持学习，守正创新。

---

① http://www.gov.cn/xinwen/2023－01/31/content_5739420.htm.

② 会计职业道德规范要求、会计职业道德规范、会计职业道德要求，在本书中不做具体区分，基本上可以相互混用。

【特别提示】这是我国首次制定全国性的会计人员职业道德规范。

从狭义上看，会计人员职业道德规范的对象是单位会计人员。从广义上看，会计人员职业道德规范的对象包括单位会计人员、注册会计师。其中，单位会计人员包括财务会计人员、管理会计人员、税务会计人员等。对于总会计师（属于单位会计人员），除了遵守会计职业道德规范外，还应遵守《中国总会计师职业道德与行为规范（试行）》的有关规定；对于注册会计师，除了遵守会计职业道德规范外，还应遵守《中国注册会计师职业道德守则》的有关规定。另外，对于内部审计人员（不属于会计人员），应遵守《内部审计人员职业道德规范》的有关规定；对于税务师（不属于会计人员），应遵守《税务师行业职业道德指引（试行）》的有关规定；对于资产评估师（不属于会计人员），应遵守《资产评估职业道德准则》。

【点拨指导】内部审计人员、税务师、资产评估师虽然不是严格意义上的会计人员，但他们属于会计专业相关人员，不受会计职业道德规范的约束和管理，而受各自相关行业职业道德规范、指引、准则的约束和管理。内部审计师职业道德、税务师职业道德、资产评估师职业道德将在本书第9章中介绍。

一、坚持诚信，守法奉公

（一）坚持诚信，守法奉公的含义

坚持诚信是指会计人员外在的言行和内在的思想一致，忠诚真实、胸怀坦白、不说谎、遵守信约、信守诺言、持守信用、坚守信誉、保守秘密，不弄虚作假、不欺上瞒下、不文过饰非、不歪曲事实真相，严格要求自己，存敬畏之心做人做事。

守法奉公是指会计人员遵守与会计工作和职业相关的各项法律法规，奉行公事，公私分明，不徇私。

【点拨指导】诚信是诚实守信的简称。诚信是我国社会主义核心价值观的重要组成部分，是社会主义道德建设的重要内容，是构建社会主义和谐社会的重要纽带，同时也是社会主义市场经济运行的基础。

（二）坚持诚信，守法奉公的基本要求

1. 牢固树立诚信理念，以诚立身、以信立业，严于律己、心存敬畏

会计人员在会计工作过程中，应当诚实守信、胸怀坦荡、表里如一，不说谎欺诈、不弄虚作假、不欺上瞒下、不文过饰非、不歪曲事实真相。会计人员应当树立保密意识，强化守信观念，做到保守商业秘密、持守商业信用、坚守商业信誉。在市场经济中，商业秘密可以带来经济利益，而会计人员在工作过程中可能会接触到单位和客户的相关商业机密，会计人员应当不为利益所诱惑，对商业机密资料不外传、不泄露、不谈论，做到守口如瓶、遵守信约、信守诺言，向单位和客户负责。除法律规定和单位领导人同意外，会计人员不得私自向外界提供或者泄露单位的会计及其他信息。

会计人员应当树立正确的世界观、人生观和价值观，按照会计法律制度和会计职业道德的要求不断地、严格地进行自我约束、自我控制，并逐渐养成自觉遵守的品格；与

此同时，会计人员应当内心存有尊敬甚至畏惧的情感，存有如履薄冰的谨慎态度，做公平正义的事情，不做偏颇邪恶的事情。

【特别提示】会计人员应当做诚实人，说诚实话，办诚实事。做诚实人，要求会计人员做人要言行一致、表里如一、光明磊落。说诚实话，要求会计人员说话要诚实无伪，“一”就是“一”，“二”就是“二”，既不夸大也不缩小。办诚实事，要求会计人员工作要踏踏实实，不弄虚作假，不欺上瞒下。会计人员如果不做诚实人，不说诚实话，不办诚实事，弄虚作假，就会导致提供的会计信息失真，会计工作也就没有什么意义了。

【特别提示】人们要先学会做人，再学会说话、做事。

【点拨指导】会计人员如果为利益所诱惑，不保密守信，则会给单位和客户带来损失，而会计人员也将为自己的行为付出代价。

【特别提示】《会计基础工作规范》规定，会计人员应当保守本单位的商业秘密。除法律规定和单位领导人同意外，不能私自向外界提供或者泄露单位的会计信息。

【点拨指导】2018 年 4 月 19 日，财政部发布了《关于加强会计人员诚信建设的指导意见》（财会〔2018〕9 号），明确了加强会计人员诚信建设的总体要求、增强会计人员诚信意识、加强会计人员信用档案建设、健全会计人员守信联合激励和失信联合惩戒机制以及强化组织实施等方面的内容。

【特别提示】《关于加强会计人员诚信建设的指导意见》指出，要建立严重失信会计人员“黑名单”制度，将有提供虚假财务会计报告，做假账，隐匿或者故意销毁会计凭证、会计账簿、财务会计报告，贪污，挪用公款，职务侵占等与会计职务有关违法行为的会计人员，作为严重失信会计人员列入“黑名单”，纳入全国信用信息共享平台，依法通过“信用中国”网站等途径，向社会公开披露相关信息。

【特别提示】中国现代会计学之父潘序伦先生倡导：“信以立志，信以守身，信以处事，信以待人，毋忘‘立信’，当必有成。”这句话主要体现了“坚持诚信，守法奉公”中的“坚持诚信”的会计职业道德要求。

【特别提示】树立正确的世界观、人生观和价值观是会计人员能够做到“严于律己、心存敬畏”的思想基础。会计人员应当自觉抵制享乐主义、个人主义、拜金主义等错误思想，应当牢固树立“过紧日子”、集体主义、生财有道等正确思想，加强自身的道德修养。

【点拨指导】享乐主义认为人生的意义在于满足感官的享受与快乐；个人主义认为应当一切以个人为中心，把个人的利益凌驾于集体利益、国家利益之上；拜金主义认为金钱是万能的，把追求金钱作为人生的最高目标。享乐主义、个人主义、拜金主义是错误的世界观、人生观和价值观。如果每个人或者大多数人都追求享乐主义、个人主义、拜金主义，那么整个社会就不会和谐甚至无法运转。

【点拨指导】遵守会计职业道德规范需要自律和他律。自律是会计人员自警、自省、自我控制等约束的过程；他律是会计人员接受外部的教育、批评、监督等约束的过程。自律和他律是相辅相成的。会计人员若仅仅依靠他律而没有自律，则不能形成长久遵守会计职业道德规范的状态。会计人员若时刻意识到他律的存在，并提醒自己遵守会计职业道德规范，会逐渐形成心理自觉，并会将他律的内容转化为自律。自律相对于他律是一种更高的境界。

2. 学法知法守法，公私分明、克己奉公，树立良好职业形象，维护会计行业声誉

会计人员应当自觉学习、通晓并遵守与会计工作和职业相关的各项法律法规，正确处理权责利的关系，拒绝违法乱纪行为，抵制以权谋私的行为，做到一身正气。

会计人员应当严格划分公与私的界线，公就是公，私就是私，绝不化公为私，克制自己的私心，一心为公，不徇私，不贪图不义之财，不占单位一点便宜，不利用职务之便挪用公款、贪污受贿，也不与化公为私的单位领导和同事同流合污。

会计人员只有做到学法知法守法，公私分明、克己奉公，才能够树立良好的会计职业形象，维护会计行业声誉。

【点拨指导】《会计基础工作规范》规定，会计人员应当熟悉财经法律、法规、规章和国家统一会计制度，并结合会计工作进行广泛宣传。

【点拨指导】遵纪守法是每个公民应尽的义务，是建设中国特色社会主义和谐社会的基石。

【点拨指导】会计人员将办公室多余的办公用品带回家，故意到办公室给手机或者移动电源充电，用办公室里的打印机给自己打印材料用于私人用途，为自己和他人找一些发票到本单位报销（例如在超市买了食品自用，去柜台开具抬头为本单位的发票，然后到本单位报销），以上均违背了“坚持诚信，守法奉公”的会计职业道德要求。

【例4-3·单项选择题】 下列各项中，不属于会计职业道德规范中“坚持诚信，守法奉公”的基本要求的是（　　）。

A. 牢固树立诚信理念，以诚立身、以信立业

B. 严于律己、心存敬畏

C. 学法知法守法，公私分明

D. 严格执行准则制度，保证会计信息真实完整

【答案】D

【解析】会计职业道德规范中“坚持诚信，守法奉公”的基本要求包括：(1) 牢固树立诚信理念，以诚立身、以信立业，严于律己、心存敬畏；(2) 学法知法守法，公私分明、克己奉公，树立良好职业形象，维护会计行业声誉。

（三）坚持诚信，守法奉公的地位

“坚持诚信，守法奉公”是对会计人员的自律要求。

【举例说明】体现“坚持诚信，守法奉公”的会计职业道德要求的有：实话实说；表里如一；“一”就是“一”，“二”就是“二”；“是”就是“是”，“不是”就是“不是”；说话算话；对秘密“守口如瓶”“缄舌闭口”；严于律己、心存敬畏；学法知法守法；公私分明、克己奉公、一心为公；常在河边走，就是不湿鞋；理万金分文不沾；打铁还需自身硬；宁可清贫自乐，不可浊富多忧；出淤泥而不染，濯清涟而不妖；等等。

违背“坚持诚信，守法奉公”的会计职业道德要求的有：说双关话；表里不一；弄虚作假；欺上瞒下；文过饰非；歪曲事实；说话不算话；对秘密“口无遮拦”“信口开河”；常在河边走，哪有不湿鞋；不贪白不贪；徇私舞弊；化公为私；挪用公款、贪污受贿；千里之堤，毁于蚁穴；等等。

【例 4－4・单项选择题】“常在河边走，就是不湿鞋”“理万金分文不沾”体现的会计职业道德规范是（　　）。

A. 坚持诚信，守法奉公

B. 坚持准则，守责敬业

C. 坚持学习，守正创新

D. 坚持自律，守法奉公

【答案】A

【例 4－5・情境案例】张某是一家人工智能科技公司（甲公司）的会计主管，张某的丈夫王某在一家电竞游戏开发公司（乙公司）担任总经理。王某以离婚作为威胁，要求张某将其在工作中接触到的甲公司新技术研发成果资料的复印件提供给王某，但张某经过再三考虑予以拒绝。

【要求】从会计职业道德的角度，分析评价张某的行为。

【解析】会计职业道德规范中“坚持诚信，守法奉公”的基本要求包括：(1) 牢固树立诚信理念，以诚立身、以信立业，严于律己、心存敬畏；(2) 学法知法守法，公私分明、克己奉公，树立良好职业形象，维护会计行业声誉。

会计人员应当树立保密意识，强化守信观念，做到保守商业秘密、持守商业信用、坚守商业信誉。

王某以离婚作为威胁，要求张某将其在工作中接触到的甲公司新技术研发成果资料的复印件提供给王某，但张某经过再三考虑予以拒绝。张某的行为体现了“坚持诚信，守法奉公”的会计职业道德规范要求。

【例 4－6・情境案例】张某经营一家小型机电门市部，最近接到一个 30 万元的订单，但由于时间紧迫，一时凑不齐 30 万元货款，无法准时进货。于是张某求助其在保险公司担任财务主管的表妹李某。李某了解到具体情况之后，私自挪用单位账户闲置的存款 30 万元，解了哥哥张某的燃眉之急。半个月之后，李某又将哥哥张某返还的 30 万元存入单位银行账户。对于李某的上述操作，单位毫无察觉。李某暗自窃喜，因为自己既帮助了哥哥张某，又没有损害保险公司的利益，真是“一举两得”。

【要求】从会计职业道德的角度，分析评价李某的行为。

【解析】会计职业道德规范中“坚持诚信，守法奉公”的基本要求包括：(1) 牢固树立诚信理念，以诚立身、以信立业，严于律己、心存敬畏；(2) 学法知法守法，公私分明、克己奉公，树立良好职业形象，维护会计行业声誉。

会计人员应当严格划分公与私的界线，公就是公，私就是私，绝不化公为私，克制自己的私心，一心为公，不徇私，不贪图不义之财，不占单位一点便宜，不利用职务之便挪用公款、贪污受贿，也不与违法、违规的单位领导和同事同流合污。

李某的行为属于利用职务之便挪用公款、公私不分的行为，违背了“坚持诚信，守法奉公”的会计职业道德规范要求。

二、坚持准则，守责敬业

（一）坚持准则，守责敬业的含义

坚持准则是指会计人员在会计工作过程中，要严格按照会计准则制度进行业务处理，不为主观想法或他人意志左右，从而保证会计信息的合法、真实、准确、及时、完整。

守责敬业是指会计人员在会计工作过程中，要勤勉努力，毫不懈怠，尽职尽责，爱岗敬业，敢于与会计违法行为做斗争，维护国家财经纪律和经济秩序。

【点拨指导】准则是会计人员在会计工作过程中所依据的外在标准和尺度，它不是仅指会计准则，而是指包括会计准则在内的会计法律制度。会计法律制度，是指国家权力机关和行政机关制定的关于会计工作的法律、法规、规章和规范性文件的总称。会计法律制度的含义有狭义和广义之分。狭义的会计法律制度主要包括会计法律、会计行政法规、会计部门规章和地方性会计法规；广义的会计法律制度除了狭义的会计法律制度之外，还包括结算法律制度、税收法律制度、财政法律制度等与会计工作相关的法律制度。

（二）坚持准则，守责敬业的基本要求

1. 严格执行准则制度，保证会计信息真实完整

会计人员应当先通过认真学习来熟悉、精通会计准则制度，在此基础上严格遵守、执行会计准则制度。会计人员在会计工作过程中应当将单位具体的经济业务事项与会计准则制度对照，先作出是否合法的判断。对于合法的经济业务事项严格按照会计准则制度的要求进行会计处理；对于不合法的经济业务事项不予进行会计处理，并按照会计准则制度的要求采取相应的措施。只有这样，才能合法合规，才能保证会计信息的合法、真实、准确、及时、完整。

【点拨指导】会计人员要想坚持准则，首先要通过认真学习来熟悉、精通准则，即通晓准则。通晓准则是遵守、执行准则的前提。只有通晓准则，才有可能按照准则进行业务处理，才有可能保证会计信息的合法、真实、准确、及时、完整。

【点拨指导】《会计基础工作规范》规定，会计人员应当熟悉财经法律、法规、规章和国家统一会计制度，并结合会计工作进行广泛宣传。

【点拨指导】会计人员要想坚持准则，就应当在通晓准则的基础上遵守、执行准则，即遵循准则。只有遵循准则，才能保证会计信息的合法、真实、准确、及时、完整。

【点拨指导】《会计法》规定，会计机构、会计人员发现会计账簿记录与实物、款项及有关资料不相符的，按照国家统一会计制度的规定有权自行处理的，应当及时处理；无权自行处理的，应当立即向单位负责人报告，请求查明原因，作出处理。

【特别提示】《会计基础工作规范》规定，会计人员应当按照会计法律、法规和国家

统一会计制度规定的程序和要求进行会计工作，保证所提供的会计信息合法、真实、准确、及时、完整。

【点拨指导】《会计基础工作规范》规定，会计人员办理会计事务应当实事求是、客观公正。这就要求会计人员在工作中应当从实际出发，尊重客观事实，按照会计业务的实际情况进行账务处理，客观反映会计业务的本来面貌，做到不夸大、不缩小、不隐瞒、不偏不倚，不受自己的主观偏好所影响，也不为他人的不良意见或施压所左右，如实反映和披露单位实际发生的经济业务事项。

2. 勤勉尽责、爱岗敬业，忠于职守、敢于斗争，自觉抵制会计造假行为，维护国家财经纪律和经济秩序

会计人员应当充分认识会计工作的重要性，树立会计职业的荣誉感，具备勤奋、积极、主动、认真、仔细、担当等良好的工作态度，毫不懈怠，热爱自己的会计工作岗位，专心做好自己的会计本职工作。

会计人员应当认真履行岗位职责，在会计工作中能够忠于本职工作，依法履行会计核算和会计监督职责，在发生道德冲突时，应当坚持会计准则制度，能够抵抗各种压力、抵制各种诱惑，敢于同违反会计准则制度的思想和行为作斗争，自觉抵制各种会计造假、舞弊行为，坚决维护国家财经纪律和市场经济秩序。

【点拨指导】经济越发展，会计越重要。随着经济的发展，会计工作在社会经济活动中发挥着越来越重要的作用，社会经济发展对会计人员的要求越来越高，会计人员的社会地位也不断提升。会计人员应当充分认识会计工作的重要性，树立会计职业的荣誉感，这是做到“勤勉尽责、爱岗敬业”的基本前提和要求。

【点拨指导】会计人员如果对会计职业缺乏正确的认识，缺乏对会计职业的荣誉感，就容易出现懒惰、消极、拖沓、敷衍、马虎、推脱等不良的工作态度和行为。这也是会计人员不“勤勉尽责、爱岗敬业”的具体表现。

【点拨指导】会计工作和数据相关，涉及复杂繁多的各类账证表，因此，会计工作是一项细致烦琐的工作，需要会计人员认真仔细、谨慎小心，具备严肃认真的工作态度，树立一丝不苟的工作作风。会计人员应当端正自己的工作态度，要为本单位做好账，认真仔细地对待每一项会计工作。会计人员在工作中如果不具备“认真、仔细”等良好的工作态度，容易出现工作上的失误，对单位和个人都会带来损失。

【点拨指导】会计人员热爱会计工作是做好会计工作的基础。即使会计人员对会计职业不感兴趣，也要树立“干一行爱一行”的观念，发现并培养对会计职业的兴趣，激发对会计职业的热忱，在会计岗位上默默耕耘。

【点拨指导】会计人员既然选择学习了会计专业知识，从事了会计工作，就应当安心于会计工作岗位，对自己的会计职业负责。只有安心于本职工作，才能潜心研究专业知识和技能，经过长期在某一会计专业或者方向上的积累，才能成为会计界的专家。会计人员对待本职工作至少要任劳任怨、吃苦耐劳、不计较个人得失，最好是能他人着想、心甘情愿、乐于奉献。

【点拨指导】会计人员如果不安心工作，没有心甘情愿的工作态度，就不能成为会计行业领域中经验丰富的专家、高端人才或者领军人才。

【特别提示】《会计基础工作规范》规定，会计人员应当热爱本职工作，努力钻研业务，使自己的知识和技能适应所从事工作的要求。

【点拨指导】会计人员如果缺乏对会计工作的热爱，就会失去对会计工作本身的兴趣，就不会积极主动地研究会计专业知识，更不会积极主动地提升会计专业能力。

【点拨指导】《会计法》规定，单位负责人对本单位的会计工作和会计资料的真实性、完整性负责。有时单位负责人会为了某种目的，授意、指使、强令会计机构、会计人员伪造、变造会计凭证、会计账簿和其他会计资料，提供虚假财务会计报告，这种情况下，会计人员应当坚决抵制，这不仅是对国家和社会公众负责，也是对自己负责，同时又是对单位负责人负责。

【点拨指导】会计人员如果不"忠于职守、敢于斗争，自觉抵制会计造假行为"，就可能会损害投资者、债权人、企业管理层、政府部门、金融机构、社会公众及其他各利益相关者的利益。

【特别提示】《会计基础工作规范》规定，会计人员在会计工作中应当遵守职业道德，树立良好的职业品质、严谨的工作作风，严守工作纪律，努力提高工作效率和工作质量。

【例4-7·判断题】 在甲公司董事长的施压下，会计人员王某执行了本公司一项明显违反会计准则规定的财务收支方案，王某的行为违背的会计职业道德规范是"坚持准则，守责敬业"。（　　）

【答案】√

【解析】会计职业道德规范中"坚持准则，守责敬业"的基本要求包括：（1）严格执行准则制度，保证会计信息真实完整；（2）勤勉尽责、爱岗敬业，忠于职守、敢于斗争，自觉抵制会计造假行为，维护国家财经纪律和经济秩序。

【例4-8·单项选择题】 会计人员在工作中"懒""拖"的不良习惯，违背的会计职业道德要求是（　　）。

A. 坚持诚信　　B. 守法奉公

C. 坚持准则　　D. 守责敬业

【答案】D

【解析】会计人员如果对会计职业缺乏正确的认识，缺乏对会计职业的荣誉感，就容易出现懒惰、消极、拖沓、敷衍、马虎、推脱等不良的工作态度和行为。这也是会计人员不"勤勉尽责、爱岗敬业"的具体表现。而"勤勉尽责、爱岗敬业"属于"守责敬业"的具体要求。

【例4-9·单项选择题】 会计人员忠于职守、自觉抵制会计造假行为，这体现了会计职业道德规范中的（　　）。

A. 坚持诚信　　B. 守法奉公
C. 守责敬业　　D. 守正创新

【答案】 C

【解析】 会计职业道德规范中“坚持准则，守责敬业”的基本要求包括：(1) 严格执行准则制度，保证会计信息真实完整；(2) 勤勉尽责、爱岗敬业，忠于职守、敢于斗争，自觉抵制会计造假行为，维护国家财经纪律和经济秩序。

【例 4-10·情境案例】 甲公司会计人员张某在会计工作中认真执行准则制度，保证会计信息的合法、真实、准确、及时、完整，受到上级主管部门的好评。

【要求】 从会计职业道德的角度，分析评价张某的行为。

【解析】 会计职业道德规范中“坚持准则，守责敬业”的基本要求包括：(1) 严格执行准则制度，保证会计信息真实完整；(2) 勤勉尽责、爱岗敬业，忠于职守、敢于斗争，自觉抵制会计造假行为，维护国家财经纪律和经济秩序。

张某在会计工作中认真执行准则制度，保证会计信息的合法、真实、准确、及时、完整，体现了“坚持准则，守责敬业”的会计职业道德规范要求。

(三) 坚持准则，守责敬业的地位

坚持准则，守责敬业是对会计人员的履职要求。

【举例说明】 体现“坚持准则，守责敬业”的会计职业道德要求的有：立场坚定；坚守原则、坚守准则；实事求是、一切从实际出发、不偏不倚；为人不做亏心事，半夜敲门心不惊；干一行爱一行；安心工作，心甘情愿；严肃认真，一丝不苟；忠于职守，尽职尽责；对工作极端负责；等等。违背“坚持准则，守责敬业”的会计职业道德要求的有：打准则擦边球；钻准则漏洞；跟着感觉走；先入为主；看领导脸色办事；当一天和尚撞一天钟；马马虎虎；得过且过；推一步走一步；拖拖拉拉；推诿扯皮；这山望着那山高；都是熟人不会错；等等。

【例 4-11·情境案例】 甲公司为中标一项工程，拟向建设单位有关人员支付好处费 10 万元。甲公司市场部经理刘某持董事长张某的批示到财务部领取该笔款项。财务部经理李某严格按照会计准则办事，拒绝拨付该款项，并诚恳地向董事长张某和市场部经理刘某讲明利害关系。最终甲公司董事长张某收回了该项批示。

【要求】 从会计职业道德的角度，分析评价李某的行为。

【解析】 会计职业道德规范中“坚持准则，守责敬业”的基本要求包括：(1) 严格执行准则制度，保证会计信息真实完整；(2) 勤勉尽责、爱岗敬业，忠于职守、敢于斗争，自觉抵制会计造假行为，维护国家财经纪律和经济秩序。

财务部经理李某严格按照会计准则办事，拒绝拨付该款项，并诚恳地向董事长张某和市场部经理刘某讲明利害关系，体现了“坚持准则，守责敬业”的会计职业道德规范要求。

【例 4-12·情境案例】 甲公司会计人员张某认为会计不过是“算算数字点点钞，登登账簿填填表”的琐碎工作，在工作中消极懒惰、拖拖拉拉、马马虎虎、得过且

过。乙公司会计人员李某认为会计是一项非常重要的工作，在工作中应当勤勉尽责、爱岗敬业，忠于职守。

【要求】从会计职业道德的角度，分析评价张某和李某的观点。

【解析】会计职业道德规范中“坚持准则，守责敬业”的基本要求包括：(1) 严格执行准则制度，保证会计信息真实完整；(2) 勤勉尽责、爱岗敬业，忠于职守、敢于斗争，自觉抵制会计造假行为，维护国家财经纪律和经济秩序。

张某认为会计不过是“算算数字点点钞，登登账簿填填表”的琐碎工作，在工作中消极懒惰、拖拖拉拉、马马虎虎、得过且过，违背了“坚持准则，守责敬业”的会计职业道德规范要求，尤其违背了其中的“守责敬业”的会计职业道德规范要求。

李某认为会计是一项非常重要的工作，在工作中应当勤勉尽责、爱岗敬业，忠于职守，体现了“坚持准则，守责敬业”的会计职业道德规范要求，尤其体现了其中的“守责敬业”的会计职业道德规范要求。

三、坚持学习，守正创新

（一）坚持学习，守正创新的含义

坚持学习是指会计人员通过坚持自学、接受培训、考取相关证书和实践等途径，持续不断地提升会计职业知识和技能水平，以达到获取并保持足够的会计专业胜任能力的目的。

守正创新是指会计人员既要按着常规规划和发展自己的会计职业，却又不故步自封、僵化守旧，而能够不断适应新情况、新事物，能够与时俱进、开拓创新，努力推动会计事业高质量发展。

（二）坚持学习，守正创新的基本要求

1. 始终秉持专业精神，勤于学习、锐意进取，持续提升会计专业能力

会计专业知识量是比较大的，知识更新变化也非常快，因此，会计专业能力的获取和保持不能一蹴而就，也不能一劳永逸，会计人员必须持之以恒、锲而不舍地学习、积累、更新和提升，做到勤学多思、勤问苦练，活到老学到老。会计人员应当树立危机意识，强化忧患意识，要主动学习、实践、潜心钻研、精益求精，不断考取会计专业相关证书，投入会计工作实践，提升会计专业技术职务，使自身的会计专业能力不断提高。同时，会计人员不应硬着头皮盲目去学，而应学会思考、梳理和总结，学会抓重点和关键，掌握并运用现代化的学习手段，注重在实践中不断锻炼。只有这样，会计人员才能成为一名合格甚至优秀的会计人才，才能在会计人才市场的竞争中立于不败之地。

【点拨指导】《会计法》规定，会计人员应当具备从事会计工作所需要的专业能力。《会计人员管理办法》规定，会计人员具有会计类专业知识，基本掌握会计基础知识和业务技能，能够独立处理基本会计业务，表明具备从事会计工作所需要的专业能力。《会计基础工作规范》规定，会计人员应当具备必要的专业知识和专业技能，熟悉国家有关法律、法规、规章和国家统一会计制度，遵守职业道德。

【特别提示】广义的会计专业能力包括会计理论水平、会计实务操作能力、财务分析能力、财务管理能力、职业判断能力、主动更新知识能力、会计信息处理与提供能力、沟通协调能力以及会计实践经验等。

【点拨指导】会计人员应当具备从事会计工作所需要的专业能力，这是《会计法》对会计人员最基本的要求。如果一个会计人员连从事会计工作所需要的专业能力都不具备，那么不管会计人员主观上如何想要做好会计工作，实际上也没有能力去做好。会计人员应当不断提高会计专业知识和技能水平，能够独立处理相关会计业务，这是会计人员做好会计工作的前提。

2. 不断适应新形势新要求，与时俱进、开拓创新，努力推动会计事业高质量发展

随着社会经济的发展，经济业务事项趋于复杂化，很多新的商业模式出现，加之跨国经营越来越普遍，单位对会计人员专业能力的要求越来越高，对于中高端会计人才的需求越来越大，会计人才之间的竞争越来越激烈。会计人员要想在会计行业内不断发展，就必须勇于接触新准则、新政策、新事物、新现象，不断更新自身会计专业知识和技能，不断适应新形势新要求，与时俱进、开拓创新，努力推动会计事业高质量发展。

【点拨指导】在实际工作中，部分会计人员在学习态度上不思进取，在理论知识和业务技能水平上满足现状，在工作上不精益求精；部分会计人员认为会计准则、税收政策等法律法规变化太快，学多了也可能用不上，过几年可能又过时了，还不如工作需要时"临阵磨枪"，目前只要能够应付日常工作、不出差错就行；还有一些会计人员认为懂得越多，领导安排的工作也越多，还要承担责任，倒不如安于现状，会做基本的会计工作就行。以上这些都是违背"坚持学习，守正创新"的会计职业道德要求的表现。从长远来看，这类会计人员不是被淘汰，就是不能被重用，更危险的是因为业务不精通，一旦出现工作上的差错，很可能"亡羊补牢，悔之晚矣"。

【例4-13·多项选择题】 会计职业道德规范中"坚持学习，守正创新"的基本要求包括（　　）。

A. 严格执行准则制度，保证会计信息真实完整

B. 牢固树立诚信理念，以诚立身、以信立业，严于律己、心存敬畏

C. 始终秉持专业精神，勤于学习、锐意进取，持续提升会计专业能力

D. 不断适应新形势新要求，与时俱进、开拓创新，努力推动会计事业高质量发展

【答案】CD

【解析】会计职业道德规范中"坚持学习，守正创新"的基本要求包括：(1) 始终秉持专业精神，勤于学习、锐意进取，持续提升会计专业能力；(2) 不断适应新形势新要求，与时俱进、开拓创新，努力推动会计事业高质量发展。

（三）坚持学习，守正创新的地位

坚持学习，守正创新是对会计人员的发展要求。

【举例说明】体现"坚持学习，守正创新"的会计职业道德要求的有：曲不离口，拳不离手；勤学多思、勤问苦练；努力学习、锐意进取；学而不厌；活到老学到老；与

时俱进、开拓创新；等等。违背“坚持学习，守正创新”的会计职业道德要求的有：三天打鱼，两天晒网；一曝十寒；困而不学；不求甚解；朽木不雕；不学无术；临时抱佛脚；凡事差不多就行，何必那么认真呢；等等。

【归纳总结】根据《财政部关于印发〈会计人员职业道德规范〉的通知》（财会〔2023〕1号），将新时代会计人员职业道德规范要求总结提炼为三条核心表述，即“坚持诚信，守法奉公”“坚持准则，守责敬业”“坚持学习，守正创新”。三条要求逻辑清晰、层层递进：第一条“坚持诚信，守法奉公”是对会计人员的自律要求；第二条“坚持准则，守责敬业”是对会计人员的履职要求；第三条“坚持学习，守正创新”是对会计人员的发展要求。《会计人员职业道德规范》提出“三坚三守”，强调会计人员“坚”和“守”的职业特性和价值追求，是对会计人员职业道德要求的集中表达。①

【特别提示】财政部会计司有关负责人指出：各地区各有关部门应当把学习贯彻《会计人员职业道德规范》作为当前和今后一个时期加强会计职业道德建设的首要任务。一方面，通过组织开展形式多样的学习活动，充分利用各类媒体平台，大力宣传《会计人员职业道德规范》精神，帮助广大会计人员全面理解《会计人员职业道德规范》内容，准确把握《会计人员职业道德规范》提出的要求，使其成为广大会计人员普遍认同和自觉践行的行为准则。另一方面，将《会计人员职业道德规范》作为会计人才培养教育的重要内容，在会计人员继续教育、会计人才培养培训项目中加强职业道德课程建设，引导会计人员深入学习和认真践行《会计人员职业道德规范》。推动高校财会类专业加强职业道德教育。指导用人单位加强会计人员职业道德教育，将遵守职业道德情况作为评价、选用会计人员的重要标准。依法成立的会计人员自律组织可以根据《会计人员职业道德规范》制定职业道德准则。此外，各地区各有关部门还要积极营造良好职业道德环境。加强典型宣传和警示教育，通过鼓励先进、树立典型，激励广大会计人员自觉遵守《会计人员职业道德规范》，形成见贤思齐、争当先进的生动局面；推动建立会计人员失德失信行为惩戒机制，加强对典型失信案例的警示教育，形成扶正祛邪、惩恶扬善的行业风气。②

【例4-14·情境案例】 甲公司为提升会计人员职业技能水平，每月安排会计人员参加至少两次会计理论与实务的培训。由于甲公司近期业务增多，国家会计税收政策变动较大，导致会计人员工作非常繁忙，因此，甲公司会计主管张某向总经理王某提出：会计部门中的部分人员可以申请不参加或少参加学习，以节省时间来完成会计日常工作。

【要求】指出甲公司会计主管张某的建议是否合理，并说明原因及提出解决方案。

【解析】会计职业道德规范中“坚持学习，守正创新”的基本要求包括：（1）始终秉持专业精神，勤于学习、锐意进取，持续提升会计专业能力；（2）不断适应新形势新

① http://www.gov.cn/xinwen/2023—01/31/content_5739420.htm.

② 同①。

要求，与时俱进、开拓创新，努力推动会计事业高质量发展。

甲公司会计主管张某的建议不合理，违背了“坚持学习，守正创新”的会计职业道德要求。会计人员不能因工作繁忙或者其他原因而不参加或少参加学习。对于“甲公司近期业务增多，国家会计税收政策变动较大，导致会计人员工作非常繁忙”这一情况，甲公司会计人员更应当参加会计理论与实务的培训。甲公司可以采取的解决方案是：进一步招聘会计员工，增加会计部门的人员配置，避免会计人员的高强度工作，保证每一位会计人员都能通过接受培训等各种方式不断提升会计专业能力，从而保证会计人员做好会计工作。

【点拨指导】在《财政部关于印发〈会计人员职业道德规范〉的通知》（财会〔2023〕1号）发布之前，我国近几年的会计相关考证教材《初级会计实务》《财经法规与会计职业道德》等规定：会计职业道德规范（原会计职业道德规范）的主要内容包括爱岗敬业，诚实守信，廉洁自律，客观公正，坚持准则，提高技能，参与管理和强化服务。笔者认为原会计职业道德规范的前六条“爱岗敬业，诚实守信，廉洁自律，客观公正，坚持准则，提高技能”基本上可以融入新会计职业道德规范①的“坚持诚信，守法奉公；坚持准则，守责敬业；坚持学习，守正创新”这三条中；原会计职业道德规范的后两条“参与管理，强化服务”，虽然表面上在新会计职业道德规范中没有体现，但实际上贯穿于新会计职业道德规范的始终，尤其体现在“坚持学习，守正创新”这条新会计职业道德规范中。会计人员遵守会计职业道德规范的目的之一，就是通过“参与管理，强化服务”来提高会计工作水平和会计信息质量，努力推动会计事业高质量发展，促进本单位和整个社会的经济发展。

【知识拓展】参与管理

1. 参与管理的含义

参与管理是指会计人员间接地参加管理活动，为单位的经营出谋划策，为管理活动服务，做单位领导层的好参谋。参与管理要求会计人员对本单位具有强烈的责任感，及时地向单位领导层反映本单位的财务状况、经营成果、现金流量以及具体存在的问题，并提出合理化建议，积极参与市场调研及前景预测，做好预算管理，主动参与决策的制定、执行、检查和监督，为单位领导层的经营管理和预测、决策活动当好参谋助手。

2. 参与管理的基本要求

（1）努力钻研业务，熟悉财经法规和相关制度，提高会计专业能力，为参与管理打下坚实基础。不断地提高会计专业能力既是会计人员的义务，也是参与管理的前提。首先，要求会计人员具有扎实的专业基本功，熟练掌握会计理论、会计实务操作技能，能够做好各项会计基础性工作，保证会计信息的合法、真实、准确、及时、完整。其次，要求会计人员能够充分运用所拥有的会计信息，利用各种财务分析方法，发现并及时反

---

① 这里的新会计职业道德规范指的是《财政部关于印发〈会计人员职业道德规范〉的通知》（财会〔2023〕1号）中规定的会计职业道德规范。

映单位的经营管理中存在的问题和薄弱环节，并提出合理化的改进措施，同时对单位的经营管理活动进行分析、预测，真正起到财务上的管家作用，成为单位领导层的参谋助手。

（2）熟悉服务对象的经营活动和业务流程，使管理活动更具针对性和有效性。会计人员应当深入考察并熟悉本单位的整体情况和行业发展趋势，尤其要掌握本单位的融资、投资、采购、生产、仓储、销售、劳资、研发、分配、重组等业务流程框架和经营管理状况，有针对性地主动提出可行性方案，协助领导决策，改善经营管理，提高经济效益。

【点拨指导】《会计基础工作规范》规定，会计人员应当熟悉本单位的生产经营和业务管理情况，运用掌握的会计信息和会计方法，为改善单位内部管理、提高经济效益服务。

【举例说明】体现“参与管理”的会计职业道德要求的有：勇于担当、敢于作为；公司是我家，发展靠大家；同舟共济、风雨同舟、同甘共苦；集思广益、群策群力；人多力量大；等等。违背“参与管理”的会计职业道德要求的有：不求有功，但求无过；事不关己，高高挂起；各人自扫门前雪，莫管他家瓦上霜；等等。

【知识拓展】强化服务

1. 强化服务的含义

强化服务就是要求会计人员在工作过程中要树立强烈的服务意识，秉持良好的服务态度，保证优良的服务质量。

会计人员的服务意识、服务态度和服务质量直接关系到会计行业的声誉和会计工作的效率。会计人员的服务意识强、态度好、质量高，就能提高会计职业的信誉，增强会计工作的活力；反之，就会损害会计职业的信誉，降低会计工作的效率。

2. 强化服务的基本要求

（1）强化服务意识。会计人员要从内心深处树立强烈的服务意识，不要有高人一等的思想，要摆正自己的位置，明白服务是自己的工作职责和义务。会计人员要用心为投资者、债权人、企业管理层、政府部门、金融机构、社会公众及其他各利益相关者服务。会计人员要学会换位思考、将心比心。

（2）端正服务态度。良好的服务态度会使被服务者产生亲切感、真诚感、舒适感。会计人员良好的服务态度主要表现在：认真负责、积极主动、诚恳尊重、热情耐心、心平气和、亲切友好、细致周到、文明礼貌等。

（3）提高服务质量。强化服务的关键在于提高服务质量。会计人员提供高质量的服务主要表现在：1）会计人员对本单位各部门相关人员进行相应的业务指导，讲明相关凭证的获取或者填制要求，讲明相关手续与流程，尽量实现“只跑一次腿”，并尽快办完办好相关事宜，让本单位各部门相关人员满意。2）客观、真实、全面地记录和反映单位的经济业务活动发生情况，向各利益相关者提供可靠的会计信息。3）将会计语言转化为管理语言来向单位领导层传递相关信息，积极推进会计工作由单纯的“日常核算”向“日常核算＋决策支持”转变；由单纯的“财务会计”向“财务会计＋管理会计”转变。

【举例说明】体现“强化服务”的会计职业道德要求的有：只进一扇门、只跑一次腿；全心全意为人民服务；换位思考、将心比心；等等。违背“强化服务”的会计职业道德要求的有：门难进、话难听和脸难看；看人办事——官大办得快，官小办得慢，无官拖着办；看利办事——利多马上办，利少慢慢办，无利事不办；等等。

【知识拓展】《中国总会计师职业道德与行为规范（试行）》第七条至第十四条对中国总会计师行为规范规定如下：学习实践科学发展观，以科学世界观与方法论指导工作，做到尊重规律、尊重科学，按照事物发展规律与科学原则办事。学习国家法律法规及相关方针政策，树立法制观念，做到守法经营，依法理财，依法办事，不做违法违纪和违反政策的事。学习履职所需的专业知识并不断实现知识更新，总会计师要具备财务与会计方面的专业知识与工作经验，具备现代管理方面的专业知识与经验，熟悉所在单位主营业务知识。忠于职守，廉洁自律，保守秘密。严格执行《企业会计准则》和《企业财务通则》，坚守诚信原则，如实反映、报告企业财务状况与经营业绩，不做假账并勇于同一切弄虚作假、违法违纪行为作斗争。科学理财，精细管理。科学实施财务发展战略，充分发挥财务监督功能，建立科学有效的内部控制制度和风险管理机制，促进企业信息化建设。勇于开拓创新，虚心学习借鉴国内外先进经验，与时俱进，更新思想观念，提升财务与会计管理功能，创新管理模式。增强社会责任感、树立现代环保意识和全局观念，正确处理单位利益与国家利益的关系，积极促使所在单位承担必须的社会责任，为保护地球生态环境，实现经济社会全面、协调、可持续发展做贡献。以身作则，发挥表率作用，带好队伍，培养人才。

导入案例解析

（1）张某通过不断学习新会计准则的相关知识，持续提升了自己的会计专业能力，进一步规范了本公司的账务处理，优化了会计部门的分工，精简了财务部门的工作流程，提高了财务部门的工作效率，体现了“坚持学习，守正创新”的会计职业道德规范要求。

（2）王某按照领导要求，没有将甲公司出售的包装物取得的收入在甲公司收入账簿上登记，而将其放入“小金库”，违背了“坚持准则，守责敬业”的会计职业道德规范要求。

（3）赵某拒绝了20 000元好处费，体现了“坚持诚信，守法奉公”的会计职业道德规范要求。

（4）孙某利用职务便利将甲公司申请的新专利资料复印件泄露给其亲戚，并取得了60 000元的好处费，违背了“坚持诚信，守法奉公”的会计职业道德规范要求。

技能训练

一、单项选择题

1.“干一行爱一行”体现的会计职业道德规范是（　　）。

A. 坚持诚信，守法奉公　　B. 坚持准则，守责敬业

C. 坚持学习，守正创新　　D. 坚持自律，守法奉公

2. 会计人员王某认为会计工作整天就是与数字打交道，再努力也没有什么前途，于是在工作中马马虎虎、得过且过、积极性不高。王某的做法违背的会计职业道德规范是（　　）。

A. 坚持诚信，守法奉公　　B. 坚持准则，守责敬业

C. 坚持学习，守正创新　　D. 坚持自律，守法奉公

3.“说双关话、表里不一、弄虚作假、欺上瞒下”违背的会计职业道德规范是（　　）。

A. 坚持诚信，守法奉公　　B. 坚持准则，守责敬业

C. 坚持学习，守正创新　　D. 坚持自律，守法奉公

4. 中国现代会计学之父潘序伦先生倡导：“信以立志，信以守身，信以处事，信以待人，毋忘‘立信’，当必有成。”这句话体现的会计职业道德规范是（　　）。

A. 坚持诚信　　B. 坚持准则

C. 坚持学习　　D. 坚持自律

5.“宁可清贫自乐，不可浊富多忧”体现的会计职业道德规范是（　　）。

A. 坚持诚信，守法奉公　　B. 坚持准则，守责敬业

C. 坚持学习，守正创新　　D. 坚持自律，守法奉公

6. 会计人员学法知法守法，公私分明、克己奉公，树立良好职业形象，维护会计行业声誉，这体现的会计职业道德规范是（　　）。

A. 坚持学习　　B. 坚持准则

C. 守法奉公　　D. 守责敬业

7. 会计人员在会计工作过程中，要严格执行准则制度，保证会计信息真实完整，体现的会计职业道德规范是（　　）。

A. 坚持诚信　　B. 坚持准则

C. 坚持学习　　D. 坚持自律

8. 甲公司为获得一项业务订单，准备向客户乙公司负责人“送礼”10万元。甲公司市场部人员持甲公司董事长的批示到财务部领取该笔款项时，财务部经理李某明知该笔支出不符合相关规定，但考虑到甲公司董事长作了同意的批示，于是支付了该笔款项。李某的做法违背的会计职业道德规范是（　　）。

A. 坚持诚信，守法奉公　　B. 坚持准则，守责敬业

C. 坚持学习，守正创新　　D. 坚持自律，守法奉公

9.（　　）是对会计人员的自律要求。

A. 坚持诚信，守法奉公　　B. 坚持准则，守责敬业

C. 坚持学习，守正创新　　D. 坚持自律，守法奉公

10.（　　）是对会计人员的履职要求。

A. 坚持诚信，守法奉公　　B. 坚持准则，守责敬业

C. 坚持学习，守正创新　　D. 坚持自律，守法奉公

二、多项选择题

1. 下列各项中，属于会计职业道德规范中“坚持诚信，守法奉公”的基本要求的有（　　）。

A. 以诚立身、以信立业

B. 勤勉尽责、爱岗敬业

C. 严于律己、心存敬畏

D. 公私分明、克己奉公

2. 下列各项中，属于会计职业道德规范中“坚持准则，守责敬业”的基本要求的有（　　）。

A. 严格执行准则制度，保证会计信息真实完整

B. 勤勉尽责、爱岗敬业

C. 忠于职守、敢于斗争，自觉抵制会计造假行为

D. 不断适应新形势新要求，与时俱进、开拓创新，努力推动会计事业高质量发展

3. 下列各项中，属于会计职业道德规范中“坚持学习，守正创新”的基本要求的有（　　）。

A. 始终秉持专业精神，勤于学习、锐意进取，持续提升会计专业能力

B. 不断适应新形势新要求，与时俱进、开拓创新，努力推动会计事业高质量发展

C. 牢固树立诚信理念，以诚立身、以信立业

D. 勤勉尽责、爱岗敬业

4. 会计职业道德要求中有“坚持准则，守责敬业”一项，准则是会计人员在会计工作过程中所依据的外在标准和尺度，它不是仅指会计准则，而是指包括会计准则在内的会计法律制度。广义的会计法律制度包括（　　）。

A. 地方性会计法规

B. 结算法律制度

C. 会计行政法规

D. 税收法律制度

5. 广义的会计专业能力包括（　　）。

A. 会计实务操作能力

B. 主动更新知识能力

C. 职业判断能力

D. 沟通协调能力

6. 下列各项中，体现“坚持诚信，守法奉公”的会计职业道德要求的有（　　）。

A. 实话实说，表里如一

B. 忠于职守，尽职尽责

C. 对秘密“守口如瓶”

D. 常在河边走，就是不湿鞋

7. 下列各项中，体现“坚持准则，守责敬业”的会计职业道德要求的有（　　）。

A. 立场坚定，坚守原则

B. 干一行爱一行

C. 严肃认真，一丝不苟

D. 忠于职守，尽职尽责

8. 下列各项中，体现“坚持学习，守正创新”的会计职业道德要求的有（　　）。

A. 理万金分文不沾

B. 曲不离口，拳不离手

C. 与时俱进、开拓创新

D. 安心工作，心甘情愿

三、判断题

1. 会计人员应当熟悉财经法律、法规、规章和国家统一会计制度，并结合会计工作进行广泛宣传。（　　）

2. 会计人员违反职业道德的，由当地财政部门进行处理。（　　）

3. 坚持学习，守正创新是对会计人员的发展要求。（　　）

4. “困而不学、不求甚解”违背了“坚持学习，守正创新”的会计职业道德要求。（　　）

5. “当一天和尚撞一天钟”违背了“坚持准则，守责敬业”的会计职业道德要求。（　　）

6. “常在河边走，哪有不湿鞋”符合“坚持诚信，守法奉公”的会计职业道德要求。（　　）

四、案例分析题

1. 甲公司因产品销售不善，其财务科会计人员在本年 12 月初预测该公司本年度将发生 100 万元的亏损。甲公司刚刚上任的总经理王某要求财务主管张某想尽一切办法实现甲公司当年的盈利目标，并暗示可以对甲公司的财务会计报告进行“技术处理”。财务主管张某很清楚甲公司本年度亏损已“板上钉钉”，要实现总经理王某要求的盈利目标，只能在财务会计报告上动手脚。财务主管张某感到心理压力很大，如果不依照总经理王某的意思处理，自己以后很可能无法在甲公司被重用；如果按照总经理王某的意思处理，自己就会承担很大的风险。为此，财务主管张某不知如何办。

【要求】分析说明财务主管张某应当如何处理总经理的要求。

2. 某地“卖官书记”赵某对送礼者来者不拒。民政局局长钱某为了以后有机会进一步高升，自上任以来每逢过年过节都用公款给赵某送礼，为了避开自己私吞公款之嫌，钱某在送礼时还刻意带上民政局的会计人员。民政局局长钱某带着会计孙某去送礼，主要目的是告诉“卖官书记”赵某这笔款项安全，可以放心接受。与此同时，民政局局长钱某还告诉会计人员孙某务必将这笔款项通过“技术手段”做得不留蛛丝马迹，并在薪金待遇上给会计人员孙某一定的照顾。但是，“要想人不知，除非己莫为”。事情败露后，涉事的会计人员孙某感到很无辜。孙某认为：很多会计人员是“站得住的顶不住，顶得住的站不住”“领导怎么说就只能怎么做，只要领导高兴就行”；“原则”有些时候可以变成“圆则”；会计人员整天与钱财物打交道，“常在河边走，哪有不湿鞋”，只要坚守“不刑事犯罪”这条底线就行了。

【要求】分析说明会计人员孙某的上述想法违背了哪些会计职业道德规范。

3. 张某和王某均为甲公司的会计人员。张某和王某的会计工作行为分别如下：

（1）张某本年度不断学习，钻研业务，考取了中级会计师，主动承担了本公司新增进出口项目的外贸会计核算工作，并且利用会计信息化软件简化了本公司的报销审批程序，得到了领导和同事的一致好评，被评为年度先进工作者，并获取了一定的薪金奖励。

（2）王某的老乡李某在乙公司做研发工作，在李某的多次恳求下，王某本年将在工作中接触到的甲公司的一些商业秘密以5万元的价格通过李某卖给乙公司，给甲公司带来一定的损失。最终，甲公司决定解雇王某，并要求王某赔偿给甲公司带来的损失。

【要求】从会计职业道德的角度，分析评价张某、王某的会计工作行为。

第5章

会计职业道德教育、建设、检查与奖惩

学习目标

1. 了解会计职业道德建设的组织与实施。
2. 熟悉会计职业道德的检查与奖惩。
3. 掌握会计职业道德教育。

素养提升

1. 培养造就大批德才兼备的高素质人才，是国家和民族长远发展大计。①

2. 教育引导学生深刻理解并自觉实践会计职业精神和职业规范，增强会计职业责任感，培养“坚持诚信，守责敬业”等会计职业品格和行为习惯。

3. 会计职业道德建设的组织与实施需要全社会的共同努力，不仅需要依靠财政部门的组织和推动，而且需要通过会计行业组织的自律、企事业单位的内部监督、社会各界的齐抓共管来实现。

导入案例

甲公司会计人员张某和李某分别就会计职业道德教育、会计职业道德建设的组织与实施等问题表达了自己的观点。具体如下：

（1）关于会计职业道德教育问题，张某认为，开展会计职业道德教育的唯一途径就是会计类专业学历教育。只有这样，才能普及会计职业道德的基本知识，增强会计职业责任感和会计职业荣誉感，稳固并提升会计职业节操水平。

（2）关于会计职业道德建设的组织与实施问题，李某认为，会计职业道德建设的组

① 选自《高举中国特色社会主义伟大旗帜 为全面建设社会主义现代化国家而团结奋斗——在中国共产党第二十次全国代表大会上的报告》。

织与实施只能依靠财政部门的力量，因为国务院财政部门主管全国的会计工作，县级以上地方各级人民政府财政部门管理本行政区域内的会计工作。只有在财政部门的组织和推动下，会计职业道德建设才能得到有效实施。而会计行业组织自律机制尚不健全，会计人员所在单位又与会计人员存在利益上的联系，社会各界与会计工作没有什么关系。

【要求】从会计职业道德的角度，分析评判张某、李某的观点。

【解析】见本章的第2节。

第1节　会计职业道德教育

一、会计职业道德教育的含义

会计职业道德教育是指结合会计工作的特点，为促使会计人员形成会计职业道德品质、履行会计职业道德义务，有目的、有组织、有计划、有条理、有系统地对会计人员和准会计人员施行的职业道德教育活动规范。

会计职业道德教育是会计职业道德活动的一项重要内容，是提高会计职业道德水平的重要方式和途径。为做好会计职业道德教育工作，一方面，大中专院校以及会计培训机构等会计人才的培养单位、会计工作的管理部门、会计行业自律组织、单位负责人都有对会计人员或者准会计人员直接或间接进行会计职业道德教育的责任；另一方面，会计人员和准会计人员自身也有不断提高会计职业道德水平的义务，使外在的会计职业道德规范转化为内在的会计职业道德修养。

二、会计职业道德教育的形式

会计职业道德教育的形式主要包括接受教育和自我教育。

（一）接受教育

接受教育属于外在教育，是指会计人员和准会计人员通过接受大中专院校以及会计培训机构等会计人才的培养单位、会计工作的管理部门、会计行业自律组织、单位负责人等对其进行以会计职业道德规范为核心内容的正面教导，强化其职业责任和义务，规范其职业行为，以维护国家和社会公众等相关利益者的利益。

（二）自我教育

自我教育属于内在教育，是指会计人员和准会计人员在会计职业活动和会计专业学习过程中，按照会计职业道德规范的基本要求，在自身道德品质方面进行的自我学习、自我批评、自我省察、自我改造、自我判断、自我锻炼、自我提升，从而达到一定的会计职业道德境界。

【特别提示】自我教育的过程就是把外在的会计职业道德的内容要求，逐步转变成会计人员内在的会计职业道德认知、会计职业道德情感、会计职业道德意志和会计职业道德信念的过程。

【特别提示】会计职业道德认知、会计职业道德情感、会计职业道德意志和会计职业道德信念称为会计职业道德的基本环节。

【点拨指导】会计人员和准会计人员接受教育时处于被动者地位；会计人员和准会计人员自我教育时处于主动者地位。接受教育和自我教育相互补充、缺一不可。

【例5-1·判断题】会计职业道德教育的形式主要包括接受教育和自我教育。（　　）

【答案】√

三、会计职业道德教育的内容

1. 会计职业道德观念教育

会计职业道德观念教育是指学校、社会、媒体、会计人员所在单位等通过各种手段，大力宣传和普及会计职业道德的基本知识，增强会计人员的会计职业责任感和会计职业荣誉感，稳固并提升会计职业节操水平，在全社会普遍形成“遵守会计职业道德者光荣，违背会计职业道德者可耻”的道德风尚。

会计职业责任感是指会计人员对本职工作所负责任的认知、情感、意志和信念，以及与之相应的遵守职业道德规范、承担责任及履行义务的自觉态度。加强会计职业责任感教育，能够促使会计人员努力提高专业知识和技能水平以便胜任本职会计工作，重视保证会计信息质量，增强其社会责任感和职业义务感，做到在没有他人监督、没有社会舆论压力、没有额外激励措施的情况下，仍然能够很好地履行会计职业道德义务。

会计职业荣誉感是指特定组织对会计人员遵守职业道德行为的肯定和褒奖，是会计人员从特定组织获得的与会计职业相关的积极评价，以及会计人员因意识到这种肯定、褒奖和积极评价所产生的道德情感。加强会计职业荣誉感教育，能够促使会计人员充分认识本职会计工作在社会经济活动中的重要地位和价值，从而逐步形成对会计职业的光荣感、名誉感、自豪感和幸福感。

会计职业节操是指会计人员在从事会计职业活动中必须遵从的最低职业道德底线和行业行为规范。会计职业节操水平涉及对整个会计行业的职业道德的要求尺度，稳固并提升会计职业节操水平不仅是整个会计行业的任务，同时也是每一位会计人员的责任。会计人员应当不畏压力，不受利诱，在任何时候、任何情况下都能诚信为本，操守为重，守法奉公，不贪不占，防微杜渐，尽职尽责，坚持准则，不做假账。

【特别提示】会计职业节操具有“基础性”“制约性”的特点，会计人员必须遵守。

【点拨指导】加强会计职业道德观念教育，主要通过大力宣传和普及会计职业道德的基本知识来实现，这是会计职业道德教育的必要条件。

2. 会计职业道德规范教育

会计职业道德规范教育是指对会计人员开展以会计职业道德规范为内容的教育。前面已学习过，会计职业道德规范的主要内容包括“坚持诚信，守法奉公”“坚持准则，守责敬业”“坚持学习，守正创新”。会计职业道德规范教育是会计职业道德教育的核心内容，其范围广泛、形式多样，贯穿于会计职业道德教育的始终。

3. 会计职业道德警示教育

会计职业道德警示教育是指对会计人员开展关于违反会计职业道德行为和会计违法行为典型案例的宣传、讨论和学习，给会计人员予以启迪性、震慑性和警戒性的教育。会计职业道德警示教育是会计职业道德教育的重要补充，有利于向会计人员普及会计职业道德和会计法律基本知识，提高会计人员的会计职业道德观念和会计法律意识，提高会计人员明辨是非、择善弃恶的能力。

4. 与会计职业道德相关的其他教育

与会计职业道德相关的其他教育主要有思政教育、品德教育、法制教育等。

思政教育的重点是贯彻习近平总书记“法律是准绳，任何时候都必须遵循；道德是基石，任何时候都不可忽视”“必须坚持依法治国和以德治国相结合，使法治和德治在国家治理中相互补充、相互促进、相得益彰”[①] 等重要讲话，进一步全面、系统地加强与会计人员的思政教育相关的职业道德培训，提高广大会计人员思想政治水平和职业道德水平。

品德教育的重点是引导会计人员自觉用道德规范和会计职业道德规范指导和约束自己的行为，形成诚实、负责、自律、稳定的道德品格。

法制教育的重点是引导会计人员了解和熟悉与会计职业相关的法律法规，尤其是学习与会计职业道德和会计违法行为相关的法律法规，增强会计职业道德观念和会计法律意识，成为一个知法、懂法、守法的会计人员。

【例5-2·多项选择题】 与会计职业道德相关的其他教育主要有（　　）。

A. 思政教育　　B. 品德教育

C. 法制教育　　D. 家庭教育

【答案】 ABC

【解析】 与会计职业道德相关的其他教育主要有思政教育、品德教育、法制教育等。

四、会计职业道德教育的途径

（一）接受教育的途径

1. 岗前会计职业道德教育

岗前会计职业道德教育是指对将要从事会计职业的人员进行的会计职业道德教育，包括会计类专业学历教育中的会计职业道德教育及会计类专业非学历教育中的会计职业道德教育。

（1）会计类专业学历教育中的会计职业道德教育。《新时代公民道德建设实施纲要》指出：把立德树人贯穿学校教育全过程。学校是公民道德建设的重要阵地。注重融入贯穿，把公民道德建设的内容和要求体现到各学科教育中，体现到学科体系、教学体系、

① 坚持依法治国和以德治国相结合 推进国家治理体系和治理能力现代化. 人民日报，2016-12-11（1）.

教材体系、管理体系建设中，使传授知识过程成为道德教化过程。开展社会实践活动，强化劳动精神、劳动观念教育，引导学生热爱劳动、尊重劳动，懂得劳动最光荣、劳动最崇高、劳动最伟大、劳动最美丽的道理，更好认识社会、了解国情，增强社会责任感。加强师德师风建设，引导教师以德立身、以德立学、以德施教、以德育德，做有理想信念、有道德情操、有扎实学识、有仁爱之心的好老师。建设优良校风，用校训励志，丰富校园文化生活，营造有利于学生修德立身的良好氛围。在我国，各类大中专院校是培养各类专业人才的重要基地，其中，会计类专业的在校学生是未来会计专业队伍的潜在人员，他们中的一部分（准会计人员）在毕业以后将从事会计工作。会计类专业学历教育阶段是准会计人员的会计职业道德观念和会计职业中判断是非善恶标准的初步形成时期，因此，设置会计类专业的大中专院校是会计职业道德教育的重要阵地，是会计人员岗前职业道德教育的主要基地，在会计职业道德教育中具有基础地位。

【例5-3·判断题】 设置会计类专业的大中专院校是会计职业道德教育的重要阵地，是会计人员岗前职业道德教育的主要基地，在会计职业道德教育中具有基础地位。（　）

【答案】 √

【点拨指导】 学历包括小学、初中、高中（或中专、职高、技校）、大专（或高职、技师学院）、本科、硕士研究生、博士研究生。与会计类专业相关的学历包括高中（或中专、职高、技校）、大专（或高职、技师学院）、本科、硕士研究生、博士研究生。

【特别提示】 根据《财政部关于印发〈会计人员职业道德规范〉的通知》（财会〔2023〕1号）的要求，应当推动高校财会类专业加强职业道德教育，将《会计人员职业道德规范》要求有机融入教学内容；应当指导用人单位加强会计人员职业道德教育，将遵守职业道德情况作为评价、选用会计人员的重要标准。

【点拨指导】 事实上，不仅应当推动高校财会类专业加强职业道德教育，还应当推动中专、职高、技校等中等职业院校财会类专业加强职业道德教育。

【特别提示】 为了加强会计类专业学历教育中的会计职业道德教育，设置会计类专业的大中专院校应当注重融入贯穿，把会计职业道德的内容和要求体现到会计类专业各课程教学中，体现到课程体系、教学体系、教材体系、管理体系建设中，使传授知识的过程成为会计职业道德教化的过程。设置会计类专业的大中专院校不仅要开设“会计职业道德”专门课程，还应当在“基础会计”“财务会计”“管理会计”“成本会计”“税务会计”等各门会计专业课程中融入“会计职业道德”的内容。

【点拨指导】 目前，部分大中专院校对会计类专业学历教育中的会计职业道德教育仍然不够重视，有些学校没有开设单独的“会计职业道德”课程，也忽略在各门会计专业课程中融入“会计职业道德”的内容。会计职业道德教育往往是由部分会计教师自发进行。这需要国家相关部门出台相关法律法规，将“会计职业道德”作为会计类专业学历教育的必修课程，对会计类专业学历教育中的会计职业道德教育予以规范。

（2）会计类专业非学历教育中的会计职业道德教育。2017年11月4日，十二届全国人大常委会第三十次会议表决通过了关于修改《会计法》的决定，正式将“从事会计工作的人员，必须取得会计从业资格证书”的规定，改为“会计人员应当具备从事会计工作所需要的专业能力”，同时又规定“财政部门对各单位‘从事会计工作的人员是否具备专业能力、遵守职业道德’实施监督”，该决定于2017年11月5日起实施。会计从业资格证书的取消并不意味着从事会计职业门槛的降低，很多单位在招聘会计人员时将原来的“取得会计从业资格证书”要求至少升格为“取得会计专业技术初级资格证书”。这样，会计类专业非学历教育（主要包括会计培训机构提供的会计培训、财政部门组织的会计培训等）主要包括会计专业技术初级资格证书、会计专业技术中级资格证书、注册会计师等考前培训，以及真账实操岗前培训等。在此过程中，会计类专业非学历教育机构肩负着会计职业道德教育的责任。

【点拨指导】目前，会计类专业非学历教育中的会计职业道德教育非常欠缺，有些会计培训机构不仅不重视会计职业道德教育教学，甚至还开设“钻法律空子”、做假账等违背会计职业道德的课程。这需要国家相关部门出台相关法律法规，将“会计职业道德”作为会计类专业非学历教育的必修课程，对会计类专业非学历教育中的会计职业道德教育予以规范。

【点拨指导】《会计法》规定，会计人员应当遵守职业道德，提高业务素质。对会计人员的教育和培训工作应当加强。

2. 岗位会计职业道德继续教育

岗位会计职业道德继续教育是对已进入会计职业的会计人员进行的会计职业道德继续教育，主要通过会计专业技术人员继续教育来实现。我国会计专业技术人员继续教育的政策依据为《会计专业技术人员继续教育规定》（财会〔2018〕10号）。

会计专业技术人员继续教育（简称会计人员继续教育或会计继续教育）是指对具有会计专业技术资格的人员或不具有会计专业技术资格但从事会计工作的人员进行以保障会计专业技术人员合法权益、不断提高会计专业技术人员业务素质和职业道德水平为目标的再培训、再教育。

【点拨指导】《会计专业技术人员继续教育规定》（财会〔2018〕10号）规定，会计专业技术人员继续教育工作应当遵循下列基本原则：（1）以人为本，按需施教。会计专业技术人员继续教育面向会计专业技术人员，引导会计专业技术人员更新知识、拓展技能，完善知识结构、全面提高素质。（2）突出重点，提高能力。把握会计行业发展趋势和会计专业技术人员从业基本要求，引导会计专业技术人员树立诚信理念，提高职业道德和业务素质，全面提升专业胜任能力。（3）加强指导，创新机制。统筹教育资源，引导社会力量参与继续教育，不断丰富继续教育内容，创新继续教育方式，提高继续教育质量，形成政府部门规划指导、社会力量积极参与、用人单位支持配合的会计专业技术人员继续教育新格局。其中第（2）条基本原则强调了会计专业技术人员继续教育中对“会计职业道德”的要求。

【点拨指导】《会计专业技术人员继续教育规定》（财会〔2018〕10号）规定：会计

专业技术人员继续教育内容包括公需科目和专业科目。公需科目包括专业技术人员应当普遍掌握的法律法规、政策理论、职业道德、技术信息等基本知识；专业科目包括会计专业技术人员从事会计工作应当掌握的财务会计、管理会计、财务管理、内部控制与风险管理、会计信息化、会计职业道德、财税金融、会计法律法规等相关专业知识。会计专业技术人员继续教育内容的公需科目和专业科目分别包含“职业道德”和“会计职业道德”的内容。

会计人员继续教育是实施会计职业道德教育的有效形式。会计职业道德教育应贯穿于整个会计人员继续教育的始终。会计人员继续教育中的会计职业道德教育目标应紧密结合经济社会和会计行业发展要求，把握会计行业发展趋势和会计专业技术人员从业基本要求，在不断提升会计人员业务素质的同时，强化诚信理念、提高会计职业道德，以全面提升专业胜任能力。

【点拨指导】根据《财政部关于印发〈会计人员职业道德规范〉的通知》（财会〔2023〕1号）的要求，应当指导用人单位加强会计人员职业道德教育。

【例5-4·判断题】 会计职业道德教育应贯穿于整个会计人员继续教育的始终。（　　）

【答案】√

（二）自我教育的途径

1. 自我剖析

剖析指的是像外科手术一般的解剖分析。自我剖析是指个人假设自己是旁观者或者直接借助旁观者对自我进行理性、深刻、细致、全面的分析。

自我剖析包括以下两个方面：（1）按照会计职业道德规范的要求，站在自己是旁观者的角度，客观公正地对自己在会计工作中的思想、言语和行为进行分析、判断，找出优点和缺点、长处和不足，并实事求是地予以评价。对于自己发现的优点、长处，应当继续发扬；对于自己发现的缺点、不足，应当努力改正。（2）按照会计职业道德规范的要求，善于主动听取旁观者对自己会计职业道德水平的评价。对于旁观者指出的优点、长处，应当存谦虚谨慎的态度继续发扬；对于旁观者指出的缺点、不足，应当存虚心诚恳的态度努力改正。

【点拨指导】自我剖析的上述第（1）方面，实际上是自我批评；第（2）方面，实际上是批评。自我剖析实际上是批评与自我批评的结合。

【例5-5·单项选择题】 个人假设自己是旁观者或者直接借助旁观者对自我进行理性、深刻、细致、全面的分析，这种自我教育方法属于（　　）。

A. 自我省察　　　　B. 自警自励

C. 自律慎独　　　　D. 自我剖析

【答案】D

2. 自我省察

自我省察是指个人通过自我意识来省察自己的思想、言语和行为的过程。自我省察和自我剖析密切联系、相互影响，两者都强调自我分析、自我评价、自我批评。自我剖析侧重于对自己整体、全面、细致的分析，一般情况下较长时间内才自我剖析一次。自我省察侧重于对自己局部、个别、具体的分析，一般情况下经常甚至每天都自我省察。会计人员通过自我省察，可以时刻注意自己在会计工作中的思想、言语和行为，经常进行思想斗争，不断去除杂念、接受美善，逐步树立起正确的会计职业道德观念，并逐步形成高尚的会计职业道德修养。

【例 5－6・判断题】 自我省察是指个人假设自己是旁观者或者直接借助旁观者对自我进行理性、深刻、细致、全面的分析。　（　　）

【答案】×

【解析】自我省察是指个人通过自我意识来省察自己的思想、言语和行为的过程。

【点拨指导】正确地认识自己是一件非常重要的事，但又不是一件容易的事。自我剖析和自我省察都属于认识自己的方式。

【点拨指导】孔子的学生曾子说过“吾日三省吾身”，朱熹也说过“日省其身，有则改之，无则加勉”。

3. 自警自励

自警是指时刻自我谨慎、自我戒备、自我告诫、自我警醒，抵制并战胜各种错误思想和观念对自己的侵袭，防备并战胜各类试探和诱惑对自己的攻击。会计人员在会计工作中要时刻警醒，不断抵制享乐主义、个人主义、拜金主义等错误思想，树立正确的世界观、人生观和价值观，加强自身的道德修养。

自励是指要以崇高理想和信念鼓舞自己、激励自己。会计人员在会计工作中要坚定崇高的会计职业道德理想和信念，并以此勉励自己，树立起正确的会计职业道德观。

4. 自律慎独

自律是指一个人按照道德规范来不断地自我约束、自我控制，并逐渐养成自觉遵守的品格。慎独是指一个人在闲居独处、无人监督时，更应谨慎行事，仍然能够自觉按照各种道德规范行事。自律慎独，既是一种自我教育的途径，又是一种高层次的思想道德境界。自律慎独要求会计人员在独立工作、无人监督时，更应谨慎小心，仍然能够严格按照会计职业道德规范行事。

【特别提示】慎独是会计职业道德修养的最高境界。

【例 5－7・单项选择题】 下列各项中，符合慎独要求的是（　　）。

A. 经常进行自我分析，自我评价，自我批评

B. 一个人在无人监督时，仍然能够自觉按照各种道德规范行事

C. 时刻进行自我谨慎、自我戒备、自我告诫、自我警醒

D. 以崇高理想和信念鼓舞自己、激励自己

【答案】B

【解析】慎独是指一个人在闲居独处、无人监督时，更应谨慎行事，仍然能够自觉按照各种道德规范行事。

【归纳总结】会计职业道德教育的途径（形式、方法）包括接受教育和自我教育两大类：(1) 接受教育的途径（形式、方法）分为岗前会计职业道德教育和岗位会计职业道德继续教育；(2) 自我教育的途径（形式、方法）分为自我剖析、自我省察、自警自励和自律慎独。其中岗前会计职业道德教育又包括：(1) 会计类专业学历教育中的会计职业道德教育；(2) 会计类专业非学历教育中的会计职业道德教育。

第2节　会计职业道德建设的组织与实施

加强会计人员职业道德建设，对长期以来会计职业活动实践中形成的职业道德要求进行总结提炼和大力宣传，引导会计人员形成正确的价值追求和行为规范，对于提高会计工作水平和会计信息质量，加强社会信用体系建设，推动经济社会高质量发展具有重要意义。①

会计职业道德建设的组织与实施需要做好以下四个方面：财政部门的组织和推动、会计行业组织的自律、企事业单位的内部监督、社会各界的齐抓共管。

一、财政部门的组织和推动

各级财政部门应当负责组织和推动本地区的会计职业道德建设，把会计职业道德建设与会计法律制度建设紧密结合起来。

【知识链接】《会计法》规定，国务院财政部门主管全国的会计工作，县级以上地方各级人民政府财政部门管理本行政区域内的会计工作。《注册会计师法》规定，国务院财政部门和省、自治区、直辖市人民政府财政部门，依法对注册会计师、会计师事务所和注册会计师协会进行监督、指导。

【点拨指导】根据《财政部关于印发〈会计人员职业道德规范〉的通知》（财会〔2023〕1号）的要求，各地财政部门、中央有关主管单位应当组织开展形式多样的学习活动，充分利用各类媒体平台，大力宣传《会计人员职业道德规范》精神，帮助广大会计人员全面理解《会计人员职业道德规范》内容，准确把握《会计人员职业道德规范》提出的要求，将有关要求落实到具体会计工作中，使其成为广大会计人员普遍认同和自觉践行的行为准则。

二、会计行业组织的自律

我国会计行业组织（又称会计人员自律组织、会计行业自律组织、会计工作的行业自律管理组织）应当充分发挥行业自律的作用，改革和完善会计行业组织的自律机制，有效发挥自律机制在会计职业道德建设中的自律作用。

① http://www.gov.cn/xinwen/2023-01/31/content_5739420.htm.

【知识链接】我国会计行业组织包括中国会计学会、中国注册会计师协会和中国总会计师协会。

【特别提示】会计行业组织主要通过“自律”（而非“他律”）机制实现对其会员会计职业道德的管理与约束。

三、企事业单位的内部监督

各单位应当建立、健全本单位内部会计监督制度。会计机构、会计人员对违反《会计法》和国家统一的会计制度规定的会计事项，有权拒绝办理或者按照职权予以纠正。各单位应当建立内部牵制制度、内部会计管理制度、稽核制度，防范会计舞弊风险，督促会计人员遵守会计职业道德和国家统一的会计制度。

【知识链接】《会计法》规定，单位负责人对本单位的会计工作和会计资料的真实性、完整性负责。

《会计基础工作规范》规定，各单位应当根据会计业务需要配备会计人员，督促其遵守职业道德和国家统一的会计制度。

四、社会各界的齐抓共管

加强会计职业道德建设，不仅是提高会计人员职业道德素质的一项基础工作，而且是一项复杂的系统工程。加强会计职业道德建设，不仅是某一地区财政部门、某一具体会计行业自律组织、某一企事业单位的任务，而且是各地区、各部门、各组织、各单位的共同责任。

应当加强各级组织、广大群众、新闻媒体对会计职业道德的监督，大力开展会计职业道德的宣传教育，以职业道德模范引领道德风尚，以正确舆论营造良好道德环境，在全社会会计人员中倡导高尚的会计职业道德信念，促进会计人员提高自身的职业道德修养。

导入案例解析

（1）张某关于会计职业道德教育的观点不正确。

正确的观点是：会计职业道德教育的途径（形式、方法）包括接受教育和自我教育两大类。1）接受教育的途径（形式、方法）分为岗前会计职业道德教育和岗位会计职业道德继续教育；2）自我教育的途径（形式、方法）分为自我剖析、自我省察、自警自励和自律慎独。其中岗前会计职业道德教育又包括：1）会计类专业学历教育中的会计职业道德教育；2）会计类专业非学历教育中的会计职业道德教育。因此，张某在目前会计工作过程中还要至少接受岗位会计职业道德继续教育以及进行自我教育。如果张某正在参加会计专业技术资格考试等会计专业的考试，还可能接受会计类专业非学历教育中的会计职业道德教育。

（2）李某关于会计职业道德建设的组织与实施的观点不正确。

正确的观点是：会计职业道德建设的组织与实施需要全社会的共同努力，不仅需要依靠财政部门的组织和推动，而且需要通过会计行业组织的自律、企事业单位的内部监督、社会各界的齐抓共管来实现。

第3节　会计职业道德的检查与奖惩

一、会计职业道德检查与奖惩的含义和作用

1. 会计职业道德检查与奖惩的含义

会计职业道德检查是指为了发现会计人员是否存在违反会计职业道德的问题而进行认真的查看。会计职业道德奖惩包括会计职业道德奖励和会计职业道德惩罚两个方面，会计职业道德奖励是指对遵守会计职业道德的会计人员给予荣誉或财物上的奖赏和勉励；会计职业道德惩罚是指对违反会计职业道德的会计人员给予荣誉或财物上的惩治和处罚。

为了促使广大会计人员遵守会计职业道德，应当在加强会计职业道德教育的基础上，对会计人员职业道德规范遵守情况进行及时和必要的检查，并根据检查的结果对会计人员进行相应的奖励和惩罚，以便建立会计职业道德的检查和奖惩机制，这是会计职业道德他律机制的重要组成部分。

2. 会计职业道德检查与奖惩的作用

会计职业道德检查与奖惩是促使会计人员遵守会计职业道德规范的必要途径，也是促使会计职业道德发挥效用的必要手段，具有重要的作用和意义。会计职业道德检查与奖惩的作用主要表现在以下三个方面。

（1）有利于促进会计人员遵守会计职业道德规范。会计职业道德奖惩机制的运作方式是：将会计职业道德规范与会计人员的个人利益得失挂钩。具体来说，对遵守会计职业道德规范的会计人员，奖励给他们所渴望得到的东西；对违反会计职业道德规范的会计人员，剥夺他们不愿失去的东西。因此，对会计职业道德的遵守，不能仅仅依靠会计人员自身的觉悟和境界，还必须建立科学的奖惩机制，从正反两个方面促使会计人员遵守会计职业道德规范和法律，抵制违反会计职业道德和法律的会计行为。

【点拨指导】奖惩机制把会计人员的个人利益得失与会计职业道德规范结合起来，体现了权利与义务统一的原则。

（2）具有评判和教育作用。会计职业道德的检查与奖惩不仅对会计行为是否符合会计职业道德规范作出评判，而且奖励符合会计职业道德规范的行为，惩罚违反会计职业道德规范的行为。通过对会计职业道德的检查与奖惩，一方面使得符合会计职业道德规范的行为发扬光大、蔚然成风；另一方面使得违反会计职业道德规范的行为人人唾弃、千夫所指。因此，会计职业道德的检查与奖惩不仅具有道德评判的作用，而且具有教育

教化的作用，促使会计人员形象生动且直接地体会到遵守会计职业道德的价值以及违反会计职业道德的损失。

（3）有利于形成抑恶扬善的社会环境，促进整个社会道德风气的提升。会计职业道德是职业道德的一种，也是整个社会道德体系的一个重要组成部分，因此，一方面会计职业道德的优劣，对社会道德风气的优劣会产生一定的影响；另一方面社会道德风气的优劣，同样也会制约会计职业道德。

建立并实施会计职业道德奖惩机制，是会计行业抑恶扬善的重要方法。通过奖励、表扬、推崇自觉遵守会计职业道德规范和会计法律法规的行为，惩罚、批评、谴责违背会计职业道德规范和会计法律法规的行为，有助于广大人民明辨是非、抑恶扬善，从而形成良好的社会道德风气，同时又反过来进一步促使会计职业道德水平的提升。

【点拨指导】不仅仅是会计行业要重视职业道德，社会各行各业都应当重视本行业的职业道德。

【例5-8·多项选择题】 会计职业道德检查与奖惩的作用主要表现在（　　）。

A. 有利于促进会计人员遵守会计职业道德规范

B. 具有评判和教育作用

C. 有利于形成抑恶扬善的社会环境，促进整个社会道德风气的提升

D. 有利于杜绝不遵守会计职业道德的现象

【答案】ABC

【解析】选项D，不可能杜绝不遵守会计职业道德的现象。

二、会计职业道德检查与奖惩机制的具体内容

（一）财政部门的监督检查

各级财政部门应当肩负起组织和推动本地区会计职业道德建设的责任，对本地区会计职业道德状况进行必要的监督检查。其主要措施有：

1. 将执法检查与会计职业道德检查相结合

（1）财政部门作为《会计法》的执法主体，一方面对各单位会计人员遵守会计法律法规情况进行监督检查；另一方面对各单位会计人员遵守会计职业道德情况进行监督检查。

（2）财政部门在检查中，如果发现会计人员存在违反会计法律法规的行为，不仅要给予会计人员相应的行政处罚或刑事处罚，而且要给予会计人员相应的会计职业道德惩戒。

【点拨指导】财政部门在检查中，如果发现会计人员存在违反会计法律法规的行为，应当根据《会计法》等法律法规所规定的法律责任进行惩罚。如果发现会计人员存在违反会计职业道德的行为，根据具体的情况可以采取以下道德惩戒措施：1）在会计行业某一特定范围内进行通报批评；2）责令完成一定学时的继续教育课程；3）暂停从事会计工作；4）在会计行业内部相关报刊上予以曝光。

【特别提示】法律惩罚和道德惩戒分别发挥着不完全相同的作用，两者应当双管齐下，不能相互替代。

【知识链接】《会计法》规定，财政部门对各单位的下列情况实施监督：（1）是否依法设置会计账簿；（2）会计凭证、会计账簿、财务会计报告和其他会计资料是否真实、完整；（3）会计核算是否符合本法和国家统一的会计制度的规定；（4）从事会计工作的人员是否具备专业能力、遵守职业道德。

【例5-9·单项选择题】 对会计职业道德进行监督检查的部门主要是（　　）。

A. 审计部门　　B. 市场监督管理部门

C. 财政部门　　D. 会计行业组织

【答案】 C

【解析】 各级财政部门应当肩负起组织和推动本地区会计职业道德建设的责任，对本地区会计职业道德状况进行必要的监督检查。

【例5-10·情境案例】 财政部门在对甲公司会计工作的例行检查中，发现甲公司会计人员存在违反会计职业道德的行为。

【要求】 说明财政部门可以采取哪些道德惩戒措施。

【解析】 财政部门在对甲公司会计工作的例行检查中，发现甲公司会计人员存在违反会计职业道德的行为，根据具体的情况可以采取以下道德惩戒措施：（1）在会计行业某一特定范围内进行通报批评；（2）责令完成一定学时的继续教育课程；（3）暂停从事会计工作；（4）在会计行业内部相关报刊上予以曝光。

2. 将会计专业技术资格考评、聘用与会计职业道德检查相结合

各级别会计专业技术资格考试的报名条件分别包含"坚持原则，具备良好的职业道德品质""具备良好的职业道德，无严重违反财经纪律的行为"等要求。会计专业技术资格考试管理机构在组织报名时，应当对参加报名的会计人员遵守会计职业道德的情况进行检查。会计专业技术资格考试管理机构如果发现报名者有不遵守会计职业道德记录的，应不予报名；已经报名的，应取消其报名资格。另外，副高级会计师资格实行考试与评审相结合制度，正高级会计师资格实行评审制度，在评审过程中也应当重点关注和检查会计人员遵守会计职业道德的情况，并以此作为评审的重要指标。会计人员遵守会计职业道德情况应当作为会计人员聘任会计专业职务的重要考核依据。

【知识链接】 会计专业技术资格分为初级资格、中级资格和高级资格三个级别，分别对应初级、中级、副高级和正高级会计职称（会计专业职务）的任职资格。目前，初级、中级资格实行全国统一考试制度，副高级会计师资格实行考试与评审相结合制度，正高级会计师资格实行评审制度。

【例5-11·多项选择题】 我国在会计专业技术资格考评、聘用中涉及会计职业道德方面要求的有（　　）。

A. 各级别会计专业技术资格考试的报名条件包含"具备良好的职业道德"等要求

B. 会计人员遵守会计职业道德情况应当作为会计人员聘任各级别会计专业职务的重要考核依据

C. 在评审过程中也应当重点关注和检查会计人员遵守会计职业道德的情况，并以此作为评审的主要指标

D. 会计专业技术资格考试管理机构在组织报名时，应当对参加报名的会计人员遵守会计职业道德的情况进行检查

【答案】ABD

【解析】选项 C，正确的说法是：在评审过程中也应当重点关注和检查会计人员遵守会计职业道德的情况，并以此作为评审的重要指标。

3. 将会计人员表彰奖励制度与会计职业道德检查相结合

各级财政部门在表彰奖励成绩显著的会计人员时，不但要考虑会计人员的工作业绩，而且应考虑会计人员遵守会计职业道德的情况。

【知识链接】《会计法》规定，对认真执行本法，忠于职守，坚持原则，做出显著成绩的会计人员，给予精神的或者物质的奖励。

（二）会计行业组织的自律管理与约束

会计行业组织是对会计职业道德进行自律管理与约束的自律性组织。会计行业组织的自律是一个群体概念，是会计行业组织对整个会计行业的会计行为进行自我约束、自我控制、自我惩戒的过程。建立并健全会计行业组织的自律机制，是在财政部门进行会计职业道德建设基础上的必要补充。

《会计人员管理办法》规定，依法成立的会计人员自律组织，应当依据有关法律法规和其章程规定，指导督促会员依法从事会计工作，对违反有关法律法规、会计职业道德和其章程的会员进行惩戒。

【点拨指导】目前，我国会计行业组织的自律机制尚不健全，对违反会计职业道德的会计人员的惩戒力度还不够。因此，必须进一步建立并健全会计行业组织的自律机制，确保会计行业更加健康地发展。

【特别提示】会计行业组织的职责：服务、监督、管理、协调。

【点拨指导】会计人员一旦违背会计职业道德，除了受到良心和道义上的谴责外，还会受到行业惩戒和处罚。

（三）奖惩机制的建立

对会计人员遵守会计职业道德的情况进行检查、考核与奖惩，建立和完善奖惩机制，对自觉遵守会计职业道德规范的会计人员给予奖励，对违反会计职业道德规范的会计人员给予惩罚。

【特别提示】奖惩结合的方式优于只奖不惩、只惩不奖、不惩不奖。奖惩结合可以带来正反双向的激励效果。因此，在对违反会计职业道德规范的会计人员给予惩罚的同时，还应当对自觉遵守会计职业道德规范的会计人员给予表彰。

【点拨指导】《会计法》规定，对认真执行本法，忠于职守，坚持原则，做出显著成绩的会计人员，给予精神的或者物质的奖励。

【点拨指导】《会计基础工作规范》规定，财政部门、业务主管部门和各单位应当定

期检查会计人员遵守职业道德的情况，并作为会计人员晋升、晋级、聘任专业职务、表彰奖励的重要考核依据。会计人员违反职业道德的，由所在单位进行处理。

【点拨指导】根据《财政部关于印发〈会计人员职业道德规范〉的通知》（财会〔2023〕1号）的要求，用人单位应当将遵守职业道德情况作为评价、选用会计人员的重要标准。

【点拨指导】《中国总会计师职业道德与行为规范（试行）》第十五条至第十六条对中国总会计师职业道德与行为规范的奖惩的规定如下：对模范遵守职业道德与行为规范的会员，中国总会计师协会直接或建议有关单位、部门给予精神和物质奖励。对违反职业道德与行为规范、损害总会计师形象的会员，中国总会计师协会采取适当方式对其进行批评教育；情节严重者，建议有关单位、部门按相关规定进行处理。

【例5-12·判断题】 对认真执行《会计法》，忠于职守，坚持原则，做出显著成绩的会计人员，给予精神的或者物质的奖励。（　　）

【答案】√

技能训练

一、单项选择题

1.（　　）是会计职业道德教育的核心内容，其范围广泛、形式多样，且贯穿于会计职业道德教育的始终。

A. 会计职业道德观念教育

B. 会计职业道德规范教育

C. 会计职业道德警示教育

D. 思政教育、品德教育、法制教育

2. 对会计人员开展关于违反会计职业道德行为和会计违法行为典型案例的宣传、讨论和学习，给会计人员予以启迪性、震慑性和警戒性的教育，指的是（　　）。

A. 会计职业道德观念教育

B. 会计职业道德规范教育

C. 会计职业道德警示教育

D. 会计职业道德自我教育

3. 对会计职业道德进行监督检查的部门主要是（　　）。

A. 税务部门　　B. 财政部门

C. 保险监管部门　　D. 证券监管部门

4. 对会计职业道德进行自律管理与约束的机构是（　　）。

A. 财政部门　　B. 会计行业组织

C. 企事业单位　　D. 会计师事务所

二、多项选择题

1. 下列各项中，属于会计职业道德建设的组织与实施的有（　　）。

A. 会计行业组织的自律

B. 财政部门的组织和推动

C. 企事业单位的内部监督

D. 大中专院校的会计职业道德教育

2. 会计职业道德教育中的接受教育途径包括（　　）两部分。

A. 会计法制教育

B. 自我教育

C. 岗前会计职业道德教育

D. 岗位会计职业道德继续教育

3. 下列各项中，属于会计职业道德建设的组织与实施的有（　　）。

A. 财政、税务、审计和市场监督管理部门的组织和推动

B. 会计行业组织的自律

C. 企事业单位的内部监督

D. 社会各界的齐抓共管

4. 财政部门对会计职业道德进行监督检查的主要措施包括（　　）。

A. 会计师事务所注册登记和年检与会计职业道德检查相结合

B. 执法检查与会计职业道德检查相结合

C. 会计专业技术资格考评、聘用与会计职业道德检查相结合

D. 会计人员表彰奖励制度与会计职业道德检查相结合

三、判断题

1. 加强职业道德观念教育，主要通过大力宣传和普及会计职业道德的基本知识来实现。（　　）

2. 自我剖析是指个人通过自我意识来省察自己的思想、言语和行为的过程。（　　）

3. 自我省察和自警自励密切联系、相互影响，两者都强调自我分析、自我评价、自我批评。（　　）

4. 会计人员遵守会计职业道德的情况应当作为会计人员聘任各级别会计专业职务的主要考核依据。（　　）

四、案例分析题

甲公司会计科组织了一场会计职业道德专题研讨会，在讨论过程中，会计人员张某认为在会计专业技术资格考评、聘用中，看的是会计人员是否考取会计专业技术资格证书以及会计工作的业绩，会计职业道德没有什么用处。

【要求】分析张某的观点是否正确。

第6章

会计人员诚信建设和对会计领域违法失信相关责任主体实施联合惩戒

学习目标

1. 熟悉对会计领域违法失信相关责任主体实施联合惩戒。
2. 掌握会计人员诚信建设。

素养提升

1. 弘扬诚信文化，健全诚信建设长效机制。①

2. 学习《全国先进会计工作者评选表彰办法》以及各年度全国先进会计工作者的会计诚信案例，提升学生的会计诚信观念和水平。

3. 深入开展会计诚信教育，将会计职业道德作为会计人才培养、评价、继续教育的重要内容，推动财会类专业教育加强职业道德课程建设，不断提升会计人员诚信素养。加强会计诚信机制建设，依托会计管理信息平台，实现跨层级、跨部门、跨系统数据互联互通。加强会计诚信体系建设，全面建立会计行业信用记录，继续完善守信联合激励和失信联合惩戒机制。根据国家有关规定，加强对于诚实守信、忠于职守、坚持原则、作出显著成绩的会计人员的表彰奖励工作。加大会计诚信宣传力度，加强会计诚信文化建设，把法律规范和道德规范结合起来，以道德滋养法治精神，加强德治与法治的衔接与贯通，营造全行业守法、合规、诚信的向善向上氛围。②

导入案例

甲公司的会计人员张某和李某分别就加强会计诚信教育问题表达了自己的观点。具体如下：

---

① 选自《高举中国特色社会主义伟大旗帜 为全面建设社会主义现代化国家而团结奋斗——在中国共产党第二十次全国代表大会上的报告》。

② 选自《会计改革与发展“十四五”规划纲要》。

（1）张某认为：要加强会计诚信教育，只需要在财会类专业教育中开设诚信教育相关课程就可以了。

（2）李某认为：在财会类专业教育中开设诚信教育相关课程远远不够，需要全方位地加强诚信教育。

【要求】从会计诚信教育的角度，分析评判张某、李某的观点。

【解析】见本章的第 1 节。

第 1 节　会计人员诚信建设[①]

为加强会计诚信建设，建立健全会计人员守信联合激励和失信联合惩戒机制，推动会计行业进一步提高诚信水平，根据《中华人民共和国会计法》的规定和《国务院关于印发社会信用体系建设规划纲要（2014—2020 年）的通知》（国发〔2014〕21 号）、《国务院办公厅关于加强个人诚信体系建设的指导意见》（国办发〔2016〕98 号）、《国务院关于建立完善守信联合激励和失信联合惩戒制度 加快推进社会诚信建设的指导意见》（国发〔2016〕33 号）等精神，财政部发布了《关于加强会计人员诚信建设的指导意见》（财会〔2018〕9 号）（以下简称《指导意见》）。

一、会计人员诚信建设的总体要求

（一）会计人员诚信建设的指导思想

全面贯彻党的二十大精神，以习近平新时代中国特色社会主义思想为指导，认真落实党中央、国务院决策部署，以培育和践行社会主义核心价值观为根本，完善会计职业道德规范，加强会计诚信教育，建立严重失信会计人员“黑名单”，健全会计人员守信联合激励和失信联合惩戒机制，积极营造“守信光荣、失信可耻”的良好社会氛围。

（二）会计人员诚信建设的基本原则

1. 政府推动，社会参与

充分发挥财政部门和中央主管单位在会计人员诚信建设中的组织管理和监督指导作用，加强与相关执法部门统筹协调，建立联动机制，引导包括用人单位在内的社会力量广泛参与，充分发挥会计行业组织作用，共同推动会计人员诚信建设。

2. 健全机制，有序推进

建立健全加强会计人员诚信建设的体制机制，有序推进会计人员信用档案建设，规范会计人员信用信息采集和应用，稳步推进会计人员信用状况与其选聘任职、评选表彰等挂钩，逐步建立会计人员守信联合激励和失信联合惩戒机制。

---

① 本节内容主要依据《关于加强会计人员诚信建设的指导意见》（财会〔2018〕9 号）和“财政部会计司有关负责人就印发《关于加强会计人员诚信建设的指导意见》答记者问”编写。

3. 加强教育，奖惩结合

把教育引导作为提升会计人员诚信意识的重要环节，加大守信联合激励与失信联合惩戒实施力度，发挥行为规范的约束作用，使会计诚信内化于心，外化于行，成为广大会计人员的自觉行动。

【例 6－1・多项选择题】 下列各项中，属于会计人员诚信建设基本原则的有（　　）。

A. 政府推动，社会参与　　B. 健全机制，有序推进

C. 加强教育，奖惩结合　　D. 单位自纠，奖罚分明

【答案】 ABC

【解析】 会计人员诚信建设的基本原则包括：（1）政府推动，社会参与；（2）健全机制，有序推进；（3）加强教育，奖惩结合。选项 D，单位自纠，奖罚分明不属于会计人员诚信建设基本原则。

二、会计人员诚信建设的具体措施

（一）增强会计人员诚信意识

1. 强化会计职业道德约束

针对会计工作特点，进一步完善会计职业道德规范，引导会计人员自觉遵纪守法、勤勉尽责、参与管理、强化服务，不断提高专业胜任能力；督促会计人员坚持客观公正、诚实守信、廉洁自律、不做假账，不断提高职业操守。

我国《会计人员职业道德规范》已由财政部于 2023 年 2 月 1 日发布。根据《财政部关于印发〈会计人员职业道德规范〉的通知》（财会〔2023〕1 号），将新时代会计人员职业道德规范要求总结提炼为三条核心表述：（1）坚持诚信，守法奉公；（2）坚持准则，守责敬业；（3）坚持学习，守正创新。

【特别提示】 这是我国首次制定全国性的会计人员职业道德规范。

2. 加强会计诚信教育

财政部门、中央主管单位和会计行业组织要采取多种形式，广泛开展会计诚信教育，将会计职业道德作为会计人员继续教育的必修内容，大力弘扬会计诚信理念，不断提升会计人员诚信素养。要充分发挥新闻媒体对会计诚信建设的宣传教育、舆论监督等作用，大力发掘、宣传会计诚信模范等会计诚信典型，深入剖析违反会计诚信的典型案例。引导财会类专业教育开设会计职业道德课程，努力提高会计后备人员的诚信意识。鼓励用人单位建立会计人员信用管理制度，将会计人员遵守会计职业道德情况作为考核评价、岗位聘用的重要依据，强化会计人员诚信责任。

导入案例解析

张某的观点是不全面的；李某的观点是全面的。

加强会计诚信教育需要多方共同努力，全方位做好以下工作：(1) 财政部门、中央主管单位和会计行业组织要采取多种形式，广泛开展会计诚信教育，将会计职业道德作为会计人员继续教育的必修内容，大力弘扬会计诚信理念，不断提升会计人员诚信素养。(2) 要充分发挥新闻媒体对会计诚信建设的宣传教育、舆论监督等作用，大力发掘、宣传会计诚信模范等会计诚信典型，深入剖析违反会计诚信的典型案例。(3) 引导财会类专业教育开设会计职业道德课程，努力提高会计后备人员的诚信意识。(4) 鼓励用人单位建立会计人员信用管理制度，将会计人员遵守会计职业道德情况作为考核评价、岗位聘用的重要依据，强化会计人员诚信责任。

(二) 加强会计人员信用档案建设

1. 建立严重失信会计人员“黑名单”制度

将有提供虚假财务会计报告，做假账，隐匿或者故意销毁会计凭证、会计账簿、财务会计报告，贪污，挪用公款，职务侵占等与会计职务有关违法行为的会计人员，作为严重失信会计人员列入“黑名单”，纳入全国信用信息共享平台，依法通过“信用中国”网站等途径，向社会公开披露相关信息。

2. 建立会计人员信用信息管理制度

研究制定会计人员信用信息管理办法，规范会计人员信用评价、信用信息采集、信用信息综合利用、激励惩戒措施等，探索建立会计人员信息纠错、信用修复、分级管理等制度，建立健全会计人员信用信息体系。

3. 完善会计人员信用信息管理系统

以会计专业技术资格管理为抓手，有序采集会计人员信息，记录会计人员从业情况和信用情况，建立和完善会计人员信用档案。省级财政部门和中央主管单位要有效利用信息化技术手段，组织升级改造本地区（部门）现有的会计人员信息管理系统，构建完善本地区（部门）的会计人员信用信息管理系统，财政部在此基础上构建全国统一的会计人员信用信息平台。

(三) 健全会计人员守信联合激励和失信联合惩戒机制

1. 为守信会计人员提供更多机会和便利

将会计人员信用信息作为先进会计工作者评选、会计职称考试或评审、高端会计人才选拔等资格资质审查的重要依据。鼓励用人单位依法使用会计人员信用信息，优先聘用、培养、晋升具有良好信用记录的会计人员。

2. 对严重失信会计人员实施约束和惩戒

在先进会计工作者评选、会计职称考试或评审、高端会计人才选拔等资格资质审查过程中，对严重失信会计人员，实行一票否决制。对于严重失信会计人员，依法取消其已经取得的会计专业技术资格；被依法追究刑事责任的，不得再从事会计工作。支持用人单位根据会计人员失信的具体情况，对其进行降职、撤职或解聘处理。

3. 建立失信会计人员联合惩戒机制

财政部门和中央主管单位应当将发现的会计人员失信行为，以及相关执法部门发现的会计人员失信行为，记入会计人员信用档案。支持会计行业组织依据法律和章程，对会员信用情况进行管理。加强与有关部门合作，建立失信会计人员联合惩戒机制，实现信息的互换、互通和共享。

【例6-2·单项选择题】 下列各项中，不属于健全会计人员守信联合激励和失信联合惩戒机制具体措施的是（　　）。

A. 为守信会计人员提供更多机会和便利

B. 对严重失信会计人员实施约束和惩戒

C. 强化会计职业道德约束

D. 建立失信会计人员联合惩戒机制

【答案】 C

【解析】 健全会计人员守信联合激励和失信联合惩戒机制的具体措施有：（1）为守信会计人员提供更多机会和便利；（2）对严重失信会计人员实施约束和惩戒；（3）建立失信会计人员联合惩戒机制。选项C，强化会计职业道德约束属于增强会计人员诚信意识的具体措施。

【例6-3·判断题】 对于严重失信会计人员，依法取消其已经取得的会计专业技术资格，且不得再从事会计工作。（　　）

【答案】 ×

【解析】 对于严重失信会计人员，依法取消其已经取得的会计专业技术资格；被依法追究刑事责任的，不得再从事会计工作。

三、会计人员诚信建设的组织实施

1. 加强组织领导

财政部门和中央主管单位要高度重视会计人员诚信建设工作，根据本地区（部门）关于社会信用体系建设的统一工作部署，统筹安排，稳步推进。要重视政策研究，完善配套制度建设，科学指导会计人员诚信建设工作。要重视监督检查，发现问题及时解决，确保会计人员诚信建设工作政策措施落地生根。要重视沟通协调，争取相关部门支持形成合力，探索建立联席制度，共同推动会计人员诚信建设工作有效开展。

2. 积极探索推动

财政部门和中央主管单位要紧密结合本地区（部门）实际，抓紧制定具体工作方案，推动会计人员诚信建设。要探索建设会计人员信用档案、建立严重失信会计人员“黑名单”等制度，及时总结经验做法；对存在的问题，要及时研究解决。

3. 广泛宣传动员

财政部门、中央主管单位和会计行业组织要充分利用报纸、广播、电视、网络等渠道，加大对会计人员诚信建设工作的宣传力度，教育引导会计人员和会计后备人员不断提升会计诚信意识。要积极引导社会各方依法依规利用会计人员信用信息，褒扬会计诚信，惩戒会计失信，扩大会计人员信用信息的影响力和警示力，使全社会形成崇尚会计诚信、践行会计诚信的社会风尚。

【例6－4·多项选择题】 下列各项中，属于会计人员诚信建设的组织实施措施的有（　　）。

A. 加强组织领导　　B. 积极探索推动

C. 建立惩戒机制　　D. 广泛宣传动员

【答案】 ABD

【解析】 会计人员诚信建设的组织实施措施包括：（1）加强组织领导；（2）积极探索推动；（3）广泛宣传动员。因此，选项C，建立惩戒机制不属于会计人员诚信建设的组织实施措施。

四、《指导意见》出台的重要意义

会计人员诚信建设是社会诚信建设的重要组成部分。加强会计人员诚信建设，对增强会计人员诚信意识，提高会计工作水平，营造良好信用环境具有重要意义。

1. 制定发布《指导意见》，是贯彻落实党中央和国务院加强社会诚信建设决策部署的重要措施

习近平总书记在党的十九大报告中明确提出要加强思想道德建设，强调要“推进诚信建设”。《国务院办公厅关于加强个人诚信体系建设的指导意见》（国办发〔2016〕98号）、《国务院关于建立完善守信联合激励和失信联合惩戒制度 加快推进社会诚信建设的指导意见》（国发〔2016〕33号）等文件，对社会诚信建设提出了明确要求，为加强会计人员诚信建设指明了方向。制定发布《指导意见》，对会计人员诚信建设作出了具体部署，是贯彻落实党中央和国务院决策部署的重要措施。

2. 制定发布《指导意见》，主动适应了经济社会发展新形势的需要

市场经济是信用经济，诚信缺失必将危及市场经济根基。当前，在全社会日益高度重视诚信建设的背景下，会计诚信建设的重要性更加凸显，已成为影响会计工作服务经济社会发展的重要制度因素。制定发布《指导意见》，对全面加强会计人员诚信体系建设作出部署，努力营造良好会计诚信氛围，是积极作为，主动适应经济社会发展新形势的需要。

3. 制定发布《指导意见》，主动适应了会计人员管理工作转型升级的需要

多年来，会计人员管理主要以会计从业资格管理为基础。2017年11月4日，第十二届全国人民代表大会常务委员会第三十次会议通过了《关于修改〈中华人民共和国会计法〉等十一部法律的决定》，取消了会计从业资格行政许可。这一新情况对加强会计人员管理工作提出了新要求，迫切需要会计监管工作转型升级，从以行业准入管理为主，向事中事后管理服务为主进行转变。会计诚信情况是会计人员在从事会计工作过程中遵循法律法规和职业道德等情况的综合体现，加强会计人员诚信管理，有利于引导、督促会计人员坚持职业操守，依法开展会计工作。制定发布《指导意见》，对会计人员诚信建设工作进行统筹部署，是主动适应会计人员管理工作转型升级的需要。

【例6-5·多项选择题】 下列各项中，对《关于加强会计人员诚信建设的指导意见》制定发布的重要意义表述正确的有（　　）。

A. 主动适应了财务会计向管理会计转型的需要

B. 是贯彻落实党中央和国务院加强社会诚信建设决策部署的重要措施

C. 主动适应了经济社会发展新形势的需要

D. 主动适应了会计人员管理工作转型升级的需要

【答案】 BCD

【解析】《关于加强会计人员诚信建设的指导意见》出台（制定发布）的重要意义包括：(1) 制定发布《指导意见》，是贯彻落实党中央和国务院加强社会诚信建设决策部署的重要措施。(2) 制定发布《指导意见》，主动适应了经济社会发展新形势的需要。(3) 制定发布《指导意见》，主动适应了会计人员管理工作转型升级的需要。选项A，“主动适应了财务会计向管理会计转型的需要”不属于《指导意见》制定发布的重要意义。

第2节　对会计领域违法失信相关责任主体实施联合惩戒[①]

为全面贯彻党的二十大、十九大和十九届二中、三中全会精神，以习近平新时代中国特色社会主义思想为指导，落实《会计法》、《国务院关于印发社会信用体系建设规划纲要（2014—2020年）的通知》（国发〔2014〕21号）、《国务院关于建立完善守信联合激励和失信联合惩戒制度 加快推进社会诚信建设的指导意见》（国发〔2016〕33号）和《国家发展改革委 人民银行关于加强和规范守信联合激励和失信联合惩戒对象名单管理工作的指导意见》（发改财金规〔2017〕1798号）等文件要求，加快推进会计领域信用体系建设，培育和践行社会主义核心价值观，推动形成褒扬诚信、惩戒失信的强大合力，国家发展改革委、人民银行、财政部、中央组织部、中央宣传部、中央编办、中央文明办、中央网信办、最高人民法院、科技部、工业和信息化部、民政部、人力资源社会保障部、国资委、税务总局、市场监管总局、银保监会[②]、证监会、全国总工会、共青团中央、全国妇联、全国工商联等单位就会计领域违法失信相关责任主体实施联合惩戒工作达成一致意见，并联合印发《关于对会计领域违法失信相关责任主体实施联合惩戒的合作备忘录》。

① 本节内容主要依据《关于印发〈关于对会计领域违法失信相关责任主体实施联合惩戒的合作备忘录〉的通知》（发改财金〔2018〕1777号）中的《关于对会计领域违法失信相关责任主体实施联合惩戒的合作备忘录》编写。

② 2023年3月，中共中央、国务院印发《党和国家机构改革方案》，在银保监会基础上组建国家金融监督管理总局，不再保留银保监会。

一、联合惩戒对象

联合惩戒对象主要指在会计工作中违反《会计法》《公司法》《证券法》，以及其他法律、法规、规章和规范性文件，违背诚实信用原则，经财政部门及相关部门依法认定的存在严重违法失信行为的会计人员（以下简称"会计领域违法失信当事人"）。

二、信息共享与联合惩戒的实施方式

认定联合惩戒对象名单的相关部门和单位通过全国信用信息共享平台将会计领域违法失信当事人的相关信息推送给财政部，并及时更新。财政部定期梳理汇总后通过全国信用信息共享平台向签署本备忘录的其他部门和单位提供会计领域违法失信当事人信息。

相关部门和单位按照本备忘录约定内容，依法依规对会计领域违法失信当事人实施惩戒。建立惩戒效果定期通报机制，有关单位定期将联合惩戒实施情况通过全国信用信息共享平台反馈至国家发展改革委和财政部。

三、联合惩戒措施

1. 罚款、限制从事会计工作、追究刑事责任等惩戒措施

会计人员有违反《会计法》《公司法》《证券法》等违法会计行为，依法给予罚款、限制从事会计工作等惩戒措施；属于国家工作人员的，还应当由其所在单位或者有关单位依法给予撤职直至开除的行政处分；构成犯罪的，依法追究刑事责任。

【特别提示】本条惩戒措施的实施单位：最高人民法院、财政部、证监会等。

【例 6－6 · 判断题】 会计人员有违反《会计法》《公司法》《证券法》等违法会计行为，依法给予罚款、限制从事会计工作等惩戒措施；属于国家工作人员的，还应当由其所在单位或者有关单位依法给予撤职直至开除的行政处分；构成犯罪的，依法追究刑事责任。（　　）

【答案】√

2. 记入会计从业人员信用档案

对会计领域违法失信当事人，将其违法失信记录记入会计人员信用档案。

【特别提示】本条惩戒措施的实施单位：财政部、国家发展改革委。

【例 6－7 · 多项选择题】 对会计领域违法失信当事人，将其违法失信记录记入会计人员信用档案。该惩戒措施的实施单位有（　　）。

A. 财政部

B. 税务总局

C. 人民银行

D. 国家发展改革委

【答案】AD

【解析】对会计领域违法失信当事人，将其违法失信记录记入会计人员信用档案。本条惩戒措施的实施单位：财政部、国家发展改革委。

3. 通过财政部网站、“信用中国”网站及其他主要新闻网站向社会公布

将会计领域违法失信当事人信息通过财政部网站、“信用中国”网站予以发布，同时协调相关互联网新闻信息服务单位向社会公布。

【特别提示】本条惩戒措施的实施单位：国家发展改革委、财政部、中央网信办。

4. 实行行业惩戒

支持行业协会商会按照行业标准、行规、行约等，视情节轻重对失信会员实行警告、行业内通报批评、公开谴责、不予接纳、劝退等惩戒措施。

【特别提示】本条惩戒措施的实施单位：财政部、国家发展改革委、民政部、税务总局、全国工商联等主管单位和会计行业组织。

5. 限制取得相关从业任职资格，限制获得认证证书

对会计领域违法失信当事人，限制其取得相关从业任职资格，限制获得认证证书。对其在证券、基金、期货从业资格申请中予以从严审核，对已成为证券、基金、期货从业人员的相关主体予以重点关注。

【特别提示】本条惩戒措施的实施单位：证监会、市场监管总局。

【例6-8·多项选择题】 对会计领域违法失信当事人，限制其取得相关从业任职资格，限制获得认证证书。该惩戒措施的实施单位有（　　）。

A. 财政部

B. 人力资源社会保障部

C. 证监会

D. 市场监管总局

【答案】CD

【解析】对会计领域违法失信当事人，限制其取得相关从业任职资格，限制获得认证证书。对其在证券、基金、期货从业资格申请中予以从严审核，对已成为证券、基金、期货从业人员的相关主体予以重点关注。本条惩戒措施的实施单位：证监会、市场监管总局。

6. 依法限制参与评先、评优或取得荣誉称号

对会计领域违法失信当事人，限制其参与评先、评优或取得各类荣誉称号；已获得相关荣誉称号的予以撤销。

【特别提示】本条惩戒措施的实施单位：中央宣传部、中央文明办、民政部、全国总工会、共青团中央、全国妇联、全国工商联等。

7. 依法限制担任金融机构董事、监事、高级管理人员

对会计领域违法失信当事人，依法限制其担任银行业金融机构、保险公司、保险资产管理公司、融资性担保公司等的董事、监事、高级管理人员，以及保险专业代理机构、保险经纪人的高级管理人员及相关分支机构主要负责人，保险公估机构董事长、执行董事和高级管理人员；将其违法失信记录作为担任证券公司、基金管理公司、期货公司的董事、监事和高级管理人员及分支机构负责人任职审批或备案的参考。已担任相关职务的，依法提出其不再担任相关职务的意见。

【特别提示】本条惩戒措施的实施单位：中央组织部、银保监会、证监会、财政部、市场监管总局等。

8. 依法限制其担任国有企业法定代表人、董事、监事

对会计领域违法失信当事人，依法限制其担任国有企业法定代表人、董事、监事；已担任相关职务的，依法提出其不再担任相关职务的意见。

【特别提示】本条惩戒措施的实施单位：中央组织部、国资委、财政部、市场监管总局等。

9. 限制登记为事业单位法定代表人

对会计领域违法失信当事人，限制登记为事业单位法定代表人。

【特别提示】本条惩戒措施的实施单位：中央编办。

【例 6－9・判断题】 对会计领域违法失信当事人，限制登记为事业单位法定代表人。（　　）

【答案】√

10. 招录（聘）为公务员或事业单位工作人员参考

对会计领域违法失信当事人，将其违法失信记录作为其被招录（聘）为公务员或事业单位工作人员的重要参考。

【特别提示】本条惩戒措施的实施单位：中央组织部、人力资源社会保障部。

11. 作为业绩考核、干部选任的参考

对会计领域违法失信当事人，将其违法失信记录作为业绩考核、干部选拔任用的参考。

【特别提示】本条惩戒措施的实施单位：中央组织部、国资委。

【例 6－10・多项选择题】 对会计领域违法失信当事人，将其违法失信记录作为业绩考核、干部选拔任用的参考。该惩戒措施的实施单位有（　　）。

A. 中央组织部

B. 国资委

C. 人力资源社会保障部

D. 中央编办

【答案】AB

【解析】对会计领域违法失信当事人，将其违法失信记录作为业绩考核、干部选拔任用的参考。本条惩戒措施的实施单位：中央组织部、国资委。

12. 金融机构融资授信参考

对会计领域违法失信当事人，将其违法失信记录作为对其评级授信、信贷融资、管理和退出等的重要参考；将会计领域违法失信当事人信息纳入金融信用信息基础数据库。

【特别提示】本条惩戒措施的实施单位：人民银行、银保监会。

13. 保险机构厘定财产保险费率参考

对会计领域违法失信当事人，将其违法失信记录作为保险机构厘定财产保险费率的参考。

【特别提示】本条惩戒措施的实施单位：银保监会。

14. 设立保险公司的审批参考

依法将会计领域违法失信当事人的违法失信记录作为保险公司设立及股权或实际控制人变更审批或备案的参考。

【特别提示】本条惩戒措施的实施单位：银保监会。

【例6-11·单项选择题】 依法将会计领域违法失信当事人的违法失信记录作为保险公司设立及股权或实际控制人变更审批或备案的参考。该惩戒措施的实施单位是（　　）。

A. 人民银行

B. 国资委

C. 银保监会

D. 证监会

【答案】 C

【解析】 依法将会计领域违法失信当事人的违法失信记录作为保险公司设立及股权或实际控制人变更审批或备案的参考。本条惩戒措施的实施单位：银保监会。

15. 纳税信用管理参考

在对会计领域违法失信当事人纳税信用管理中，将其失信状况作为信用信息采集和评价的审慎性参考依据。

【特别提示】本条惩戒措施的实施单位：税务总局。

16. 设立证券公司、基金管理公司、期货公司等审批参考

对会计领域违法失信当事人，依法将失信责任主体的违法失信记录作为证券公司、基金管理公司及期货公司的设立及股权或实际控制人变更审批或备案，私募投资基金管理人登记、重大事项变更以及基金备案的参考。

【特别提示】本条惩戒措施的实施单位：证监会。

【例6-12·单项选择题】 对会计领域违法失信当事人，依法将失信责任主体的违法失信记录作为证券公司、基金管理公司及期货公司的设立及股权或实际控制人变更审批或备案，私募投资基金管理人登记、重大事项变更以及基金备案的参考。该惩戒措施的实施单位是（　　）。

A. 财政部

B. 人民银行

C. 证监会

D. 银保监会

【答案】C

【解析】对会计领域违法失信当事人，依法将失信责任主体的违法失信记录作为证券公司、基金管理公司及期货公司的设立及股权或实际控制人变更审批或备案，私募投资基金管理人登记、重大事项变更以及基金备案的参考。本条惩戒措施的实施单位：证监会。

17. 作为境内上市公司实行股权激励计划或相关人员成为股权激励对象事中事后监管的参考

对会计领域违法失信当事人，将其违法失信记录作为境内上市公司实行股权激励计划或相关人员成为股权激励对象事中事后监管的参考。

【特别提示】本条惩戒措施的实施单位：证监会。

【例6－13·单项选择题】对会计领域违法失信当事人，将其违法失信记录作为境内上市公司实行股权激励计划或相关人员成为股权激励对象事中事后监管的参考。该惩戒措施的实施单位是（　　）。

A. 人民银行

B. 财政部

C. 银保监会

D. 证监会

【答案】D

【解析】对会计领域违法失信当事人，将其违法失信记录作为境内上市公司实行股权激励计划或相关人员成为股权激励对象事中事后监管的参考。本条惩戒措施的实施单位：证监会。

18. 申请从事互联网信息服务审批参考

对会计领域违法失信当事人，将其违法失信记录作为申请从事互联网信息服务的审批参考。

【特别提示】本条惩戒措施的实施单位：工业和信息化部。

19. 限制获取政府补贴性资金和社会保障资金支持

对会计领域违法失信当事人，限制其申请政府补贴性资金和社会保障资金支持。

【特别提示】本条惩戒措施的实施单位：国家发展改革委、财政部、人力资源社会保障部、国资委等。

20. 限制参与国家科技项目研究或管理工作

对会计领域违法失信当事人，限制其参与国家科技项目研究或管理工作。

【特别提示】本条惩戒措施的实施单位：科技部。

21. 加强日常监管检查

将会计领域违法失信当事人作为重点监管对象，加大日常监管力度，提高随机抽查的比例和频次，并可依据相关法律法规对其采取行政监管措施。

【特别提示】本条惩戒措施的实施单位：各相关单位。

【例6-14·多项选择题】 下列各项中，属于《关于对会计领域违法失信相关责任主体实施联合惩戒的合作备忘录》中的联合惩戒措施的有（　　）。

A. 对会计领域违法失信当事人，将其违法失信记录记入会计人员信用档案

B. 将会计领域违法失信当事人信息通过财政部网站、税务总局网站、“信用中国”网站予以发布，同时协调相关互联网新闻信息服务单位向社会公布

C. 对会计领域违法失信当事人，限制其取得相关从业任职资格，限制获得认证证书

D. 对会计领域违法失信当事人，限制其参与评先、评优或取得各类荣誉称号；但已获得相关荣誉称号的不予撤销

【答案】 AC

【解析】 选项B，正确的说法是：将会计领域违法失信当事人信息通过财政部网站、“信用中国”网站予以发布，同时协调相关互联网新闻信息服务单位向社会公布。选项D，正确的说法是：对会计领域违法失信当事人，限制其参与评先、评优或取得各类荣誉称号；已获得相关荣誉称号的予以撤销。

【例6-15·情境案例】 甲公司会计人员张某在会计工作中违反《会计法》《公司法》《证券法》，以及其他法律、法规、规章和规范性文件，违背诚实信用原则，经财政部门及相关部门依法认定的存在严重违法失信行为的会计人员（简称“会计领域违法失信当事人”）。张某的朋友李某和王某就此问题表达了自己的观点。具体如下：

（1）李某认为：张某被认定为会计领域违法失信当事人，问题不严重，当不了会计，大不了通过考公务员转行。

（2）王某认为：张某被认定为会计领域违法失信当事人，问题很严重，当不了会计，即使去考公务员也不会被录用。

【要求】 从“对会计领域违法失信相关责任主体实施联合惩戒”的角度，分析评判李某、王某的观点。

【解析】（1）认定联合惩戒对象名单的相关部门和单位通过全国信用信息共享平台将会计领域违法失信当事人的相关信息推送给财政部，并及时更新。财政部定期梳理汇总后通过全国信用信息共享平台向签署备忘录的其他部门和单位提供会计领域违法失信当事人信息。

相关部门和单位按照备忘录约定内容，依法依规对会计领域违法失信当事人实施惩戒。建立惩戒效果定期通报机制，有关单位定期将联合惩戒实施情况通过全国信用信息共享平台反馈至国家发展改革委和财政部。

（2）对会计领域违法失信相关责任主体实施的联合惩戒措施共有21条，其中对于与会计工作和公务员工作相关的联合惩戒措施主要包括：

1）罚款、限制从事会计工作、追究刑事责任等惩戒措施。

会计人员有违反《会计法》《公司法》《证券法》等违法会计行为，依法给予罚款、限制从事会计工作等惩戒措施；属于国家工作人员的，还应当由其所在单位或者有关单

位依法给予撤职直至开除的行政处分；构成犯罪的，依法追究刑事责任。该条惩戒措施的实施单位：最高人民法院、财政部、证监会等。

2）招录（聘）为公务员或事业单位工作人员参考。

对会计领域违法失信当事人，将其违法失信记录作为其被招录（聘）为公务员或事业单位工作人员的重要参考。该条惩戒措施的实施单位：中央组织部、人力资源社会保障部。

因此，李某和王某的观点均不全面，因为张某被认定为会计领域违法失信当事人，会导致从事会计工作会受到限制，但未必绝对不能继续从事会计工作。如果张某不再从事会计工作，而去考公务员，只能说将其违法失信记录作为其被招录（聘）为公务员的重要参考，未必绝对不能考上公务员。但是，张某被认定为会计领域违法失信当事人，这是很严重的问题，因为会受到相关部门和单位按照《关于对会计领域违法失信相关责任主体实施联合惩戒的合作备忘录》约定内容，依法依规对其实施惩戒。

四、共享信息的持续管理

相关单位向财政部提供的会计领域违法失信当事人信息，以及财政部向各单位提供的会计领域违法失信当事人的违法失信信息，应注明决定作出的日期及效力期限，有关单位根据各自的法定职责，按照法律法规和相关规定实施惩戒或解除惩戒。

【特别提示】超过效力期限的，不再实施联合惩戒。

会计领域违法失信当事人在规定期限内主动纠正违法失信行为、消除不良影响、履行信用修复相关程序的，可根据法律法规和相关规定从联合惩戒对象名单中退出，不再对其实施联合惩戒。

财政部应及时将有关信息提供给国家信用信息共享平台，各单位在作出解除惩戒的决定后，应及时将相关情况通过国家信用信息共享平台反馈至国家发展改革委和财政部。

五、其他事宜

各单位应密切协作，积极落实备忘录，制定违法失信信息的使用、管理、监督等相关实施细则和操作流程，并指导下级单位依法依职权落实对会计领域违法失信当事人的惩戒措施。实施过程中涉及的具体操作问题，由各单位另行协商解决。

技能训练

一、单项选择题

1. 在会计人员诚信建设的组织实施中，属于会计行业组织的职责的是（　　）。

A. 高度重视会计人员诚信建设工作，根据本地区（部门）关于社会信用体系建设的统一工作部署，统筹安排，稳步推进

B. 紧密结合本地区（部门）实际，抓紧制定具体工作方案，推动会计人员诚信建设

C. 充分利用报纸、广播、电视、网络等渠道，加大对会计人员诚信建设工作的宣传力度，教育引导会计人员和会计后备人员不断提升会计诚信意识

D. 探索建设会计人员信用档案、建立严重失信会计人员“黑名单”等制度，及时总结经验做法

2. 在先进会计工作者评选、会计职称考试或评审、高端会计人才选拔等资格资质审查过程中，对严重失信会计人员，（　　）。

A. 与其他竞争人员同等对待

B. 同等情况下予以淘汰

C. 根据其严重的情形综合考虑

D. 实行一票否决制

3. 对会计领域违法失信当事人，将其违法失信记录作为保险机构厘定财产保险费率的参考。该惩戒措施的实施单位是（　　）。

A. 人民银行

B. 国资委

C. 证监会

D. 银保监会

4. 在对会计领域违法失信当事人纳税信用管理中，将其失信状况作为信用信息采集和评价的审慎性参考依据。该惩戒措施的实施单位是（　　）。

A. 财政部

B. 税务总局

C. 银保监会

D. 证监会

二、多项选择题

1. 下列各项中，属于加强会计人员信用档案建设具体措施的有（　　）。

A. 建立严重失信会计人员黑名单制度

B. 对严重失信会计人员实施约束和惩戒

C. 建立会计人员信用信息管理制度

D. 完善会计人员信用信息管理系统

2. 下列各项中，对《财政部关于加强会计人员诚信建设的指导意见》（财会〔2018〕9 号）的表述正确的有（　　）。

A. 初步建立了对严重违法失信会计人员的联合惩戒机制

B. 提出要增强会计人员诚信意识、加强会计人员信用档案建设、健全会计人员守信联合激励和失信联合惩戒机制

C. 明确了推进我国会计人员诚信建设的主要任务

D. 建立严重失信会计人员黑名单制度是其中的一项重要内容

3. 将会计领域违法失信当事人信息通过财政部网站、“信用中国”网站予以发布，同时协调相关互联网新闻信息服务单位向社会公布。该惩戒措施的实施单位有（　　）。

A. 国家发展改革委

B. 财政部

C. 工业和信息化部

D. 中央网信办

4. 对会计领域违法失信当事人，将其违法失信记录作为其被招录（聘）为公务员或事业单位工作人员的重要参考。该惩戒措施的实施单位有（　　）。

A. 中央组织部

B. 国资委

C. 人力资源社会保障部

D. 中央编办

5. 对会计领域违法失信当事人，将其违法失信记录作为对其评级授信、信贷融资、管理和退出等的重要参考；将会计领域违法失信当事人信息纳入金融信用信息基础数据库。该惩戒措施的实施单位有（　　）。

A. 人民银行

B. 国资委

C. 证监会

D. 银保监会

6. 下列各项中，属于《关于对会计领域违法失信相关责任主体实施联合惩戒的合作备忘录》中的联合惩戒措施的有（　　）。

A. 对会计领域违法失信当事人，依法限制其担任国有企业法定代表人、董事、监事；已担任相关职务的，依法提出其不再担任相关职务的意见

B. 对会计领域违法失信当事人，限制登记为事业单位法定代表人、董事、监事

C. 对会计领域违法失信当事人，将其违法失信记录作为其被招录（聘）为公务员或事业单位工作人员的重要参考

D. 对会计领域违法失信当事人，将其违法失信记录作为业绩考核、干部选拔任用的参考

三、判断题

1. 在先进会计工作者评选、会计职称考试或评审、高端会计人才选拔等资格资质审查过程中，对严重失信会计人员实行“一票否决制”。（　　）

2. 2017 年 11 月 4 日，第十二届全国人民代表大会常务委员会第三十次会议通过了《关于修改〈中华人民共和国会计法〉等十一部法律的决定》，取消了会计从业资格行政许可。（　　）

3. 对会计领域违法失信当事人，依法限制其担任上市公司法定代表人、董事、监事；已担任相关职务的，依法提出其不再担任相关职务的意见。（　　）

4. 对会计领域违法失信当事人，限制其参与省级及以上科技项目研究或管理工作。（　　）

四、案例分析题

甲公司会计人员张某和李某分别就健全会计人员守信联合激励和失信联合惩戒机制问题表达了自己的观点。具体如下：

（1）张某认为：要健全会计人员守信联合激励和失信联合惩戒机制，只需要为守信会计人员提供更多机会和便利就可以了。

（2）李某认为：要健全会计人员守信联合激励和失信联合惩戒机制，只需要对严重失信会计人员实施约束和惩戒就可以了。

【要求】从健全会计人员守信联合激励和失信联合惩戒机制的角度，分析评判张某、李某的观点。

第7章 严重违法失信会计人员黑名单管理和重大税收违法失信主体信息公布管理

学习目标

1. 了解严重违法失信会计人员黑名单管理。
2. 熟悉重大税收违法失信主体信息公布管理。

素养提升

1. 对突出的诚信缺失问题，既要抓紧建立覆盖全社会的征信系统，又要完善守法诚信褒奖机制和违法失信惩戒机制，使人不敢失信、不能失信。①

2. 围绕深化财会监督的要求，依法加大对上市公司、国有企业、金融企业等实体及相关会计师事务所检查力度，加大对违法违规行为的行政处罚力度和公开曝光力度。②

3. 坚决支持对明星等高收入人群偷逃税案件依法严肃进行处理，要求各级税务机关对各种偷逃税行为，坚持依法严查严处，坚决维护国家税法权威，促进社会公平正义。③

导入案例

甲公司、乙公司、丙公司、丁公司分别有以下税收违法事实：

(1) 甲公司在账簿上多列支出或者不列、少列收入，导致不缴或者少缴应纳税款120万元，且上年度不缴或者少缴应纳税款占当年各税种应纳税总额的20%。

---

① 2016年12月9日，习近平总书记在中共中央政治局就“我国历史上的法治和德治”进行第三十七次集体学习时的讲话。

② 选自《会计改革与发展“十四五”规划纲要》。

③ http://www.chinatax.gov.cn/chinatax/n810219/n810724/c5168457/content.html，有改动。

（2）乙公司欠缴应纳税款，采取转移或者隐匿财产的手段，妨碍税务机关追缴欠缴的税款，欠缴税款金额为80万元。

（3）丙公司虚开增值税普通发票150份，金额为300万元。

（4）丁公司作为戊公司的税务代理人违反税收法律、行政法规造成戊公司未缴或者少缴税款180万元。

【要求】税务机关是否应当将甲公司、乙公司、丙公司、丁公司确认为“重大税收违法失信主体”。

【解析】见本章的第2节。

第1节　严重违法失信会计人员黑名单管理①

一、《严重违法失信会计人员黑名单管理办法（征求意见稿）》的起草背景

为加强会计人员诚信建设，对严重违法失信会计人员实施联合惩戒，财政部办公厅研究起草了《严重违法失信会计人员黑名单管理办法（征求意见稿）》（以下简称《管理办法》）。《管理办法》的起草背景如下：

党中央、国务院高度重视社会信用体系建设。习近平总书记强调，要建立和完善守信联合激励和失信联合惩戒制度，加快推进社会诚信建设，充分运用信用激励和约束手段，建立跨地区、跨部门、跨领域联合激励与惩戒机制，推动信用信息公开和共享，着力解决当前危害公共利益和公共安全、人民群众反映强烈、对经济社会发展造成重大负面影响的重点领域失信问题，加大对诚实守信主体激励和对严重失信主体惩戒力度，形成褒扬诚信、惩戒失信的制度机制和社会风尚。

会计人员诚信建设是社会诚信建设的重要组成部分。《国务院关于印发社会信用体系建设规划纲要（2014—2020年）的通知》（国发〔2014〕21号）和《国务院办公厅关于加强个人诚信体系建设的指导意见》（国办发〔2016〕98号），将“会计从业人员”列入加强职业信用建设的重点人群，要求引导职业道德建设与行为规范。《国务院关于建立完善守信联合激励和失信联合惩戒制度 加快推进社会诚信建设的指导意见》（国发〔2016〕33号），要求依法依规运用信用激励和约束手段，构建政府、社会共同参与的跨地区、跨部门、跨领域的守信联合激励和失信联合惩戒机制。《国务院办公厅关于加快推进社会信用体系建设 构建以信用为基础的新型监管机制的指导意见》（国办发〔2019〕35号），要求健全失信联合惩戒对象认定机制，加快完善相关办法，明确认定依据、标准、程序、异议申诉和退出机制。

为加强会计人员诚信体系建设，2018年4月，财政部印发了《关于加强会计人员

① 本节内容主要依据《严重违法失信会计人员黑名单管理办法（征求意见稿）》和《关于〈严重违法失信会计人员黑名单管理办法（征求意见稿）〉的说明》编写。

诚信建设的指导意见》（财会〔2018〕9 号），提出要增强会计人员诚信意识、加强会计人员信用档案建设、健全会计人员守信联合激励和失信联合惩戒机制，明确了推进我国会计人员诚信建设的主要任务，建立严重失信会计人员黑名单制度是其中的一项重要内容。2018 年 12 月，国家发展改革委、人民银行、财政部、中央组织部、中央宣传部等 22 个部委联合签署了《关于对会计领域违法失信相关责任主体实施联合惩戒的合作备忘录》，明确了会计领域违法失信联合惩戒对象、惩戒方式和惩戒措施，初步建立了对严重违法失信会计人员的联合惩戒机制。

为落实党中央、国务院的有关指示精神和政策要求，建立健全会计人员诚信体系，需要抓紧研究制定严重违法失信会计人员黑名单制度，明确黑名单的认定标准和有关程序，对严重违法失信会计人员实施联合惩戒，使会计人员“一处失信、处处受限”，为守信会计人员营造良好的工作环境和社会氛围；为深入推进“放管服”（即简政放权、放管结合、优化服务）改革，构建以信用为基础的新型会计人员监管机制搭建制度基础；为健全社会信用体系，营造公平诚信的市场环境提供重要支撑。

【例 7-1·单项选择题】 下列各项中，标志着初步建立了对严重违法失信会计人员的联合惩戒机制的法律法规是（　　）。

A.《严重违法失信会计人员黑名单管理办法（征求意见稿）》

B.《国务院办公厅关于加强个人诚信体系建设的指导意见》（国办发〔2016〕98 号）

C.《关于加强会计人员诚信建设的指导意见》（财会〔2018〕9 号）

D.《关于印发〈关于对会计领域违法失信相关责任主体实施联合惩戒的合作备忘录〉的通知》（发改财金〔2018〕1777 号）

【答案】 D

【解析】 2018 年 12 月，国家发展改革委、人民银行、财政部、中央组织部、中央宣传部等 22 个部委联合签署了《关于对会计领域违法失信相关责任主体实施联合惩戒的合作备忘录》，明确了会计领域违法失信联合惩戒对象、惩戒方式和惩戒措施，初步建立了对严重违法失信会计人员的联合惩戒机制。

二、严重违法失信会计人员黑名单管理的总体要求

1.《管理办法》的制定依据

为加强会计人员诚信建设，对严重违法失信会计人员实施联合惩戒，根据《会计法》、《国务院关于建立完善守信联合激励和失信联合惩戒制度 加快推进社会诚信建设的指导意见》（国发〔2016〕33 号）、《国家发展改革委 人民银行关于加强和规范守信联合激励和失信联合惩戒对象名单管理工作的指导意见》（发改财金规〔2017〕1798 号）等有关规定，制定《管理办法》。

2.《管理办法》的适用对象

严重违法失信会计人员，是指会计人员在从事会计核算、实行会计监督等会计工作过程中，违反《会计法》有关规定，受到刑事处罚或行政处罚的人员。

【点拨指导】会计人员，是指符合《会计人员管理办法》规定的会计人员。在会计师事务所、代理记账机构中从事代理记账业务的人员，属于会计人员。

3.《管理办法》的组织分工

财政部负责制定严重违法失信会计人员黑名单（以下统称会计人员黑名单）管理办法，指导全国会计人员黑名单管理工作。

各省、自治区、直辖市、计划单列市财政厅（局），新疆生产建设兵团财政局（以下统称省级财政部门）负责本地区会计人员黑名单的认定、移出、共享、发布等管理工作；中共中央直属机关事务管理局、国家机关事务管理局财务管理司按照各自权限分别负责中央在京单位会计人员黑名单的认定、移出、共享、发布等管理工作；中央军委后勤保障部财务局负责本系统会计人员黑名单的认定、移出、共享、发布等管理工作。

【点拨指导】在地方层面，考虑到黑名单认定工作非常重要，不仅涉及个人敏感信息，社会影响面也很大，为此，将地方的黑名单认定、移出、共享、发布等管理工作统一交由省级（而非“市级”或“县级”）财政部门负责。

【例7－2·多项选择题】 下列各项中，属于《严重违法失信会计人员黑名单管理办法（征求意见稿）》的制定依据的有（　　）。

A.《会计法》

B.《国务院关于建立完善守信联合激励和失信联合惩戒制度 加快推进社会诚信建设的指导意见》（国发〔2016〕33号）

C.《国家发展改革委 人民银行关于加强和规范守信联合激励和失信联合惩戒对象名单管理工作的指导意见》（发改财金规〔2017〕1798号）

D.《会计人员管理办法》

【答案】ABC

【解析】为加强会计人员诚信建设，对严重违法失信会计人员实施联合惩戒，根据《会计法》、《国务院关于建立完善守信联合激励和失信联合惩戒制度 加快推进社会诚信建设的指导意见》（国发〔2016〕33号）、《国家发展改革委 人民银行关于加强和规范守信联合激励和失信联合惩戒对象名单管理工作的指导意见》（发改财金规〔2017〕1798号）等有关规定，制定《严重违法失信会计人员黑名单管理办法（征求意见稿）》。选项D，《会计人员管理办法》不属于《严重违法失信会计人员黑名单管理办法（征求意见稿）》的制定依据。

三、会计人员黑名单的认定

1. 属于严重违法失信行为的违法行为的情形

会计人员因下列与会计职务有关的行为受到刑事处罚或行政处罚的，属于严重违法失信行为：

（1）提供虚假财务会计报告；

（2）伪造、变造会计凭证、会计账簿，编制虚假财务会计报告；

（3）隐匿或故意销毁依法应当保存的会计凭证、会计账簿、财务会计报告；

（4）授意、指使、强令会计机构、会计人员及其他人员伪造、变造会计凭证、会计账簿，编制虚假财务会计报告或者隐匿、故意销毁依法应当保存的会计凭证、会计账簿、财务会计报告；

（5）贪污，挪用公款，职务侵占。

【点拨指导】 依据《会计法》"因有提供虚假财务会计报告，做假账，隐匿或者故意销毁会计凭证、会计账簿、财务会计报告，贪污，挪用公款，职务侵占等与会计职务有关的违法行为被依法追究刑事责任的人员，不得再从事会计工作"的规定以及相关条款中"五年内不得从事会计工作"的有关规定，列举了应列入会计人员黑名单的上述五类情形。

2. 处罚信息的获取

（1）省级以上财政部门应将会计人员姓名和居民身份证号码（或港澳台居民的公民社会信用代码、外国籍人身份号码）推送给同级发展改革部门并定期更新，发展改革部门应通过信用信息共享平台筛选出涉及会计人员的刑事处罚和行政处罚信息，并定期推送给同级财政部门。

（2）财政部应通过全国会计人员管理服务平台将相关会计人员的处罚信息推送给省级财政部门和中共中央直属机关事务管理局、国家机关事务管理局财务管理司、中央军委后勤保障部财务局（以下统称中央有关主管单位）。

【点拨指导】 上述（1）和（2）分别从横向和纵向将会计人员处罚信息归集到认定部门。

3. 认定依据、告知义务及当事人的申诉

认定部门应以刑事处罚、行政处罚等处理结果为依据，将符合"属于严重违法失信行为的违法行为"的当事人列入会计人员黑名单。

拟将当事人列入会计人员黑名单的，应告知当事人列入的事实、理由和依据。当事人自被告知之日起10个工作日内，有权向认定部门提交书面陈述、申辩及相关证明材料，认定部门应在收到申诉材料之日起15个工作日内给予书面答复。

4. 列入会计人员黑名单的有效期

因"属于严重违法失信行为的违法行为"，受到行政处罚的，列入会计人员黑名单的有效期为五年，自行政处罚生效之日起计算；受到刑事处罚的，列入会计人员黑名单的有效期为永久。

【点拨指导】 对应《会计法》规定的"不得再从事会计工作"和"五年内不得从事会计工作"两类情形，将黑名单有效期分为五年和永久。

【例7-3·单项选择题】 拟将当事人列入会计人员黑名单的，应告知当事人列入的事实、理由和依据。当事人自被告知之日起（　　）个工作日内，有权向认定部门提交书面陈述、申辩及相关证明材料，认定部门应在收到申诉材料之日起（　　）个工作日内给予书面答复。

A. 7，10　　　　B. 10，15
C. 15，20　　　　D. 10，20

【答案】 B

【解析】 将当事人列入会计人员黑名单的，应告知当事人列入的事实、理由和依据。当事人自被告知之日起10个工作日内，有权向认定部门提交书面陈述、申辩及相关证明材料，认定部门应在收到申诉材料之日起15个工作日内给予书面答复。

【例7-4·判断题】 财政部应通过全国会计人员管理服务平台将相关会计人员的处罚信息推送给省级财政部门和中共中央直属机关事务管理局、国家机关事务管理局财务管理司、中央军委后勤保障部财务局。（　）

【答案】 √

四、会计人员黑名单信息的内容、归集、共享和发布

1. 会计人员黑名单信息的内容

会计人员黑名单信息主要包括：

（1）基本信息，包括列入对象的姓名、居民身份证号码（或港澳台居民的公民社会信用代码、外国籍人身份号码）；

（2）列入名单的事由，包括认定严重违法失信行为的事实、认定部门、认定依据、认定日期、有效期；

（3）列入对象受到联合惩戒、退出名单的相关情况。

2. 会计人员黑名单信息的归集

省级财政部门和中央有关主管单位应将会计人员黑名单信息归集到全国会计人员管理服务平台。

3. 会计人员黑名单信息的共享

财政部应通过全国信用信息共享平台将会计人员黑名单信息推送至相关部门和单位；省级财政部门应通过本地区信用信息共享平台将会计人员黑名单信息推送至本地区相关部门和单位。

4. 会计人员黑名单信息的发布

除依法不得公开和特殊情况不宜公开的，省级财政部门和中央有关主管单位应通过其门户网站等向社会公布会计人员黑名单相关信息。财政部应通过全国会计人员管理服务平台向社会提供会计人员黑名单查询服务。

【点拨指导】 会计人员黑名单相关信息涉及个人隐私的，发布前应进行必要的技术处理。对依法不能公开的信息，省级财政部门和中央有关主管单位可通报列入对象所在单位或其相关主管部门依法依纪处理。

【例7-5·判断题】 省级财政部门或中央有关主管单位应将会计人员黑名单信息归集到全国会计人员管理服务平台。（　）

【答案】 ×

【解析】省级财政部门和中央有关主管单位应将会计人员黑名单信息归集到全国会计人员管理服务平台。

五、实施联合惩戒

（1）相关部门和单位应按照《关于对会计领域违法失信相关责任主体实施联合惩戒的合作备忘录》的有关规定，依据所适用的法律法规对列入对象实施联合惩戒。

（2）相关部门和单位应将联合惩戒实施情况通过全国信用信息共享平台反馈至国家发展改革委和财政部。

【例 7－6・单项选择题】 相关部门和单位应按照（　　）的有关规定，依据所适用的法律法规对列入对象实施联合惩戒。

A.《关于对会计领域违法失信相关责任主体实施联合惩戒的合作备忘录》

B.《国务院办公厅关于加强个人诚信体系建设的指导意见》（国办发〔2016〕98 号）

C.《财政部关于加强会计人员诚信建设的指导意见》（财会〔2018〕9 号）

D.《严重违法失信会计人员黑名单管理办法（征求意见稿）》

【答案】A

【解析】相关部门和单位应按照《关于对会计领域违法失信相关责任主体实施联合惩戒的合作备忘录》的有关规定，依据所适用的法律法规对列入对象实施联合惩戒。

六、会计人员黑名单的移出

1. 移出会计人员黑名单的四类情形

列入会计人员黑名单的，符合以下条件之一，经认定部门确认，应移出黑名单：

（1）经异议处理，会计人员黑名单认定有误；

（2）列入会计人员黑名单的主要事实依据被撤销或变更，列入对象不再符合列入情形的；

（3）会计人员黑名单列入情形发生改变，列入对象不再符合列入情形的；

（4）列入会计人员黑名单的有效期届满，且期间未再发生严重违法失信行为。

【例 7－7・情境案例】 甲公司会计人员张某和李某分别就“列入会计人员黑名单的有效期”以及“会计人员黑名单的移出”问题表达了自己的观点。具体如下：

（1）张某认为：一旦列入会计人员黑名单，就不能再移出了。

（2）李某认为：列入会计人员黑名单也不要紧，早晚会移出的。

【要求】从会计人员黑名单管理的角度，结合《严重违法失信会计人员黑名单管理办法（征求意见稿）》，分析评判张某、李某的观点。

【解析】（1）因“属于严重违法失信行为的违法行为”，受到行政处罚的，列入会计人员黑名单的有效期为五年，自行政处罚生效之日起计算；受到刑事处罚的，列入会计人员黑名单的有效期为永久。

（2）列入会计人员黑名单的，符合以下条件之一，经认定部门确认，应移出黑名单：1）经异议处理，会计人员黑名单认定有误；2）列入会计人员黑名单的主要事实依据被撤销或变更，列入对象不再符合列入情形的；3）会计人员黑名单列入情形发生改变，列入对象不再符合列入情形的；4）列入会计人员黑名单的有效期届满，且期间未再发生严重违法失信行为。

因此，张某和李某的观点均不全面，正确的说法是：(1) 因“属于严重违法失信行为的违法行为”，受到刑事处罚的，列入会计人员黑名单的有效期为永久。在这种情况下，一旦列入会计人员黑名单，就不能再移出了。(2) 因“属于严重违法失信行为的违法行为”，受到行政处罚的，列入会计人员黑名单的有效期为五年，自行政处罚生效之日起计算。在这种情况下，列入会计人员黑名单的有效期届满，且期间未再发生严重违法失信行为，经认定部门确认，应移出黑名单。

2. 不同情形下移出会计人员黑名单的具体程序

(1) 对被列入会计人员黑名单有异议的，可以向认定部门提出书面申诉并提交相关证明材料。认定部门通过核实发现存在错误的，应自查实后5个工作日内予以更正。

(2) 列入会计人员黑名单所依据的刑事处罚、行政处罚等处理结果被撤销或被变更，列入对象不再符合列入情形的，认定部门应在撤销或变更后15个工作日内将其移出会计人员黑名单。

(3) 列入会计人员黑名单的情形发生改变，列入对象不再符合列入情形的，认定部门应在列入情形改变后15个工作日内将其移出会计人员黑名单。

(4) 列入会计人员黑名单有效期届满，且期间未再发生严重违法失信行为，认定部门应自期满后5个工作日内将其移出会计人员黑名单。

【点拨指导】 列入对象在被列入期间，再次发生严重违法失信行为的，其移出时间自新的失信行为认定之日起重新计算。

3. 移出会计人员黑名单信息共享的有关要求

(1) 对于因异议处理、认定依据撤销或变更、列入情形改变、有效期届满等原因移出会计人员黑名单的，认定部门应将移出名单信息归集到全国会计人员管理服务平台。

(2) 财政部应通过全国信用信息共享平台将移出名单信息推送至相关部门和单位。省级财政部门应通过本地区信用信息共享平台将移出名单信息推送至本地区相关部门和单位。

【点拨指导】 移出名单信息包括姓名、居民身份证号码（或港澳台居民的公民社会信用代码、外国籍人身份号码）、移出事由和移出时间等。

【例7-8·单项选择题】 下列各项中，对不同情形下移出会计人员黑名单的具体程序表述错误的是（　　）。

A. 对被列入会计人员黑名单有异议的，可以向认定部门提出书面申诉并提交相关证明材料。认定部门通过核实发现存在错误的，应自查实后10个工作日内予以更正

B. 列入会计人员黑名单所依据的刑事处罚、行政处罚等处理结果被撤销或被变更，列入对象不再符合列入情形的，认定部门应在撤销或变更后15个工作日内将其移出会计人员黑名单

C. 列入会计人员黑名单的情形发生改变，列入对象不再符合列入情形的，认定部门应在列入情形改变后15个工作日内将其移出会计人员黑名单

D. 列入会计人员黑名单有效期届满，且期间未再发生严重违法失信行为，认定部门应自期满后5个工作日内将其移出会计人员黑名单

【答案】 A

【解析】 不同情形下移出会计人员黑名单的具体程序为：（1）对被列入会计人员黑名单有异议的，可以向认定部门提出书面申诉并提交相关证明材料。认定部门通过核实发现存在错误的，应自查实后5个工作日内予以更正。（2）列入会计人员黑名单所依据的刑事处罚、行政处罚等处理结果被撤销或被变更，列入对象不再符合列入情形的，认定部门应在撤销或变更后15个工作日内将其移出会计人员黑名单。（3）列入会计人员黑名单的情形发生改变，列入对象不再符合列入情形的，认定部门应在列入情形改变后15个工作日内将其移出会计人员黑名单。（4）列入会计人员黑名单有效期届满，且期间未再发生严重违法失信行为，认定部门应自期满后5个工作日内将其移出会计人员黑名单。选项A，正确的说法是：5个工作日内。

【例7-9·判断题】 对于因异议处理、认定依据撤销或变更、列入情形改变、有效期届满等原因移出会计人员黑名单的，认定部门应将移出名单信息归集到全国信用信息共享平台。（　　）

【答案】 ×

【解析】 对于因异议处理、认定依据撤销或变更、列入情形改变、有效期届满等原因移出会计人员黑名单的，认定部门应将移出名单信息归集到全国会计人员管理服务平台.

七、其他要求

（1）对会计人员黑名单认定过程中出现的违法违规行为，认定部门应及时予以纠正。

（2）认定部门及其相关工作人员在会计人员黑名单管理过程中，滥用职权、玩忽职守、徇私舞弊的，由所在单位或上级主管部门视情节轻重对直接责任人和其他负有责任的主管人员依法依规进行处理；构成犯罪的，移送司法机关依法追究刑事责任。

（3）鼓励依法成立的会计人员自律组织对会员建立严重违法失信黑名单，并对其实施惩戒。

（4）省级财政部门、中央有关主管单位可根据《管理办法》制定具体实施办法，报财政部备案。

第 2 节　重大税收违法失信主体信息公布管理[①]

一、《重大税收违法失信主体信息公布管理办法》总则

为了贯彻落实中共中央办公厅、国务院办公厅印发的《关于进一步深化税收征管改革的意见》，维护正常税收征收管理秩序，惩戒重大税收违法失信行为，保障税务行政相对人合法权益，促进依法诚信纳税，推进社会信用体系建设，根据《中华人民共和国税收征收管理法》《优化营商环境条例》等相关法律法规，制定《重大税收违法失信主体信息公布管理办法》。

税务机关依照《重大税收违法失信主体信息公布管理办法》的规定，确定重大税收违法失信主体，向社会公布失信信息，并将信息通报相关部门实施监管和联合惩戒。

重大税收违法失信主体信息公布管理应当遵循依法行政、公平公正、统一规范、审慎适当的原则。

各级税务机关应当依法保护税务行政相对人合法权益，对重大税收违法失信主体信息公布管理工作中知悉的国家秘密、商业秘密或者个人隐私、个人信息，应当依法予以保密。

税务机关工作人员在重大税收违法失信主体信息公布管理工作中，滥用职权、玩忽职守、徇私舞弊的，依照有关规定严肃处理；涉嫌犯罪的，依法移送司法机关。

二、重大税收违法失信主体的确定

1. “重大税收违法失信主体”的界定

“重大税收违法失信主体”（以下简称失信主体）是指有下列情形之一的纳税人、扣缴义务人或者其他涉税当事人（以下简称当事人）：

（1）伪造、变造、隐匿、擅自销毁账簿、记账凭证，或者在账簿上多列支出或者不列、少列收入，或者经税务机关通知申报而拒不申报或者进行虚假的纳税申报，不缴或者少缴应纳税款 100 万元以上，且任一年度不缴或者少缴应纳税款占当年各税种应纳税总额 10%以上的，或者采取前述手段，不缴或者少缴已扣、已收税款，数额在 100 万元以上的；

（2）欠缴应纳税款，采取转移或者隐匿财产的手段，妨碍税务机关追缴欠缴的税款，欠缴税款金额 100 万元以上的；

（3）骗取国家出口退税款的；

（4）以暴力、威胁方法拒不缴纳税款的；

① 本节内容主要依据自 2022 年 2 月 1 日起施行的《重大税收违法失信主体信息公布管理办法》（国家税务总局令第 54 号）编写。

（5）虚开增值税专用发票或者虚开用于骗取出口退税、抵扣税款的其他发票的；

（6）虚开增值税普通发票100份以上或者金额400万元以上的；

（7）私自印制、伪造、变造发票，非法制造发票防伪专用品，伪造发票监制章的；

（8）具有偷税、逃避追缴欠税、骗取出口退税、抗税、虚开发票等行为，在稽查案件执行完毕前，不履行税收义务并脱离税务机关监管，经税务机关检查确认走逃（失联）的；

（9）为纳税人、扣缴义务人非法提供银行账户、发票、证明或者其他方便，导致未缴、少缴税款100万元以上或者骗取国家出口退税款的；

（10）税务代理人违反税收法律、行政法规造成纳税人未缴或者少缴税款100万元以上的；

（11）其他性质恶劣、情节严重、社会危害性较大的税收违法行为。

【特别提示】税务机关对当事人依法作出《税务行政处罚决定书》，当事人在法定期限内未申请行政复议、未提起行政诉讼，或者申请行政复议，行政复议机关作出行政复议决定后，在法定期限内未提起行政诉讼，或者人民法院对税务行政处罚决定或行政复议决定作出生效判决、裁定后，有上述规定情形之一的，税务机关确定其为失信主体。

【特别提示】对移送公安机关的当事人，税务机关在移送时已依法作出《税务处理决定书》，未作出《税务行政处罚决定书》的，当事人在法定期限内未申请行政复议、未提起行政诉讼，或者申请行政复议，行政复议机关作出行政复议决定后，在法定期限内未提起行政诉讼，或者人民法院对税务处理决定或行政复议决定作出生效判决、裁定后，有上述规定情形之一的，税务机关确定其为失信主体。

【例7-10·多项选择题】 下列各项中，属于“重大税收违法失信主体”的有（　　）。

A. 虚开增值税专用发票的甲公司

B. 变造发票的乙公司

C. 伪造发票监制章的丙公司

D. 私自印制发票的丁公司

【答案】ABCD

【解析】四个选项均正确。

导入案例解析

（1）“重大税收违法失信主体”（以下简称失信主体）是指有下列情形之一的纳税人、扣缴义务人或者其他涉税当事人（以下简称当事人）：

1）伪造、变造、隐匿、擅自销毁账簿、记账凭证，或者在账簿上多列支出或者不列、少列收入，或者经税务机关通知申报而拒不申报或者进行虚假的纳税申报，不缴或者少缴应纳税款100万元以上，且任一年度不缴或者少缴应纳税款占当年各税种应纳税总额10%以上的，或者采取前述手段，不缴或者少缴已扣、已收税款，数额在100万元以上的；

2）欠缴应纳税款，采取转移或者隐匿财产的手段，妨碍税务机关追缴欠缴的税款，欠缴税款金额100万元以上的；

3）骗取国家出口退税款的；

4）以暴力、威胁方法拒不缴纳税款的；

5）虚开增值税专用发票或者虚开用于骗取出口退税、抵扣税款的其他发票的；

6）虚开增值税普通发票100份以上或者金额400万元以上的；

7）私自印制、伪造、变造发票，非法制造发票防伪专用品，伪造发票监制章的；

8）具有偷税、逃避追缴欠税、骗取出口退税、抗税、虚开发票等行为，在稽查案件执行完毕前，不履行税收义务并脱离税务机关监管，经税务机关检查确认走逃（失联）的；

9）为纳税人、扣缴义务人非法提供银行账户、发票、证明或者其他方便，导致未缴、少缴税款100万元以上或者骗取国家出口退税款的；

10）税务代理人违反税收法律、行政法规造成纳税人未缴或者少缴税款100万元以上的；

11）其他性质恶劣、情节严重、社会危害性较大的税收违法行为。

（2）甲公司、乙公司、丙公司、丁公司是否应当被税务机关确认为“重大税收违法失信主体”的具体分析。

1）甲公司在账簿上多列支出或者不列、少列收入，导致不缴或者少缴应纳税款120万元，且上年度不缴或者少缴应纳税款占当年各税种应纳税总额的20%，符合上述第1）个条件，因此，税务机关应当将甲公司确认为“重大税收违法失信主体”。

2）乙公司欠缴应纳税款，采取转移或者隐匿财产的手段，妨碍税务机关追缴欠缴的税款，欠缴税款金额为80万元，不符合上述第2）个条件，因此，税务机关不应当将乙公司确认为“重大税收违法失信主体”。

3）丙公司虚开增值税普通发票150份，金额为300万元，符合上述第6）个条件，因此，税务机关应当将丙公司确认为“重大税收违法失信主体”。

4）丁公司作为戊公司的税务代理人违反税收法律、行政法规造成戊公司未缴或者少缴税款180万元，符合上述第10）个条件，因此，税务机关应当将丁公司确认为“重大税收违法失信主体”。

2. 税务机关的告知义务以及当事人的陈述、申辩

（1）税务机关的告知义务。税务机关应当在作出确定失信主体决定前向当事人送达告知文书，告知其依法享有陈述、申辩的权利。告知文书应当包括以下内容：

1）当事人姓名或者名称、有效身份证件号码或者统一社会信用代码、地址；没有统一社会信用代码的，以税务机关赋予的纳税人识别号代替。

2）拟确定为失信主体的事由、依据。

3）拟向社会公布的失信信息。

4）拟通知相关部门采取失信惩戒措施提示。

5）当事人依法享有的相关权利。

6）其他相关事项。

【特别提示】对纳入纳税信用评价范围的当事人，还应当告知其拟适用 D 级纳税人管理措施。

【例 7－11·多项选择题】 税务机关应当在作出确定失信主体决定前向当事人送达告知文书，告知其依法享有陈述、申辩的权利。告知文书应当包括（　　）。

A. 当事人姓名或者名称、有效身份证件号码或者统一社会信用代码、地址；没有统一社会信用代码的，则不需要告知相关信息

B. 拟确定为失信主体的事由、依据

C. 拟向社会公布的失信信息

D. 拟通知相关部门采取失信惩戒措施提示

【答案】BCD

【解析】选项 A，当事人姓名或者名称、有效身份证件号码或者统一社会信用代码、地址。没有统一社会信用代码的，以税务机关赋予的纳税人识别号代替。

（2）当事人的陈述、申辩。当事人在税务机关告知后 5 日内，可以书面或者口头提出陈述、申辩意见。当事人口头提出陈述、申辩意见的，税务机关应当制作陈述申辩笔录，并由当事人签章。

税务机关应当充分听取当事人陈述、申辩意见，对当事人提出的事实、理由和证据进行复核。当事人提出的事实、理由或者证据成立的，应当采纳。

3. 失信主体确定文书的制作和送达

经设区的市、自治州以上税务局局长或者其授权的税务局领导批准，税务机关上述规定的申请行政复议或提起行政诉讼期限届满，或者行政复议决定、人民法院判决或裁定生效后，于 30 日内（该时限不包括因其他方式无法送达，公告送达告知文书和确定文书的时间）制作失信主体确定文书，并依法送达当事人。失信主体确定文书应当包括以下内容：

（1）当事人姓名或者名称、有效身份证件号码或者统一社会信用代码、地址；没有统一社会信用代码的，以税务机关赋予的纳税人识别号代替；

（2）确定为失信主体的事由、依据；

（3）向社会公布的失信信息提示；

（4）相关部门采取失信惩戒措施提示；

（5）当事人依法享有的相关权利；

（6）其他相关事项。

【特别提示】对纳入纳税信用评价范围的当事人，还应当包括适用 D 级纳税人管理措施提示。

【例7-12·多项选择题】 税务机关制作的失信主体确定文书，应当包括以下内容（　　）。

A. 当事人姓名或者名称、有效身份证件号码或者统一社会信用代码、地址；没有统一社会信用代码的，以税务机关赋予的纳税人识别号代替

B. 拟确定为失信主体的事由、依据

C. 向社会公布的失信信息提示

D. 当事人依法享有的相关权利

【答案】 ACD

【解析】 选项B，正确的说法为：确定为失信主体的事由、依据。

三、信息公布

1. 信息公布的内容

税务机关应当在失信主体确定文书送达后的次月15日内，向社会公布下列信息：

（1）失信主体基本情况；

（2）失信主体的主要税收违法事实；

（3）税务处理、税务行政处罚决定及法律依据；

（4）确定失信主体的税务机关；

（5）法律、行政法规规定应当公布的其他信息。

对依法确定为国家秘密的信息，法律、行政法规禁止公开的信息，以及公开后可能危及国家安全、公共安全、经济安全、社会稳定的信息，税务机关不予公开。

【点拨指导】 税务机关按照规定向社会公布失信主体基本情况。失信主体为法人或者其他组织的，公布其名称、统一社会信用代码（纳税人识别号）、注册地址以及违法行为发生时的法定代表人、负责人或者经人民法院生效裁判确定的实际责任人的姓名、性别及身份证件号码（隐去出生年、月、日号码段）；失信主体为自然人的，公布其姓名、性别、身份证件号码（隐去出生年、月、日号码段）。

【特别提示】 经人民法院生效裁判确定的实际责任人，与违法行为发生时的法定代表人或者负责人不一致的，除有证据证明法定代表人或者负责人有涉案行为外，税务机关只向社会公布实际责任人信息。

【例7-13·多项选择题】 税务机关应当在失信主体确定文书送达后的次月15日内，向社会公布相关信息。这些信息包括（　　）。

A. 失信主体基本情况

B. 失信主体的主要税收违法事实

C. 税务处理、税务行政处罚决定及法律依据

D. 确定失信主体的税务机关以及相关工作人员

【答案】 ABC

【解析】 选项D，正确的说法为：确定失信主体的税务机关。

2. 信息公布的方式

税务机关应当通过国家税务总局各省、自治区、直辖市、计划单列市税务局网站向社会公布失信主体信息，根据本地区实际情况，也可以通过税务机关公告栏、报纸、广播、电视、网络媒体等途径以及新闻发布会等形式向社会公布。

国家税务总局归集各地税务机关确定的失信主体信息，并提供至“信用中国”网站进行公开。

3. 不向社会公布信息的情形

属于下列情形的失信主体，在失信信息公布前按照《税务处理决定书》《税务行政处罚决定书》缴清税款、滞纳金和罚款的，经税务机关确认，不向社会公布其相关信息。

（1）伪造、变造、隐匿、擅自销毁账簿、记账凭证，或者在账簿上多列支出或者不列、少列收入，或者经税务机关通知申报而拒不申报或者进行虚假的纳税申报，不缴或者少缴应纳税款 100 万元以上，且任一年度不缴或者少缴应纳税款占当年各税种应纳税总额 10%以上的，或者采取前述手段，不缴或者少缴已扣、已收税款，数额在 100 万元以上的；

（2）欠缴应纳税款，采取转移或者隐匿财产的手段，妨碍税务机关追缴欠缴的税款，欠缴税款金额 100 万元以上的；

（3）具有偷税、逃避追缴欠税行为的，在稽查案件执行完毕前，不履行税收义务并脱离税务机关监管，经税务机关检查确认走逃（失联）的。

4. 失信主体的纳税信用评价

税务机关对按规定确定的失信主体，纳入纳税信用评价范围的，按照纳税信用管理规定，将其纳税信用级别判为 D 级，适用相应的 D 级纳税人管理措施。

【例 7－14・判断题】 税务机关对按规定确定的失信主体，纳入纳税信用评价范围的，按照纳税信用管理规定，将其纳税信用级别判为 C 级，适用相应的 C 级纳税人管理措施。（　）

【答案】×

【解析】税务机关对按规定确定的失信主体，纳入纳税信用评价范围的，按照纳税信用管理规定，将其纳税信用级别判为 D 级，适用相应的 D 级纳税人管理措施。

5. 失信主体的联合惩戒

对按规定向社会公布信息的失信主体，税务机关将失信信息提供给相关部门，由相关部门依法依规采取失信惩戒措施。

6. 失信主体信息的停止公布时限

失信主体信息自公布之日起满 3 年的，税务机关在 5 日内停止信息公布。

四、提前停止公布失信信息

1. 提前停止公布失信信息的情形

失信信息公布期间，符合下列条件之一的，失信主体或者其破产管理人可以向作出确定失信主体决定的税务机关申请提前停止公布失信信息：

（1）按照《税务处理决定书》《税务行政处罚决定书》缴清（退）税款、滞纳金、罚款，且失信主体失信信息公布满六个月的。

【点拨指导】按此规定申请提前停止公布的，申请人应当提交停止公布失信信息申请表、诚信纳税承诺书。

（2）失信主体破产，人民法院出具批准重整计划或认可和解协议的裁定书，税务机关依法受偿的。

【点拨指导】按此规定申请提前停止公布的，申请人应当提交停止公布失信信息申请表，人民法院出具的批准重整计划或认可和解协议的裁定书。

（3）在发生重大自然灾害、公共卫生、社会安全等突发事件期间，因参与应急抢险救灾、疫情防控、重大项目建设或者履行社会责任作出突出贡献的。

【点拨指导】按此规定申请提前停止公布的，申请人应当提交停止公布失信信息申请表、诚信纳税承诺书以及省、自治区、直辖市、计划单列市人民政府出具的有关材料。

2. 申请提前停止公布失信信息的受理

税务机关应当自收到申请之日起2日内作出是否受理的决定。申请材料齐全、符合法定形式的，应当予以受理，并告知申请人。不予受理的，应当告知申请人，并说明理由。

3. 受理提前停止公布失信信息申请后的审核

受理申请后，税务机关应当及时审核。

（1）符合“按照《税务处理决定书》《税务行政处罚决定书》缴清（退）税款、滞纳金、罚款，且失信主体失信信息公布满六个月的”规定条件的，经设区的市、自治州以上税务局局长或者其授权的税务局领导批准，准予提前停止公布。

（2）符合“失信主体破产，人民法院出具批准重整计划或认可和解协议的裁定书，税务机关依法受偿的”或“在发生重大自然灾害、公共卫生、社会安全等突发事件期间，因参与应急抢险救灾、疫情防控、重大项目建设或者履行社会责任作出突出贡献的”规定条件的，经省、自治区、直辖市、计划单列市税务局局长或者其授权的税务局领导批准，准予提前停止公布。

税务机关应当自受理之日起15日内作出是否予以提前停止公布的决定，并告知申请人。对不予提前停止公布的，应当说明理由。

4. 不予提前停止公布失信信息的情形

失信主体有下列情形之一的，不予提前停止公布：

（1）被确定为失信主体后，因发生偷税、逃避追缴欠税、骗取出口退税、抗税、虚开发票等税收违法行为受到税务处理或者行政处罚的；

（2）五年内被确定为失信主体两次以上的。

【特别提示】申请人按“失信主体破产，人民法院出具批准重整计划或认可和解协议的裁定书，税务机关依法受偿的”规定申请提前停止公布的，不受上述规定限制。

5. 失信主体信息的提前停止公布时限

税务机关作出准予提前停止公布决定的，应当在 5 日内停止信息公布。

6. 对申请提前停止公布的失信主体的信用培训

税务机关可以组织申请提前停止公布的失信主体法定代表人、财务负责人等参加信用培训，开展依法诚信纳税教育。信用培训不得收取任何费用。

【特别提示】《重大税收违法失信主体信息公布管理办法》（国家税务总局令第 54 号）规定的期间以日计算的，是指工作日，不含法定休假日；期间以年、月计算的，到期月的对应日为期间的最后一日；没有对应日的，月末日为期间的最后一日。期间开始的当日不计算在期间内。所称“以上、日内”，包含本数（级）。

【例 7-15·判断题】 税务机关必须组织申请提前停止公布的失信主体法定代表人、财务负责人等参加信用培训，开展依法诚信纳税教育。信用培训不得收取任何费用。（　）

【答案】 ×

【解析】 税务机关可以组织申请提前停止公布的失信主体法定代表人、财务负责人等参加信用培训，开展依法诚信纳税教育。信用培训不得收取任何费用。

技能训练

一、单项选择题

1. 下列关于《严重违法失信会计人员黑名单管理办法（征求意见稿）》中会计人员的说法中，错误的是（　）。

A. 严重违法失信会计人员，是指会计人员在从事会计核算、实行会计监督等会计工作过程中，违反《会计法》有关规定，受到刑事处罚或行政处罚的人员

B. 会计人员，是指符合《会计人员管理办法》规定的会计人员

C. 在代理记账机构从事代理记账业务的人员，属于会计人员

D. 在会计师事务所从事代理记账业务的人员，不属于会计人员

2. 因“属于严重违法失信行为的违法行为”，受到行政处罚的，列入会计人员黑名单的有效期为（　），自行政处罚生效之日起计算；受到刑事处罚的，列入会计人员黑名单的有效期为（　）。

A. 3 年，永久　　B. 5 年，20 年

C. 10 年，永久　　D. 5 年，永久

3. 列入会计人员黑名单有效期届满，且期间未再发生严重违法失信行为，认定部门应自期满后（　）个工作日内将其移出会计人员黑名单。

A. 3　　B. 5

C. 10　　D. 15

4. 重大税收违法失信主体信息自公布之日起满（　　）的，税务机关在（　　）内停止信息公布。

A. 3年，3日　　B. 3年，5日

C. 5年，7日　　D. 5年，10日

二、多项选择题

1. 会计人员因下列（　　）与会计职务有关的违法行为受到刑事处罚或行政处罚的，属于严重违法失信行为。

A. 提供虚假财务会计报告

B. 伪造、变造会计凭证、会计账簿，编制虚假财务会计报告

C. 隐匿或故意销毁依法应当保存的会计凭证、会计账簿、财务会计报告

D. 贪污，挪用公款，职务侵占

2. 下列各项中，属于会计人员黑名单信息的内容的有（　　）。

A. 列入对象的基本信息

B. 列入名单的事由

C. 列入对象受到联合惩戒的相关情况

D. 列入对象退出名单的相关情况

3. 下列各项中，属于移出会计人员黑名单的情形的有（　　）。

A. 经异议处理，会计人员黑名单认定有误

B. 列入会计人员黑名单的主要事实依据被撤销或变更，列入对象不再符合列入情形的

C. 会计人员黑名单列入情形发生改变，列入对象不再符合列入情形的

D. 列入会计人员黑名单的有效期届满

4. 下列各项中，表述正确的有（　　）。

A. 对会计人员黑名单认定过程中出现的违法违规行为，认定部门应及时予以纠正

B. 认定部门及其相关工作人员在会计人员黑名单管理过程中，滥用职权、玩忽职守、徇私舞弊的，由所在单位或上级主管部门视情节轻重对直接责任人和其他负有责任的主管人员依法依规进行处理

C. 鼓励依法成立的会计人员自律组织对会员建立严重违法失信黑名单，并对其实施惩戒

D. 省级财政部门、中央有关主管单位可根据《管理办法》制定具体实施办法，报财政部备案

5. 下列各项中，属于“重大税收违法失信主体”的有（　　）。

A. 骗取国家出口退税款的甲公司

B. 以暴力、威胁方法拒不缴纳税款的乙公司

C. 虚开增值税普通发票50份以上的丙公司

D. 虚开增值税普通发票500万元以上的丁公司

6. 税务机关应当在作出确定重大税收违法失信主体决定前向当事人送达告知文书，告知其依法享有陈述、申辩的权利。告知文书不包括（　　）。

A. 当事人姓名或者名称、有效身份证件号码或者统一社会信用代码、地址。没有统一社会信用代码的，以税务机关赋予的纳税人识别号代替

B. 确定为失信主体的事由、依据

C. 向社会公布的失信信息提示

D. 相关部门采取失信惩戒措施提示

7. 重大税收违法失信主体失信信息公布期间，失信主体或者其破产管理人可以向作出确定失信主体决定的税务机关申请提前停止公布失信信息的情形包括（　　）。

A. 失信主体已经按照《税务处理决定书》《税务行政处罚决定书》缴清（退）税款、滞纳金、罚款

B. 失信主体失信信息公布已经满六个月

C. 失信主体破产，人民法院出具批准重整计划或认可和解协议的裁定书，税务机关依法受偿

D. 失信主体在发生重大自然灾害、公共卫生、社会安全等突发事件期间，因参与应急抢险救灾、疫情防控、重大项目建设或者履行社会责任作出突出贡献

三、判断题

1. 国务院负责制定严重违法失信会计人员黑名单管理办法，指导全国会计人员黑名单管理工作。（　　）

2. 相关部门和单位只需将联合惩戒实施情况通过全国信用信息共享平台反馈至财政部。（　　）

3. “重大税收违法失信主体”的身份仅限于纳税人，不包括扣缴义务人或者其他涉税当事人。（　　）

4. 税务机关应当在作出确定失信主体决定后向当事人送达告知文书，告知其依法享有陈述、申辩的权利。（　　）

5. 税务机关可以组织申请提前停止公布的失信主体法定代表人、财务负责人等参加信用培训，开展依法诚信纳税教育。信用培训应当按照相关规定收取费用。（　　）

四、案例分析题

甲公司、乙公司、丙公司、丁公司已经作为重大税收违法失信主体被税务机关公布失信信息。失信信息公布期间，发生了以下情形：

（1）甲公司按照《税务处理决定书》《税务行政处罚决定书》缴清（退）税款、滞纳金、罚款，且甲公司作为重大税收违法失信主体失信信息公布了四个月；

（2）乙公司按照《税务处理决定书》《税务行政处罚决定书》缴清（退）税款、滞纳金、罚款，且甲公司作为重大税收违法失信主体失信信息公布了八个月；

（3）丙公司作为重大税收违法失信主体已经破产，人民法院出具批准重整计划或认可和解协议的裁定书，税务机关依法受偿的；

（4）丁公司在发生重大自然灾害突发事件期间，因参与应急抢险救灾或者履行社会责任作出突出贡献。

【要求】分析甲公司、乙公司、丙公司的破产管理人、丁公司是否可以向作出确定失信主体决定的税务机关申请提前停止公布失信信息；若可以申请提前停止公布失信信息，申请人需要提交哪些材料。

第8章

注册会计师职业道德[①]

学习目标

1. 掌握注册会计师职业道德守则之基本原则。

2. 熟悉注册会计师职业道德守则之职业道德概念框架。

素养提升

1. 加强外部市场约束，增强会计、审计等机构自律性、公正性和专业化水平。[②]

2. 持续完善注册会计师职业道德守则，加强审计职业道德体系建设，强化注册会计师职业道德准则的贯彻实施，筑牢执业道德底线，稳固诚信执业生命线。[③]

3. 严肃查处违法违规行为并曝光典型案例，着力整肃会计师事务所无证经营、网络售卖审计报告、注册会计师挂名执业、注册会计师超出胜任能力执业等行业乱象。[④]

导入案例

甲会计师事务所的注册会计师在本年审计工作中存在以下情况：

---

① 根据2020年12月17日《中国注册会计师协会关于印发〈中国注册会计师职业道德守则（2020）〉和〈中国注册会计师协会非执业会员职业道德守则（2020）〉的通知》，为了顺应经济社会发展对注册会计师诚信和职业道德水平提出的更高要求，规范中国注册会计师协会会员的职业行为，进一步提高职业道德水平，维护职业形象，保持与国际职业会计师道德守则的持续动态趋同，中国注册会计师协会对《中国注册会计师职业道德守则（2009）》和《中国注册会计师协会非执业会员职业道德守则（2009）》进行了全面修订。其中，修订后的《中国注册会计师职业道德守则（2020）》具体包括《中国注册会计师职业道德守则第1号——职业道德基本原则》《中国注册会计师职业道德守则第2号——职业道德概念框架》《中国注册会计师职业道德守则第3号——提供专业服务的具体要求》《中国注册会计师职业道德守则第4号——审计和审阅业务对独立性的要求》《中国注册会计师职业道德守则第5号——其他鉴证业务对独立性的要求》，上述守则自2021年7月1日起施行。本章的第1节和第2节分别依据《中国注册会计师职业道德守则第1号——职业道德基本原则（2020）》和《中国注册会计师职业道德守则第2号——职业道德概念框架（2020）》编写。

② 2017年7月14—15日，习近平总书记在全国金融工作会议上的讲话。

③ 选自《会计改革与发展“十四五”规划纲要》。

④ 同③。

（1）注册会计师张某在审计工作中实事求是，遇到存在对职业判断产生过度不当影响的情形时，张某拒绝从事与之相关的职业活动。

（2）注册会计师李某在审计工作中不断学习最新法律、技术和实务，将专业知识和技能始终保持在应有的水平，在工作中遵守职业准则的要求并保持应有的职业怀疑，认真、全面、及时地完成工作任务。

（3）注册会计师王某被审计工作中商业伙伴的近亲属邀请一同旅游，王某委婉拒绝。

【要求】从注册会计师职业道德基本原则的角度，分析评价张某、李某、王某的行为。

【解析】见本章的第1节。

第1节　注册会计师职业道德守则之基本原则[①]

一、注册会计师职业道德守则之基本原则总则

（一）《中国注册会计师职业道德守则第1号——职业道德基本原则》制定的目的和依据

为了规范注册会计师职业行为，提高注册会计师职业道德水准，维护注册会计师职业形象，根据《中华人民共和国注册会计师法》和《中国注册会计师协会章程》，中国注册会计师协会制定了《中国注册会计师职业道德守则第1号——职业道德基本原则》。

【例8-1·多项选择题】下列各项中，属于《中国注册会计师职业道德守则第1号——职业道德基本原则》制定依据的有（　　）。

A.《中华人民共和国注册会计师法》

B.《中华人民共和国审计法》

C.《中国注册会计师协会章程》

D.《中华人民共和国会计法》

【答案】AC

【解析】根据《中华人民共和国注册会计师法》和《中国注册会计师协会章程》，中国注册会计师协会制定了《中国注册会计师职业道德守则第1号——职业道德基本原则》。

（二）注册会计师行业的宗旨

维护公众利益是注册会计师行业的宗旨。

公众不仅包括注册会计师服务的客户，也包括投资者、债权人、政府机构、社会公众等其他可能依赖注册会计师提供的信息以作出相关决策的组织或人员。

① 本节内容主要依据《中国注册会计师职业道德守则第1号——职业道德基本原则》编写。

【点拨指导】上述依赖赋予注册会计师维护公众利益的责任。从这个意义上说，公众利益可以定义为那些可能依赖注册会计师工作的组织或人员的整体利益。

【例8-2·判断题】维护客户利益是注册会计师行业的宗旨。（ ）

【答案】×

【解析】维护公众利益是注册会计师行业的宗旨。公众不仅包括注册会计师服务的客户，也包括投资者、债权人、政府机构、社会公众等其他可能依赖注册会计师提供的信息以作出相关决策的组织或人员。

（三）注册会计师遵守职业道德守则的基本要求

注册会计师应当遵守《中国注册会计师职业道德守则（2020）》（以下简称“职业道德守则”），履行相应的社会责任，维护公众利益。

【点拨指导】为了维护公众利益，注册会计师应当持续提高职业素养。

在履行社会责任的过程中，注册会计师可能面临不同组织或人员相互之间的利益冲突的压力。在解决这些冲突时，注册会计师应当正直诚实行事，并始终牢记维护公众利益的宗旨。

（四）注册会计师遵守职业道德守则与法律法规冲突及导致不当后果等情形的应对

1. 注册会计师遵守职业道德守则与法律法规的规定冲突的应对

注册会计师应当遵守相关法律法规。如果某些法律法规的规定与职业道德守则的相关条款不一致，注册会计师应当注意到这些差异。除非法律法规禁止，注册会计师应当按照较为严格的规定执行。

2. 注册会计师遵守职业道德守则可能会导致不当后果或不符合公众利益的应对

职业道德守则一般不会导致不当后果或不符合公众利益。但在极其特殊的情况下，如果认为遵守职业道德守则的某些规定可能会导致不当后果或不符合公众利益，注册会计师可以考虑向中国注册会计师协会或相关监管机构咨询。

（五）注册会计师职业道德守则中的条款分类

职业道德守则中的条款，按照其效力和使用方法，可以分为以下三类。

1. 要求或禁止性条款

要求或禁止性条款通常使用“应当”或“不得”等词语，强制要求注册会计师在特定情形下从事某项活动或行为，或者禁止从事某项活动或行为，除非出现与之相关的例外情况。

【特别提示】注册会计师违反要求或禁止性条款将被视为违反职业道德守则的规定。

2. 鼓励或建议性条款

鼓励或建议性条款通常使用“可以”“鼓励”等词语，用来对注册会计师的活动或行为提供相关建议，不构成强制性要求。

3. 解释或举例性条款

解释或举例性条款通常使用“例如”“举例来说”等词语，或直接陈述某项事实，用来对相关条款作出解释或举例说明，以帮助注册会计师理解和掌握。

【例8-3·多项选择题】 下列各项中，属于职业道德守则中的条款分类的有（　　）。

A. 要求或禁止性条款　　B. 鼓励或建议性条款

C. 解释或举例性条款　　D. 例外条款

【答案】 ABC

【解析】 职业道德守则中的条款，按照其效力和使用方法，可以分为以下三类：(1) 要求或禁止性条款；(2) 鼓励或建议性条款；(3) 解释或举例性条款。

（六）注册会计师职业道德守则中的内容分类

职业道德守则包括五个部分：

(1)《中国注册会计师职业道德守则第1号——职业道德基本原则》，主要用于规范注册会计师应当遵循的职业道德基本原则，为注册会计师的行为确立道德标准。

(2)《中国注册会计师职业道德守则第2号——职业道德概念框架》，主要用于规范职业道德概念框架，即解决职业道德问题的思路和方法。

(3)《中国注册会计师职业道德守则第3号——提供专业服务的具体要求》，主要用于规范注册会计师在提供专业服务的过程中可能遇到的除独立性以外的某些具体情形，针对在这些情形下如何运用职业道德概念框架解决职业道德问题作出具体规定。

(4)《中国注册会计师职业道德守则第4号——审计和审阅业务对独立性的要求》，主要用于规范注册会计师在从事审计和审阅业务时与独立性相关的要求。

(5)《中国注册会计师职业道德守则第5号——其他鉴证业务对独立性的要求》，主要用于规范注册会计师在从事审计和审阅以外的其他鉴证业务时与独立性相关的要求。

【特别提示】 本章仅就《中国注册会计师职业道德守则第1号——职业道德基本原则》和《中国注册会计师职业道德守则第2号——职业道德概念框架》进行介绍。其他部分，读者可以登录中国注册会计师协会网站（https://www.cicpa.org.cn）进行学习。

【点拨指导】 除上述五个部分以外，《中国注册会计师职业道德守则术语表》用于对职业道德守则中的相关术语作出解释说明。

【例8-4·单项选择题】 下列各项中，对《中国注册会计师职业道德守则》中的内容分类表述错误的是（　　）。

A.《中国注册会计师职业道德守则第1号——职业道德基本原则》，主要用于规范注册会计师应当遵循的职业道德基本原则，为注册会计师的行为确立道德标准

B.《中国注册会计师职业道德守则第2号——职业道德概念框架》，主要用于规范注册会计师在提供专业服务的过程中可能遇到的除独立性以外的某些具体情形，针对在这些情形下如何运用职业道德概念框架解决职业道德问题作出具体规定

C.《中国注册会计师职业道德守则第4号——审计和审阅业务对独立性的要求》，主要用于规范注册会计师在从事审计和审阅业务时与独立性相关的要求

D.《中国注册会计师职业道德守则第 5 号——其他鉴证业务对独立性的要求》，主要用于规范注册会计师在从事审计和审阅以外的其他鉴证业务时与独立性相关的要求

【答案】 B

【解析】 选项 B，正确的说法是：《中国注册会计师职业道德守则第 2 号——职业道德概念框架》，主要用于规范职业道德概念框架，即解决职业道德问题的思路和方法。

二、注册会计师职业道德守则之基本原则的一般规定和具体内容

(一) 注册会计师职业道德守则之基本原则的一般规定

1. 注册会计师应当遵循的职业道德基本原则

注册会计师应当遵循下列职业道德基本原则：

(1) 诚信；

(2) 客观公正；

(3) 独立性；

(4) 专业胜任能力和勤勉尽责；

(5) 保密；

(6) 良好职业行为。

2. 注册会计师应当遵循的职业道德基本原则之间冲突的应对

在极其特殊的情况下，如果认为遵循某项基本原则与遵循其他基本原则存在冲突，注册会计师可以考虑向下列机构或人员咨询，必要时，这种咨询可以采取匿名形式：

(1) 会计师事务所的相关人员；

(2) 中国注册会计师协会；

(3) 相关监管机构；

(4) 法律顾问。

注册会计师应当独立运用职业判断以解决冲突，或在必要时与造成冲突的事项脱离关系（除非法律法规禁止）。上述咨询并不能减轻注册会计师的这一责任。

【点拨指导】 针对上述引起冲突的事项，《中国注册会计师职业道德守则第 1 号——职业道德基本原则》鼓励注册会计师记录该事项的主要内容、所作的咨询、最终的决定，以及作出这些决定的理由。

【例 8－5·判断题】 在极其特殊的情况下，如果认为遵循某项基本原则与遵循其他基本原则存在冲突，注册会计师可以考虑向有关机构或人员咨询，必要时，这种咨询可以采取匿名形式。注册会计师应当运用职业判断以解决冲突，或者在必要时与造成冲突的事项脱离关系（除非法律法规禁止）。上述咨询能够减轻注册会计师的这一责任。（ ）

【答案】 ×

【解析】 在极其特殊的情况下，如果认为遵循某项基本原则与遵循其他基本原则存

在冲突，注册会计师可以考虑向有关机构或人员咨询，必要时，这种咨询可以采取匿名形式。注册会计师应当运用职业判断以解决冲突，或者在必要时与造成冲突的事项脱离关系（除非法律法规禁止）。上述咨询并不能减轻注册会计师的这一责任。

（二）注册会计师职业道德守则之基本原则的具体内容

1. 诚信

注册会计师应当遵循诚信原则，在所有的职业活动中保持正直、诚实守信。

诚信是我国社会主义核心价值观的重要组成部分，是社会主义道德建设的重要内容，是构建社会主义和谐社会的重要纽带，同时也是社会主义市场经济运行的基础。

【特别提示】对注册会计师行业来说，诚信是注册会计师行业存在和发展的基石，在职业道德基本原则中居于首要地位。

注册会计师如果认为业务报告、申报资料、沟通函件或其他方面的信息存在下列问题，不得与这些有问题的信息发生关联：

（1）含有虚假记载、误导性陈述；

（2）含有缺乏充分根据的陈述或信息；

（3）存在遗漏或含糊其辞的信息，而这种遗漏或含糊其辞可能会产生误导。

注册会计师如果注意到已与有问题的信息发生关联，应当采取措施消除关联。

【点拨指导】针对上述情形，如果注册会计师按照职业准则的规定出具了恰当的业务报告（例如，在审计业务中出具恰当的非无保留意见审计报告），则不被视为违反该条规定。

【例8-6·多项选择题】 下列各项中，属于注册会计师不得与其发生关联的有问题的信息有（　　）。

A. 含有虚假记载

B. 含有误导性陈述

C. 含有缺乏充分根据的陈述或信息

D. 存在遗漏或含糊其辞的信息，而这种遗漏或含糊其辞可能会产生误导

【答案】ABCD

2. 客观公正

注册会计师应当遵循客观公正原则，公正处事，实事求是，不得由于偏见、利益冲突或他人的不当影响而损害自己的职业判断。

如果存在对职业判断产生过度不当影响的情形，注册会计师不得从事与之相关的专职活动。

3. 独立性

在执行审计和审阅业务、其他鉴证业务时，注册会计师应当遵循独立性原则，从实质上和形式上保持独立性，不得因任何利害关系影响其客观公正。

【特别提示】独立性是鉴证业务的灵魂，是专门针对注册会计师从事审计和审阅业务、其他鉴证业务而提出的职业道德基本原则。

【点拨指导】《中国注册会计师职业道德守则第4号——审计和审阅业务对独立性的要求》《中国注册会计师职业道德守则第5号——其他鉴证业务对独立性的要求》分别针对注册会计师执行审计和审阅业务、其他鉴证业务的独立性作出具体规定。

会计师事务所在承接审计和审阅业务、其他鉴证业务时，应当从会计师事务所整体层面和具体业务层面采取措施，以保持会计师事务所和项目团队的独立性。

【例8-7·单项选择题】（　　）是专门针对注册会计师从事审计和审阅业务、其他鉴证业务而提出的职业道德基本原则。

A. 诚信　　B. 客观

C. 公正　　D. 独立性

【答案】D

【解析】独立性是鉴证业务的灵魂，是专门针对注册会计师从事审计和审阅业务、其他鉴证业务而提出的职业道德基本原则。

4. 专业胜任能力和勤勉尽责

注册会计师应当遵循专业胜任能力和勤勉尽责原则。根据该原则的要求，注册会计师应当：

（1）获取并保持应有的专业知识和技能，确保为客户提供具有专业水准的服务；

（2）做到勤勉尽责。

注册会计师应当通过教育、培训和执业实践获取和保持专业胜任能力。

注册会计师应当持续了解并掌握当前法律、技术和实务的发展变化，将专业知识和技能始终保持在应有的水平。

【点拨指导】在运用专业知识和技能时，注册会计师应当合理运用职业判断。

注册会计师应当勤勉尽责，即遵守职业准则的要求并保持应有的职业怀疑，认真、全面、及时地完成工作任务。

注册会计师应当采取适当措施，确保在其授权下从事专业服务的人员得到应有的培训和督导。

【点拨指导】在适当时，注册会计师应当使客户或专业服务的其他使用者了解专业服务的固有局限。

【例8-8·多项选择题】下列各项中，属于注册会计师应当遵循的专业胜任能力和勤勉尽责原则的有（　）。

A. 注册会计师应当通过教育、培训和执业实践获取和保持专业胜任能力

B. 注册会计师应当做到勤勉尽责

C. 注册会计师应当采取适当措施，确保在其授权下从事专业服务的人员得到应有的培训和督导

D. 如果存在对职业判断产生过度不当影响的情形，注册会计师不得从事与之相关的专职活动

【答案】ABC

【解析】注册会计师应当通过教育、培训和执业实践获取和保持专业胜任能力。注册会计师应当勤勉尽责，即遵守职业准则的要求并保持应有的职业怀疑，认真、全面、及时地完成工作任务。注册会计师应当采取适当措施，确保在其授权下从事专业服务的人员得到应有的培训和督导。选项D，属于注册会计师应当遵循的客观公正原则的内容。

5. 保密

（1）保密原则下注册会计师应当遵守的要求。注册会计师应当遵循保密原则，对职业活动中获知的涉密信息保密。根据该原则，注册会计师应当遵守下列要求：

1）警觉无意中泄密的可能性，包括在社会交往中无意中泄密的可能性，特别要警觉无意中向关系密切的商业伙伴或近亲属泄密的可能性；

2）对所在会计师事务所内部的涉密信息保密；

3）对职业活动中获知的涉及国家安全的信息保密；

4）对拟承接的客户向其披露的涉密信息保密；

5）在未经客户授权的情况下，不得向会计师事务所以外的第三方披露其所获知的涉密信息，除非法律法规或职业准则规定注册会计师在这种情况下有权利或义务进行披露；

6）不得利用因职业关系而获知的涉密信息为自己或第三方谋取利益；

7）不得在职业关系结束后利用或披露因该职业关系获知的涉密信息；

8）采取适当措施，确保下级员工以及为注册会计师提供建议和帮助的人员履行保密义务。

在终止与客户的关系后，注册会计师应当对以前职业活动中获知的涉密信息保密。

如果变更工作单位或获得新客户，注册会计师可以利用以前的经验，但不得利用或披露以前职业活动中获知的涉密信息。

如果注册会计师遵循保密原则，信息提供者通常可以放心地向注册会计师提供从事职业活动所需的信息，而不必担心该信息被其他方获知，这有利于注册会计师更好地维护公众利益。

【例8-9·判断题】 如果变更工作单位或获得新客户，注册会计师既不能利用以前的经验，也不得利用或披露以前职业活动中获知的涉密信息。（　　）

【答案】×

【解析】如果变更工作单位或获得新客户，注册会计师可以利用以前的经验，但不得利用或披露以前职业活动中获知的涉密信息。

（2）注册会计师保密原则可以豁免的情形。在某些情况下，保密原则是可以豁免的。在下列情况下，注册会计师可能会被要求披露涉密信息，或者披露涉密信息是适当的，不被视为违反保密原则。

1）法律法规要求披露，例如为法律诉讼准备文件或提供其他证据，或者向适当的监管机构报告发现的违反法律法规的行为。

2）法律法规允许披露，并取得了客户的授权。

3）注册会计师有职业义务或权利进行披露，且法律法规未予禁止。这主要包括下列情形：①接受注册会计师协会或监管机构的执业质量检查；②答复注册会计师协会或监管机构的询问或调查；③在法律诉讼、仲裁中维护自身的合法权益；④遵守职业准则的要求，包括职业道德要求；⑤法律法规和职业准则规定的其他情形。

【例 8-10·多项选择题】 下列各项中，符合注册会计师保密原则可以豁免的情形的有（　　）。

A. 法律法规要求披露

B. 法律法规允许披露，并取得客户的授权

C. 注册会计师有职业义务或权利进行披露，且法律法规未予禁止

D. 法律法规允许披露，但未取得客户的授权

【答案】 ABC

【解析】 选项 D，正确的说法是：法律法规允许披露，并取得了客户的授权。

（3）在决定是否披露涉密信息时，注册会计师需要考虑的因素包括：

1）客户同意披露的涉密信息法律法规是否禁止披露；

2）如果客户同意注册会计师披露涉密信息，这种披露是否可能损害相关人的利益；

3）是否已在可行的范围内了解和证实了所有相关信息，信息是否完整；

4）信息披露的方式和对象，包括披露对象是否恰当；

5）可能承担的法律责任和后果。

6. 良好职业行为

注册会计师应当遵循良好职业行为原则，爱岗敬业，遵守相关法律法规，避免发生任何可能损害职业声誉的行为。注册会计师不得在明知的情况下，从事任何可能损害诚信原则、客观公正原则或良好职业声誉，从而可能违反职业道德基本原则的业务、职务或活动。

【点拨指导】 如果一个理性且掌握充分信息的第三方很可能认为某种行为将对良好的职业声誉产生负面影响，则这种行为属于可能损害职业声誉的行为。

注册会计师在向公众传递信息以及推介自己和工作时，应当客观、真实、得体，不得损害职业形象。

注册会计师应当诚实、实事求是，不得有下列行为：

（1）夸大宣传提供的服务、拥有的资质或获得的经验；

（2）贬低或无根据地比较他人的工作。

【点拨指导】 如果注册会计师对其行为是否适当存有疑问，《中国注册会计师职业道德守则第 1 号——职业道德基本原则》鼓励注册会计师向中国注册会计师协会咨询。

【例 8-11·判断题】 注册会计师不得在明知的情况下，从事任何可能损害诚信原则、客观公正原则或良好职业声誉，从而可能违反职业道德基本原则的业务、职务或活动。（　　）

【答案】√

导入案例解析

（1）注册会计师应当遵循客观公正原则，公正处事，实事求是，不得由于偏见、利益冲突或他人的不当影响而损害自己的职业判断。如果存在对职业判断产生过度不当影响的情形，注册会计师不得从事与之相关的职业活动。张某在工作中实事求是，遇到存在对职业判断产生过度不当影响的情形时，张某拒绝从事与之相关的专业活动，体现了客观公正的注册会计师职业道德基本原则。

（2）注册会计师应当遵循专业胜任能力和勤勉尽责原则。根据该原则的要求，注册会计师应当：1）获取并保持应有的专业知识和技能，确保为客户提供具有专业水准的服务；2）做到勤勉尽责。李某在工作中不断学习最新法律、技术和实务，将专业知识和技能始终保持在应有的水平，在工作中遵守职业准则的要求并保持应有的职业怀疑，认真、全面、及时地完成工作任务，体现了专业胜任能力和勤勉尽责的注册会计师职业道德基本原则。

（3）注册会计师应当遵循保密原则，对职业活动中获知的涉密信息保密。根据保密原则，注册会计师应当警觉无意中泄密的可能性，包括在社会交往中无意中泄密的可能性，特别要警觉无意中向关系密切的商业伙伴或近亲属泄密的可能性。王某被商业伙伴的近亲属邀请一同旅游，王某委婉拒绝，体现了保密的注册会计师职业道德基本原则。

三、与职业道德基本原则相互关联的职业怀疑

（一）注册会计师应当保持职业怀疑

根据《中国注册会计师审计准则》《中国注册会计师审阅准则》《中国注册会计师其他鉴证业务准则》的规定，注册会计师在计划和执行审计和审阅业务、其他鉴证业务时应当保持职业怀疑。

（二）职业怀疑与职业道德基本原则是相互关联的

在财务报表审计中，遵循职业道德基本原则与保持职业怀疑是一致的。

1. 遵循诚信原则与保持职业怀疑是一致的

诚信原则要求注册会计师保持正直、诚实守信。注册会计师可以通过下列方式遵循诚信原则：

（1）在对客户所采取的立场提出质疑时保持正直、诚实守信；

（2）当怀疑某项陈述可能包含严重虚假或误导性内容时，对不一致的信息实施进一步调查并寻求进一步审计证据，以就具体情况下需要采取的恰当措施作出知情决策。

【特别提示】上述做法使得注册会计师能够对审计证据进行审慎评价，从而有助于其保持职业怀疑。

2. 遵循客观公正原则与保持职业怀疑是一致的

客观公正原则要求注册会计师不得由于偏见、利益冲突或他人的不当影响而损害自

己的职业判断。注册会计师可以通过下列方式遵循客观公正原则：

（1）识别可能损害注册会计师职业判断的情形或关系，如与客户之间的密切关系。

（2）在评价与客户财务报表重大事项相关的审计证据的充分性和适当性时，考虑这些情形或关系对注册会计师职业判断的影响。

（3）在面对困境或困难时，有坚持正确行为的决心，实事求是。例如，在面临压力时坚持自己的立场，或在适当时质疑他人，即使这样做会对会计师事务所或注册会计师个人造成潜在的不利后果。

【特别提示】上述做法使得注册会计师能够以有利于职业怀疑的方式行事。

3. 遵循独立性原则与保持职业怀疑是一致的

独立性原则要求注册会计师在执行审计和审阅业务、其他鉴证业务时与鉴证客户保持独立，不得因任何利害关系影响其客观公正。

注册会计师的独立性包括实质上的独立性和形式上的独立性：实质上的独立性是一种内心状态，使得注册会计师在提出结论时不受损害职业判断的因素影响，诚信行事，遵循客观公正原则，保持职业怀疑；形式上的独立性是一种外在表现，使得一个理性且掌握充分信息的第三方，在权衡所有相关事实和情况后，认为会计师事务所或审计项目团队成员没有损害诚信原则、客观公正原则或职业怀疑。

【特别提示】保持独立性能够增强注册会计师保持职业怀疑的能力。

4. 遵循专业胜任能力和勤勉尽责原则与保持职业怀疑是一致的

专业胜任能力和勤勉尽责原则要求注册会计师获取并保持应有的专业知识和技能，确保为客户提供具有专业水准的服务，并勤勉尽责，遵守适用的职业准则。注册会计师可以通过下列方式遵循专业胜任能力和勤勉尽责原则：

（1）运用与客户所在特定行业和业务活动相关的知识，以恰当识别重大错报风险；

（2）设计并实施恰当的审计程序；

（3）当审慎评价审计证据是否充分并适合具体情况时，运用相关知识和技能。

【特别提示】上述做法使得注册会计师能够以有利于职业怀疑的方式行事。

【例8-12·多项选择题】遵循诚信原则与保持职业怀疑是一致的。下列各项中，属于注册会计师遵循诚信原则的方式的有（　　）。

A. 在对客户所采取的立场提出质疑时保持正直、诚实守信

B. 当怀疑某项陈述可能包含严重虚假或误导性内容时，对不一致的信息实施进一步调查并寻求进一步审计证据，以就具体情况下需要采取的恰当措施作出知情决策

C. 识别可能损害注册会计师职业判断的情形或关系，如与客户之间的密切关系

D. 在评价与客户财务报表重大事项相关的审计证据的充分性和适当性时，考虑这些情形或关系对注册会计师职业判断的影响

【答案】AB

【解析】遵循诚信原则与保持职业怀疑是一致的。诚信原则要求注册会计师保持正

直、诚实守信。注册会计师可以通过下列方式遵循诚信原则：（1）在对客户所采取的立场提出质疑时保持正直、诚实守信；（2）当怀疑某项陈述可能包含严重虚假或误导性内容时，对不一致的信息实施进一步调查并寻求进一步审计证据，以就具体情况下需要采取的恰当措施作出知情决策。选项C、D，属于注册会计师遵循客观公正原则的方式。

四、识别出违反职业道德守则情形的应对措施

如果识别出违反职业道德守则的情形，注册会计师应当：

（1）评价违反行为的严重程度及其对遵循职业道德基本原则能力的影响。

（2）尽快采取适当措施，以恰当地处理违规后果。

（3）确定是否向相关方报告违反职业道德守则的行为。相关方包括可能受到该行为影响的人员、相关专业团体或监管机构。

【点拨指导】《中国注册会计师职业道德守则第4号——审计和审阅业务对独立性的要求》第二章第九节和《中国注册会计师职业道德守则第5号——其他鉴证业务对独立性的要求》第二章第十节规范了当注册会计师发现违反独立性要求的情形时，应当采取的措施。

【例8-13·判断题】 违反《中国注册会计师职业道德守则》情形涉及的相关方，包括可能受到该行为影响的人员、相关专业团体或监管机构。（　　）

【答案】√

第2节　注册会计师职业道德守则之职业道德概念框架①

一、注册会计师职业道德守则之职业道德概念框架总则

（一）《中国注册会计师职业道德守则第2号——职业道德概念框架》制定的目的和依据

为了规范注册会计师职业活动，建立职业道德概念框架，指导注册会计师遵循职业道德基本原则，履行其维护公众利益的职责，中国注册会计师协会制定了《中国注册会计师职业道德守则第2号——职业道德概念框架》。

（二）职业道德概念框架的含义

职业道德概念框架，是指解决职业道德问题的思路和方法，用以指导注册会计师以下行为：

（1）识别对职业道德基本原则的不利影响；

（2）评价不利影响的严重程度；

① 本节内容主要依据《中国注册会计师职业道德守则第2号——职业道德概念框架》编写。

（3）必要时采取防范措施消除不利影响或将其降低至可接受的水平。

注册会计师遇到的许多情形（如职业活动、利益和关系）都可能对职业道德基本原则产生不利影响，职业道德概念框架旨在帮助注册会计师应对这些不利影响。

【点拨指导】职业道德概念框架适用于各种可能对职业道德基本原则产生不利影响的情形。

【特别提示】由于实务中的情形多种多样且层出不穷，《中国注册会计师职业道德守则第 2 号——职业道德概念框架》不可能对所有情形都作出明确规定，注册会计师如果遇到《中国注册会计师职业道德守则第 2 号——职业道德概念框架》未作出明确规定的情形，应当运用职业道德概念框架识别、评价和应对各种可能产生的不利影响，而不能想当然地认为《中国注册会计师职业道德守则第 2 号——职业道德概念框架》未明确禁止的情形就是允许的。

【例 8－14·单项选择题】下列各项中，对注册会计师职业道德概念框架表述错误的是（　　）。

A. 注册会计师遇到的许多情形（如职业活动、利益和关系）都可能对职业道德基本原则产生不利影响，职业道德概念框架旨在帮助注册会计师应对这些不利影响

B. 职业道德概念框架适用于各种可能对职业道德基本原则产生不利影响的情形

C. 如果遇到《中国注册会计师职业道德守则第 2 号——职业道德概念框架》未作出明确规定的情形，注册会计师应当运用职业道德概念框架识别、评价和应对各种可能产生的不利影响

D.《中国注册会计师职业道德守则第 2 号——职业道德概念框架》未明确禁止的情形就是允许的

【答案】D

【解析】选项 D，由于实务中的情形多种多样且层出不穷，《中国注册会计师职业道德守则第 2 号——职业道德概念框架》不可能对所有情形都作出明确规定，注册会计师如果遇到《中国注册会计师职业道德守则第 2 号——职业道德概念框架》未作出明确规定的情形，应当运用职业道德概念框架识别、评价和应对各种可能产生的不利影响，而不能想当然地认为《中国注册会计师职业道德守则第 2 号——职业道德概念框架》未明确禁止的情形就是允许的。

二、注册会计师职业道德守则之职业道德概念框架的一般规定和其他内容

（一）注册会计师职业道德守则之职业道德概念框架的一般规定

注册会计师应当运用职业道德概念框架来识别、评价和应对对遵循职业道德基本原则的不利影响。

【特别提示】当应对职业道德问题时，注册会计师应当考虑产生该问题的背景。

在运用职业道德概念框架时，注册会计师应当：

（1）运用职业判断；

（2）对新信息、事实和情况的变化保持警觉；

（3）实施理性且掌握充分信息的第三方测试。

【点拨指导】理性且掌握充分信息的第三方测试，是检验注册会计师得出的结论是否客观公正的一种测试方法。具体来说，是指注册会计师考虑：假设存在一个理性且掌握充分信息的第三方，在权衡了注册会计师于得出结论的时点可以了解到的所有具体事实和情况后，是否很可能得出与注册会计师相同的结论。理性且掌握充分信息的第三方不一定是注册会计师，但需要具备相关的知识和经验，以使其能够公正地了解和评价注册会计师结论的适当性。

【例8-15·判断题】 理性且掌握充分信息的第三方测试，是检验注册会计师得出的结论是否客观公正的一种测试方法。理性且掌握充分信息的第三方必须是注册会计师。（　　）

【答案】×

【解析】理性且掌握充分信息的第三方测试，是检验注册会计师得出的结论是否客观公正的一种测试方法。理性且掌握充分信息的第三方不一定是注册会计师，但需要具备相关的知识和经验，以使其能够公正地了解和评价注册会计师结论的适当性。

职业判断涉及对与具体事实和情况（包括特定职业活动的性质和范围，以及所涉及的利益和关系）相关的教育和培训、专业知识、技能、经验的运用。在从事具体职业活动的过程中，当注册会计师运用概念框架，以对可采取的行动作出知情的决策，并确定这些决策在具体情况下是否适当时，注册会计师应当运用职业判断。

对已知的事实和情况的了解是正确运用概念框架的前提。注册会计师在确定为了获取这些了解有必要采取的行动，以及就职业道德基本原则是否得以遵循形成结论时，同样应当运用职业判断。

当运用职业判断了解已知的事实和情况时，注册会计师可能需要考虑下列事项：

（1）是否有理由担心注册会计师已知的事实和情况可能遗漏了某些相关信息；

（2）已知的事实和情况是否与注册会计师的预期不符；

（3）注册会计师的专长和经验是否足以得出结论；

（4）是否需要向具有相关专长或经验的人员咨询；

（5）所了解到的这些信息是否能够为得出结论提供合理的依据；

（6）注册会计师自身的先入之见或偏见是否可能影响其职业判断；

（7）从现有可获得的信息中是否还可能得出其他合理的结论。

【例8-16·多项选择题】 注册会计师运用职业判断了解已知的事实和情况时，可能需要考虑的事项有（　　）。

A. 已知的事实和情况是否与注册会计师的预期不符

B. 注册会计师的专长和经验是否足以得出结论

C. 注册会计师自身的先入之见或偏见是否可能影响其职业判断

D. 注册会计师从现有可获得的信息中是否还可能得出其他合理的结论

【答案】ABCD

【解析】当运用职业判断了解已知的事实和情况时，注册会计师可能需要考虑下列事项：（1）是否有理由担心注册会计师已知的事实和情况可能遗漏了某些相关信息；（2）已知的事实和情况是否与注册会计师的预期不符；（3）注册会计师的专长和经验是否足以得出结论；（4）是否需要向具有相关专长或经验的人员咨询；（5）所了解到的这些信息是否能够为得出结论提供合理的依据；（6）注册会计师自身的先入之见或偏见是否可能影响其职业判断；（7）从现有可获得的信息中是否还可能得出其他合理的结论。

（二）识别对职业道德基本原则的不利影响

1. 识别对职业道德基本原则的不利影响的基本要求

注册会计师应当识别对职业道德基本原则的不利影响。通常来说，一种情形可能产生多种不利影响，一种不利影响也可能影响多项职业道德基本原则。

注册会计师识别不利影响的前提是了解相关事实和情况，包括了解可能损害职业道德基本原则的职业活动、利益和关系。某些由法律法规、注册会计师协会或会计师事务所制定的，用于加强注册会计师职业道德的条件、政策和程序也可能有助于识别对职业道德基本原则的不利影响。这些条件、政策和程序也是在评价不利影响的严重程度时需要考虑的因素，《中国注册会计师职业道德守则第 2 号——职业道德概念框架》对此进行了举例。

【特别提示】对职业道德基本原则的不利影响可能产生于多种事实和情况，并且因业务的性质和工作任务不同，产生的不利影响的类型也可能不同。《中国注册会计师职业道德守则第 2 号——职业道德概念框架》无法针对每种事实和情况都作出具体规定。

2. 可能对职业道德基本原则产生不利影响的因素

可能对职业道德基本原则产生不利影响的因素包括自身利益、自我评价、过度推介、密切关系和外在压力。

（1）因自身利益产生的不利影响。因自身利益产生的不利影响，是指由于某项经济利益或其他利益可能不当影响注册会计师的判断或行为，而对职业道德基本原则产生的不利影响。这种不利影响的例子包括：

1）注册会计师在客户中拥有直接经济利益；

2）会计师事务的收入过分依赖某一客户；

3）会计师事务所以较低的报价获得新业务，而该报价过低，可能导致注册会计师难以按照适用的职业准则要求执行业务；

4）注册会计师与客户之间存在密切的商业关系；

5）注册会计师能够接触到涉密信息，而该涉密信息可能被用于谋取个人私利；

6）注册会计师在评价所在会计师事务所以往提供的专业服务时，发现了重大错误。

（2）因自我评价产生的不利影响。因自我评价产生的不利影响，是指注册会计师在执行当前业务的过程中，其判断需要依赖其本人或所在会计师事务所以往执行业务时所作出的判断或得出的结论，而该注册会计师可能不恰当地评价这些以往的判断或结论，从而对职业道德基本原则产生的不利影响。这种不利影响的例子包括：

1）注册会计师在对客户提供财务系统的设计或实施服务后，又对该系统的运行有效性出具鉴证报告；

2）注册会计师为客户编制用于生成有关记录的原始数据，而这些记录是鉴证业务的对象。

（3）因过度推介产生的不利影响。因过度推介产生的不利影响，是指注册会计师倾向客户的立场，导致该注册会计师的客观公正原则受到损害而产生的不利影响。这种不利影响的例子包括：

1）注册会计师推介客户的产品、股份或其他利益；

2）当客户与第三方发生诉讼或纠纷时，注册会计师为该客户辩护；

3）注册会计师站在客户的立场上影响某项法律法规的制定。

（4）因密切关系产生的不利影响。因密切关系产生的不利影响，是指注册会计师由于与客户存在长期或密切的关系，导致过于偏向客户的利益或过于认可客户的工作，从而对职业道德基本原则产生的不利影响。这种不利影响的例子包括：

1）审计项目团队成员的主要近亲属或其他近亲属担任审计客户的董事或高级管理人员；

2）鉴证客户的董事、高级管理人员，或所处职位能够对鉴证对象施加重大影响的员工，最近曾担任注册会计师所在会计师事务所的项目合伙人；

3）审计项目团队成员与审计客户之间长期存在业务关系。

（5）因外在压力产生的不利影响。因外在压力产生的不利影响，是指注册会计师迫于实际存在的或可感知到的压力，导致无法客观行事而对职业道德基本原则产生的不利影响。这种不利影响的例子包括：

1）注册会计师因对专业事项持有不同意见而受到客户解除业务关系或被会计师事务所解雇的威胁；

2）由于客户对所沟通的事项更具有专长，注册会计师面临服从该客户判断的压力；

3）注册会计师被告知，除非其同意审计客户某项不恰当的会计处理，否则计划中的晋升将受到影响；

4）注册会计师接受了客户赠予的重要礼品，并被威胁将公开其收受礼品的事情。

【例 8-17·单项选择题】 下列各项中，不属于注册会计师因过度推介产生的不利影响的是（　　）。

A. 注册会计师推介客户的产品、股份或其他利益

B. 当客户与第三方发生诉讼或纠纷时，注册会计师为该客户辩护

C. 注册会计师站在客户的立场上影响某项法律法规的制定

D. 由于客户对所沟通的事项更具有专长，注册会计师面临服从该客户判断的压力

【答案】 D

【解析】 选项D，属于注册会计师因外在压力产生的不利影响。

（三）评价不利影响的严重程度

1. 评价不利影响的严重程度的基本要求

如果识别出对职业道德基本原则的不利影响，注册会计师应当评价该不利影响的严重程度是否处于可接受的水平。

【点拨指导】 可接受的水平，是指注册会计师针对识别出的不利影响实施理性且掌握充分信息的第三方测试之后，很可能得出其行为并未违反职业道德基本原则的结论时，该不利影响的严重程度所处的水平。

在评价不利影响的严重程度时，注册会计师应当从性质和数量两个方面予以考虑，如果存在多项不利影响，应当将多项不利影响组合起来一并考虑。注册会计师对不利影响的严重程度的评价还受到专业服务性质和范围的影响。

【例8-18·判断题】 在评价不利影响的严重程度时，注册会计师应当从性质和数量两个方面予以考虑，如果存在多项不利影响，应当将多项不利影响组合起来一并考虑。（　）

【答案】 √

2. 条件、政策和程序存在与否，可能是与评价不利影响水平相关的因素

（1）条件、政策和程序的具体内容。《中国注册会计师职业道德守则第2号——职业道德概念框架》所述的条件、政策和程序存在与否，也可能与评价不利影响水平相关。这些条件、政策和程序的例子包括：

1）公司治理方面的要求；

2）注册会计师职业所必需的教育、培训和经验要求；

3）有效的投诉举报系统，使注册会计师和社会公众能够注意到违反职业道德的行为；

4）关于注册会计师有义务报告违反职业道德的行为的明确规定；

5）行业或监管机构的监控和惩戒程序。

（2）条件、政策和程序的具体类型。《中国注册会计师职业道德守则第2号——职业道德概念框架》所述的条件、政策和程序可以分为下列两种类型：

1）与客户及其经营环境相关的条件、政策和程序；

2）与会计师事务所及其经营环境相关的条件、政策和程序。

【点拨指导】 针对与客户及其经营环境相关的条件、政策和程序，注册会计师对不利影响的严重程度的评价可能受下列因素的影响：

（1）客户是否属于审计客户，以及该客户是否属于公众利益实体；

（2）客户是否属于非审计的鉴证客户；

（3）客户是否属于非鉴证客户。

例如，向属于公众利益实体的审计客户提供非鉴证服务，相对于向非公众利益实体审计客户提供相同的非鉴证服务，可能会对客观公正原则产生更高程度的不利影响。

良好的公司治理结构，可能有助于对职业道德基本原则的遵循。因此，注册会计师对不利影响严重程度的评价还可能受到客户经营环境的影响。例如：

（1）客户要求由管理层以外的适当人员批准聘请会计师事务所执行某项业务；

（2）客户拥有具备足够经验和资历以及胜任能力的员工负责作出管理决策；

（3）客户执行相关政策和程序，以确保在招标非鉴证服务时作出客观选择；

（4）客户拥有完善的公司治理结构，能够对会计师事务所的服务进行适当的监督和沟通。

【点拨指导】针对与会计师事务所及其经营环境相关的条件、政策和程序，注册会计师对不利影响的严重程度的评价也可能受到下列因素的影响：

（1）会计师事务所领导层重视职业道德基本原则，并积极引导鉴证业务项目团队成员维护公众利益；

（2）会计师事务所建立政策和程序，以对所有人员遵循职业道德基本原则的情况实施监督；

（3）会计师事务所建立与薪酬、业绩评价、纪律处分相关的政策和程序，以促进对职业道德基本原则的遵循；

（4）会计师事务所对其过分依赖从某单一客户处取得收入的情况进行管理；

（5）在会计师事务所内，项目合伙人有权作出涉及遵循职业道德基本原则的决策，包括与向客户提供服务有关的决策；

（6）会计师事务所对教育、培训和经验的要求；

（7）会计师事务所用于解决内外部关注事项或投诉事项的流程。

【例8-19·多项选择题】针对与客户及其经营环境相关的条件、政策和程序，注册会计师对不利影响的严重程度的评价可能受下列（　　）因素的影响。

A. 客户是否属于审计客户，以及该客户是否属于公众利益实体

B. 客户是否属于非审计的鉴证客户

C. 对会计师事务所对其过分依赖从某单一客户处取得收入的情况进行管理

D. 会计师事务所用于解决内外部关注事项或投诉事项的流程

【答案】AB

【解析】针对与客户及其经营环境相关的条件、政策和程序，注册会计师对不利影响严重程度的评价可能受下列因素的影响：（1）客户是否属于审计客户，以及该客户是否属于公众利益实体；（2）客户是否属于非审计的鉴证客户；（3）客户是否属于非鉴证客户。选项C、D，属于与会计师事务所及其经营环境相关的条件、政策和程序。

3. 新信息或事实和情况的变化可能影响对是否已消除不利影响或降低至可接受的水平的判断时，注册会计师对该不利影响的严重程度的重新评价

如果注册会计师知悉新信息或者事实和情况发生变化，而这种新信息或者事实和情况的变化可能影响对是否已消除不利影响或降低至可接受的水平的判断，注册会计师应当重新评价该不利影响的严重程度，并予以应对。

如果新信息导致识别出新的不利影响，注册会计师应当评价该不利影响并进行适当应对。

新信息或者事实和情况的变化可能对下列方面产生影响：

（1）不利影响的严重程度；

（2）注册会计师就已采取的防范措施是否仍然能够有效应对所识别的不利影响得出的结论。

在这些情况下，已采取的防范措施可能无法继续有效地应对不利影响，因此，职业道德概念框架要求注册会计师重新评价并应对相应的不利影响。

注册会计师在整个职业活动中保持警觉，有助于其确定新信息或者事实和情况的变化是否会产生上述影响。

【举例说明】与下列事项有关的新信息或者事实和情况的变化可能影响不利影响的严重程度：

（1）专业服务的范围扩大；

（2）客户成功上市或收购另一业务单位；

（3）会计师事务所与另一会计师事务所合并；

（4）会计师事务所受两家客户共同委托，而两家客户之间发生纠纷；

（5）注册会计师的私人关系或其主要近亲属发生变动。

（四）应对不利影响

1. 注册会计师应对不利影响的措施

如果注册会计师确定识别出的不利影响超出可接受的水平，应当通过消除该不利影响或将其降低至可接受的水平来予以应对。注册会计师应当通过采取下列措施来应对不利影响：

（1）消除产生不利影响的情形，包括利益或关系；

（2）采取可行并有能力采取的防范措施将不利影响降低至可接受的水平；

（3）拒绝或终止特定的职业活动。

根据具体事实和情况，某些不利影响可能通过消除产生该不利影响的情形予以应对。然而，在某些情况下，产生不利影响的情形无法被消除，并且注册会计师也无法通过采取防范措施将不利影响降低至可接受的水平，因此，不利影响仅能通过拒绝或终止特定的职业活动予以应对。

【点拨指导】防范措施是指注册会计师为了将对职业道德基本原则的不利影响有效降低至可接受的水平而采取的行动，该行动可能是单项行动，也可能是一系列行动。

防范措施随事实和情况的不同而有所不同。举例来说，在特定情况下可能应对不利影响的防范措施包括：

（1）向已承接的项目分配更多时间和有胜任能力的人员，可能应对因自身利益产生的不利影响。

（2）由项目组以外的适当复核人员复核已执行的工作或在必要时提供建议，可能应对因自我评价产生的不利影响。其中，适当复核人员，应当具备复核所需的知识、技能、经验和权威，以客观地复核项目组已执行的工作或已提供的服务。

（3）向鉴证客户提供非鉴证服务时，指派鉴证业务项目团队以外的其他合伙人和项目组，并确保鉴证业务项目组和非鉴证服务项目组分别向各自的业务主管报告工作，可能应对因自我评价、过度推介或密切关系产生的不利影响。

（4）由其他会计师事务所执行或重新执行业务的某些部分，可能应对因自身利益、自我评价、过度推介、密切关系或外在压力产生的不利影响。

（5）由不同项目组分别应对具有保密性质的事项，可能应对因自身利益产生的不利影响。

【例8-20·情境案例】 注册会计师张某在审计过程中，确定识别出的不利影响超出可接受的水平，经过张某与其所在的会计师事务所同事分析讨论，只能优先通过采取下列措施来应对不利影响：（1）向已承接的项目分配更多时间和有胜任能力的人员；（2）由其他会计师事务所执行或重新执行业务的某些部分工作。但最终发现并不能消除该不利影响或将其降低至可接受的水平。

【要求】 分析张某及其所在会计师事务所应当进一步采取的措施。

【解析】 如果注册会计师确定识别出的不利影响超出可接受的水平，应当通过消除该不利影响或将其降低至可接受的水平来予以应对。注册会计师应当通过采取下列措施来应对不利影响：（1）消除产生不利影响的情形，包括利益或关系；（2）采取可行并有能力采取的防范措施将不利影响降低至可接受的水平；（3）拒绝或终止特定的职业活动。

根据具体事实和情况，某些不利影响可能通过消除产生该不利影响的情形予以应对。然而，在某些情况下，产生不利影响的情形无法被消除，并且注册会计师也无法通过采取防范措施将不利影响降低至可接受的水平，因此，不利影响仅能通过拒绝或终止特定的职业活动予以应对。就本例而言，张某及其所在会计师事务所应当拒绝或终止该项审计业务。

2. 注册会计师就其已采取或拟采取的行动能否消除不利影响或将其降低至可接受的水平形成总体结论的注意事项

注册会计师应当就其已采取或拟采取的行动是否能够消除不利影响或将其降低至可接受的水平形成总体结论。在形成总体结论时，注册会计师应当：

（1）复核所作出的重大判断或得出的结论；

（2）实施理性且掌握充分信息的第三方测试。

【例8-21·单项选择题】 下列各项中，不属于注册会计师应对不利影响应采取的措施的是（　　）。

A. 消除产生不利影响的情形，包括利益或关系

B. 实施理性且掌握充分信息的第三方测试

C. 采取可行并有能力采取的防范措施将不利影响降低至可接受的水平

D. 拒绝或终止特定的职业活动

【答案】B

【解析】注册会计师应当通过采取下列措施来应对不利影响：(1) 消除产生不利影响的情形，包括利益或关系；(2) 采取可行并有能力采取的防范措施将不利影响降低至可接受的水平；(3) 拒绝或终止特定的职业活动。选项B，实施理性且掌握充分信息的第三方测试，属于注册会计师就其已采取或拟采取的行动是否能够消除不利影响或将其降低至可接受的水平形成总体结论而采取的措施。

技能训练

一、单项选择题

1. 下列各项中，不属于《中国注册会计师职业道德守则》中的条款分类的是（　　）。

A. 要求或禁止性条款

B. 鼓励或建议性条款

C. 特殊或不适用性条款

D. 解释或举例性条款

2. 对注册会计师行业来说，（　　）是注册会计师行业存在和发展的基石，在职业道德基本原则中居于首要地位。

A. 诚信　　　　B. 客观

C. 公正　　　　D. 独立性

3. 在执行审计和审阅业务以及其他鉴证业务时，注册会计师应当遵循独立性原则，从（　　）保持独立性，不得因任何利害关系影响其客观公正。

A. 实质上　　　　B. 形式上

C. 实质上和形式上　　　　D. 实质上或形式上

4. 下列各项中，不符合注册会计师保密原则可以豁免的情形的是（　　）。

A. 法律法规要求披露

B. 未取得客户的授权，但法律法规允许披露

C. 注册会计师有职业义务或权利进行披露，且法律法规未予禁止

D. 法律法规允许披露，并取得了客户的授权

5. 遵循专业胜任能力和勤勉尽责原则与保持职业怀疑是一致的。下列各项中，不属于注册会计师遵循专业胜任能力和勤勉尽责原则的方式的是（　　）。

A. 识别可能损害注册会计师职业判断的情形或关系

B. 运用与客户所在特定行业和业务活动相关的知识，以恰当识别重大错报风险

C. 设计并实施恰当的审计程序

D. 当审慎评价审计证据是否充分并适合具体情况时运用相关知识和技能

6. 下列各项中，不属于注册会计师因自身利益产生的不利影响的是（　　）。
A. 注册会计师在客户中拥有直接经济利益
B. 注册会计师与客户之间存在密切的商业关系
C. 注册会计师能够接触到涉密信息，而该涉密信息可能被用于谋取个人私利
D. 当客户与第三方发生诉讼或纠纷时，注册会计师为该客户辩护
7. 下列关于注册会计师职业道德基本原则的表述中，不正确的是（　　）。
A. 注册会计师应当遵循诚信原则，在所有的职业活动中保持正直、诚实守信
B. 在执行任何业务时，注册会计师均应当遵循独立性原则
C. 注册会计师应当获取并保持应有的专业知识和技能，确保为客户提供具有专业水准的服务
D. 在终止与客户的关系后，注册会计师应当对以前职业活动中获知的涉密信息保密

二、多项选择题

1. 下列各项中，不属于《注册会计师职业道德守则第1号——职业道德基本原则》制定依据的有（　　）。
A.《中华人民共和国注册会计师法》
B.《中华人民共和国资产评估法》
C.《中国注册会计师协会章程》
D.《中华人民共和国会计法》
2. 下列各项中，对《中国注册会计师职业道德守则》中的内容分类表述正确的有（　　）。
A.《中国注册会计师职业道德守则第1号——职业道德基本原则》，主要用于规范注册会计师应当遵循的职业道德基本原则，为注册会计师的行为确立道德标准
B.《中国注册会计师职业道德守则第3号——提供专业服务的具体要求》，主要用于规范职业道德概念框架，即解决职业道德问题的思路和方法
C.《中国注册会计师职业道德守则第4号——审计和审阅业务对独立性的要求》，主要用于规范注册会计师在从事审计和审阅业务时与独立性相关的要求
D.《中国注册会计师职业道德守则第5号——其他鉴证业务对独立性的要求》，主要用于规范注册会计师在从事审计和审阅以外的其他鉴证业务时与独立性相关的要求
3. 下列各项中，属于注册会计师应当遵循的职业道德基本原则的有（　　）。
A. 诚信　　B. 客观公正
C. 独立性　　D. 保密
4. 下列各项中，符合保密原则下注册会计师应当遵守的要求的有（　　）。
A. 警觉无意中泄密的可能性
B. 对所在会计师事务所内部的涉密信息保密

C. 不得向会计师事务所以外的第三方披露其所获知的涉密信息

D. 不得利用因职业关系而获知的涉密信息为自己或第三方谋取利益

5. 根据（　　）的规定，注册会计师在计划和执行审计和审阅业务、其他鉴证业务时应当保持职业怀疑。

A.《中国注册会计师审计准则》

B.《中国注册会计师审阅准则》

C.《中国注册会计师其他鉴证业务准则》

D.《中国注册会计师职业道德守则第 1 号——职业道德基本原则》

6. 如果识别出违反职业道德守则的情形，属于注册会计师应当采取的措施的有（　　）。

A. 评价违反行为的严重程度

B. 评价违反行为对遵循职业道德基本原则能力的影响

C. 尽快采取适当措施，以恰当地处理违规后果

D. 确定是否向相关方报告违反职业道德守则的行为

7. 下列各项中，对注册会计师运用职业道德概念框架的表述正确的有（　　）。

A. 注册会计师应当运用职业判断

B. 注册会计师应当对新信息、事实和情况的变化保持警觉

C. 注册会计师应当实施理性且掌握充分信息的第三方测试

D. 理性且掌握充分信息的第三方必须是注册会计师

8. 下列各项中，属于注册会计师因外在压力产生的不利影响的有（　　）。

A. 注册会计师因对专业事项持有不同意见而受到客户解除业务关系或被会计师事务所解雇的威胁

B. 由于客户对所沟通的事项更具有专长，注册会计师面临服从该客户判断的压力

C. 注册会计师站在客户的立场上影响某项法律法规的制定

D. 注册会计师接受了客户赠予的重要礼品，并被威胁将公开其收受礼品的事情

9. 下列各项中，属于注册会计师就其已采取或拟采取的行动是否能够消除不利影响或将其降低至可接受的水平形成总体结论而采取的措施的有（　　）。

A. 复核所作出的重大判断或得出的结论

B. 实施理性且掌握充分信息的第三方测试

C. 消除产生不利影响的情形

D. 拒绝或终止特定的职业活动

10. 针对与会计师事务所及其经营环境相关的条件、政策和程序，注册会计师对不利影响严重程度的评价也可能受到会计师事务所工作环境和经营环境的影响。下列属于会计师事务所工作环境和经营环境的有（　　）。

A. 会计师事务所领导层重视职业道德基本原则，并积极引导鉴证业务项目团队成员维护公众利益

B. 会计师事务所建立政策和程序，以对所有人员遵循职业道德基本原则的情况实施监督

C. 客户是否属于非鉴证客户

D. 会计师事务所用于解决内外部关注事项或投诉事项的流程

三、判断题

1. 维护公众利益是注册会计师行业的宗旨。其中的“公众”是指注册会计师服务的客户。（　　）

2. 在解决不同组织或人员相互之间利益冲突时，注册会计师应当正直诚实行事，并始终牢记维护公众利益的宗旨。（　　）

3.《中国注册会计师职业道德守则》不会导致不当后果或不符合公众利益。（　　）

4.《中国注册会计师职业道德守则第2号——职业道德概念框架》未明确禁止的情形就是允许的。（　　）

5. 如果注册会计师知悉新信息或者事实和情况发生变化，而这种新信息或者事实和情况的变化可能影响对是否已消除不利影响或降低至可接受的水平的判断，注册会计师应当重新评价该不利影响的严重程度，并予以应对。（　　）

四、案例分析题

甲会计师事务所及其注册会计师在本年审计工作中存在以下情况：

（1）注册会计师张某在审计工作中发现客户的申报资料含有虚假记载，张某按照职业准则的规定出具了非无保留意见审计报告。

（2）甲会计师事务所准备安排本所的注册会计师李某长期执行审计客户A公司的审计业务，李某不接受这项长期工作，提出只能接受对A公司短期的审计业务。

（3）注册会计师王某在向公众传递信息以及推介自己和工作时，从不夸大宣传提供的服务或获得的成绩。

【要求】从注册会计师职业道德基本原则的角度，分析评价张某、李某、王某的行为。

第9章

会计相关行业的职业道德

学习目标

1. 了解资产评估职业道德。
2. 熟悉涉税专业服务职业道德、税务师职业道德。
3. 掌握内部审计师职业道德。

素养提升

1. 内部审计机构和内部审计人员应当保持独立性和客观性，不得负责被审计单位的业务活动、内部控制和风险管理的决策与执行。内部审计人员应当遵守职业道德，在实施内部审计业务时保持应有的职业谨慎。内部审计人员应当具备相应的专业胜任能力，并通过后续教育加以保持和提高。内部审计人员应当履行保密义务，对于实施内部审计业务中所获取的信息保密。①

2. 引导税务师全行业遵守职业道德指引，持续加强诚信制度建设，履行行业诚信践诺，树立诚实守信职业形象。加强会员诚信信息管理，建设会员诚信信息查询平台，协助税务机关做好涉税专业服务信用评价结果在行业自律管理中的应用，加大失信行为惩戒力度。建立会员奖惩、执业质量、自律检查信息披露制度，加强诚信传统文化教育，倡导社会主义核心价值观。②

3. 倡导资产评估全行业诚信文化建设，坚持诚信文化建设主题活动常态化。健全行业诚信体系，研究建立以信用档案为基础的诚信建设长效机制，加大处罚力度和失信曝光力度，形成失信者“寸步难行”的威慑压力。促进资产评估职业道德准则实施，保持良好职业道德形象。加强诚信宣传教育，提升资产评估机构和资产评估师诚信意识，提高行业诚信声誉。③

---

① 选自《第1101号——内部审计基本准则》。
② 选自《税务师行业“十四五”时期发展规划》，略有改动。
③ 选自《“十四五”时期资产评估行业发展规划》，略有改动。

4. 新形势下，我国工人阶级和广大劳动群众要继续学先进赶先进，自觉践行社会主义核心价值观，用劳动模范和先进工作者的崇高精神和高尚品格鞭策自己，焕发劳动热情，厚植工匠文化，恪守职业道德，将辛勤劳动、诚实劳动、创造性劳动作为自觉行为。[①]

导入案例

甲公司的内部审计人员在本年审计工作中存在以下情况：

（1）内部审计人员张某在审计工作中如实反映审计发现的问题，在采购经理施加的压力面前，仍坚持原则。

（2）内部审计机构负责人李某采用工作轮换的方式安排审计项目及审计组。

【要求】从内部审计人员职业道德规范一般原则的角度，分析评价张某、李某的行为。

【解析】见本章的第1节。

第1节　内部审计师职业道德[①]

一、内部审计人员职业道德规范总则

为了规范内部审计人员的职业行为，维护内部审计职业声誉，根据《中华人民共和国审计法》及其实施条例，以及其他有关法律、法规和规章，制定《第1201号——内部审计人员职业道德规范》。

内部审计人员职业道德是内部审计人员在开展内部审计工作中应当具有的职业品德、应当遵守的职业纪律和应当承担的职业责任的总称。

【点拨指导】内部审计人员从事内部审计活动时，应当遵守《第1201号——内部审计人员职业道德规范》，认真履行职责，不得损害国家利益、组织利益和内部审计职业声誉。

二、内部审计人员职业道德规范一般原则

内部审计人员职业道德规范一般原则包括：

（1）内部审计人员在从事内部审计活动时，应当保持诚信正直。

（2）内部审计人员应当遵循客观性原则，公正、不偏不倚地作出审计职业判断。

（3）内部审计人员应当保持并提高专业胜任能力，按照规定参加后续教育。

（4）内部审计人员应当遵循保密原则，按照规定使用其在履行职责时所获取的信息。

---

① 2020年11月24日，习近平总书记在全国劳动模范和先进工作者表彰大会上的讲话。

② 本节内容主要依据《第1201号——内部审计人员职业道德规范》编写。

（5）内部审计人员违反《第 1201 号——内部审计人员职业道德规范》要求的，组织应当批评教育，也可以视情节给予一定的处分。

【例 9－1·多项选择题】 下列各项中，属于内部审计人员职业道德规范一般原则的有（　　）。

A. 保持诚信正直　　　　　　B. 遵循客观性原则

C. 保持并提高专业胜任能力　　　　D. 遵循保密原则

【答案】 ABCD

三、诚信正直

1. 诚信

内部审计人员在实施内部审计业务时，应当诚实、守信，不应有下列行为：

（1）歪曲事实；

（2）隐瞒审计发现的问题；

（3）进行缺少证据支持的判断；

（4）做误导性的或者含糊的陈述。

2. 正直

内部审计人员在实施内部审计业务时，应当廉洁、正直，不应有下列行为：

（1）利用职权谋取私利；

（2）屈从于外部压力，违反原则。

【例 9－2·单项选择题】 下列各项中，属于内部审计人员正直原则中不应有的行为的是（　　）。

A. 隐瞒审计发现的问题

B. 屈从于外部压力，违反原则

C. 进行缺少证据支持的判断

D. 做误导性的或者含糊的陈述

【答案】 B

【解析】 内部审计人员在实施内部审计业务时，应当廉洁、正直，不应有下列行为：（1）利用职权谋取私利；（2）屈从于外部压力，违反原则。选项 A、C、D，属于内部审计人员诚信原则中不应有的行为。

四、客观性

内部审计人员实施内部审计业务时，应当实事求是，不得由于偏见、利益冲突而影响职业判断。

1. 内部审计人员评估客观性的步骤

内部审计人员实施内部审计业务前，应当采取下列步骤对客观性进行评估。

（1）识别可能影响客观性的因素；

（2）评估可能影响客观性因素的严重程度；

（3）向审计项目负责人或者内部审计机构负责人报告客观性受损可能造成的影响。

2. 内部审计人员可能影响客观性的因素

内部审计人员应当识别下列可能影响客观性的因素。

（1）审计本人曾经参与过的业务活动；

（2）与被审计单位存在直接利益关系；

（3）与被审计单位存在长期合作关系；

（4）与被审计单位管理层有密切的私人关系；

（5）遭受来自组织内部和外部的压力；

（6）内部审计范围受到限制；

（7）其他。

3. 内部审计机构负责人保障内部审计的客观性的措施

内部审计机构负责人应当采取下列措施保障内部审计的客观性。

（1）提高内部审计人员的职业道德水准；

（2）选派适当的内部审计人员参加审计项目，并进行适当分工；

（3）采用工作轮换的方式安排审计项目及审计组；

（4）建立适当、有效的激励机制；

（5）制定并实施系统、有效的内部审计质量控制制度、程序和方法；

（6）当内部审计人员的客观性受到严重影响，且无法采取适当措施降低影响时，停止实施有关业务，并及时向董事会或者最高管理层报告。

【例9-3·单项选择题】 下列各项中，不属于内部审计人员可能影响客观性的因素的是（　　）。

A. 与被审计单位存在直接利益关系

B. 与被审计单位存在长期合作关系

C. 与被审计单位管理层有密切的私人关系

D. 与被审计单位非管理层有密切的私人关系

【答案】 D

【解析】 内部审计人员应当识别的可能影响客观性的因素中包括与被审计单位管理层有密切的私人关系，不包括与被审计单位非管理层有密切的私人关系。

导入案例解析

（1）内部审计人员在实施内部审计业务时，应当诚实、守信，不应有下列行为：1）歪曲事实；2）隐瞒审计发现的问题；3）进行缺少证据支持的判断；4）做误导性的或者含糊的陈述。

内部审计人员在实施内部审计业务时，应当廉洁、正直，不应有下列行为：1）利用职权谋取私利；2）屈从于外部压力，违反原则。

张某在审计工作中如实反映审计发现的问题，在采购经理施加的压力面前，仍然坚持原则，体现了诚信正直的内部审计人员职业道德规范一般原则。

（2）内部审计人员实施内部审计业务时，应当实事求是，不得由于偏见、利益冲突而影响职业判断。

内部审计机构负责人应当采取下列措施保障内部审计的客观性：1）提高内部审计人员的职业道德水准；2）选派适当的内部审计人员参加审计项目，并进行适当分工；3）采用工作轮换的方式安排审计项目及审计组；4）建立适当、有效的激励机制；5）制定并实施系统、有效的内部审计质量控制制度、程序和方法；6）当内部审计人员的客观性受到严重影响，且无法采取适当措施降低影响时，停止实施有关业务，并及时向董事会或者最高管理层报告。

内部审计机构负责人李某采用工作轮换的方式安排审计项目及审计组，体现了客观性的内部审计人员职业道德规范一般原则。

五、专业胜任能力

内部审计人员应当具备下列履行职责所需的专业知识、职业技能和实践经验：

（1）审计、会计、财务、税务、经济、金融、统计、管理、内部控制、风险管理、法律和信息技术等专业知识，以及与组织业务活动相关的专业知识；

（2）语言文字表达、问题分析、审计技术应用、人际沟通、组织管理等职业技能；

（3）必要的实践经验及相关职业经历。

【点拨指导】内部审计人员应当通过后续教育和职业实践等途径，了解、学习和掌握相关法律法规、专业知识、技术方法和审计实务的发展变化，保持和提升专业胜任能力。

【特别提示】内部审计人员实施内部审计业务时，应当保持职业谨慎，合理运用职业判断。

【例9-4·多项选择题】 下列各项中，属于内部审计人员应当具备履行职责所需的职业技能的有（　　）。

A. 语言文字表达　　B. 审计技术应用

C. 相关职业经历　　D. 人际沟通

【答案】ABD

【解析】职业技能包括语言文字表达、问题分析、审计技术应用、人际沟通、组织管理等。选项C，相关职业经历属于实践经验，不属于职业技能。

六、保　密

内部审计人员应当对实施内部审计业务所获取的信息保密，非因有效授权、法律规定或其他合法事由不得披露。

内部审计人员在社会交往中，应当履行保密义务，警惕非故意泄密的可能性。

【特别提示】内部审计人员不得利用其在实施内部审计业务时获取的信息牟取不正当利益，或者以有悖于法律法规、组织规定及职业道德的方式使用信息。

【例9-5·单项选择题】 下列各项中，不适用内部审计人员保密原则的是（　　）。

A. 有效授权　　　　B. 上级要求

C. 法律规定　　　　D. 其他合法事由

【答案】B

【解析】内部审计人员应当对实施内部审计业务所获取的信息保密，非因有效授权、法律规定或其他合法事由不得披露。选项B，不能因上级要求而违背内部审计人员的保密原则。

【例9-6·判断题】 内部审计人员应当对实施内部审计业务所获取的信息保密，绝对不得披露。（　　）

【答案】×

【解析】内部审计人员应当对实施内部审计业务所获取的信息保密，非因有效授权、法律规定或其他合法事由不得披露。

第2节　涉税专业服务职业道德①

一、涉税专业服务职业道德总则

为了规范涉税专业服务机构及其涉税服务人员执业行为，提高涉税专业服务行业职业道德水准，维护职业形象，根据《涉税专业服务基本准则（试行）》制定了《涉税专业服务职业道德守则（试行）》。

涉税专业服务机构及其涉税服务人员在中华人民共和国境内从事涉税专业服务应当遵守本守则。

【点拨指导】涉税专业服务机构是指税务师事务所和从事涉税专业服务的会计师事务所、律师事务所、代理记账机构、税务代理公司、财税类咨询公司等机构。

涉税服务人员是指在涉税专业服务机构中从事涉税专业服务的人员。

涉税专业服务是指涉税专业服务机构接受委托，利用专业知识和技能，就涉税事项向委托人提供的税务代理等服务。

涉税专业服务包括纳税申报代理、一般税务咨询、专业税务顾问、税收策划、涉税鉴证、纳税情况审查、其他税务事项代理、发票服务和其他涉税服务等。

【例9-7·多项选择题】 下列各项中，属于涉税专业服务的有（　　）。

A. 纳税申报代理

① 本节内容主要依据《涉税专业服务基本准则（试行）》和《涉税专业服务职业道德守则（试行）》编写。

B. 专业税务顾问

C. 税收策划

D. 发票服务

【答案】ABCD

【解析】涉税专业服务包括纳税申报代理、一般税务咨询、专业税务顾问、税收策划、涉税鉴证、纳税情况审查、其他税务事项代理、发票服务和其他涉税服务等。

二、涉税专业服务职业道德的基本内容

（1）从事涉税专业服务应当诚实守信、正直自律、勤勉尽责。

（2）从事涉税专业服务应当遵守法律、行政法规、部门规章及规范性文件（以下简称法律法规）的要求，履行服务协议的约定。

【点拨指导】从事涉税专业服务不得采取隐瞒、欺诈、贿赂、串通、回扣、不当承诺、恶意低价和虚假宣传等不正当手段承揽业务；不得歪曲解读税收政策；不得诱导、帮助委托人实施涉税违法违规活动。

【例 9-8·多项选择题】下列各项中，属于从事涉税专业服务违反法律法规的有（　　）。

A. 采取虚假宣传等不正当手段承揽业务

B. 歪曲解读税收政策

C. 诱导、帮助委托人实施涉税违法违规活动

D. 向纳税人提供税收策划服务

【答案】ABC

【解析】选项 D，税收策划属于涉税专业服务的业务范围，合法合理的税收策划并不违反法律法规。

（3）从事涉税专业服务应当自觉维护职业形象，廉洁从业。

（4）从事涉税专业服务应当遵循客观公正原则，基于业务事实，遵守法律法规。

（5）从事涉税专业服务应当秉持专业精神和职业操守。

【点拨指导】从事涉税鉴证、纳税情况审查服务，不得与被鉴证人、被审查人存在影响独立性的利益关系。

【特别提示】根据《涉税专业服务基本准则（试行）》的规定，涉税专业服务机构及其涉税服务人员应当以真实身份开展涉税专业服务；涉税专业服务机构及其涉税服务人员应当诚实守信、正直自律、勤勉尽责，遵守职业道德，维护行业形象；从事涉税专业服务应当遵循独立、客观、公正、规范原则。

（6）对委托事项存在涉及税收违法违规风险的，应当提醒委托人排除，并审慎评估对业务开展的影响。

【例 9-9·判断题】对委托事项存在涉及税收违法违规风险的，应当忽略不计，无需提醒委托人排除。（　　）

【答案】×

【解析】对委托事项存在涉及税收违法违规风险的，应当提醒委托人排除，并审慎评估对业务开展的影响。

（7）涉税服务人员应当通过继续教育、业务培训等途径持续掌握和更新法律法规、办税实务和信息技术等方面的专业知识和技能，保持专业胜任能力。

（8）从事涉税专业服务应当依照法律法规规定和协议约定，对涉税专业服务过程中知悉的国家安全信息、个人隐私和个人信息、商业秘密予以保密。

（9）从事涉税专业服务应当有效保护和合法合规使用涉税专业服务过程中知悉的涉税数据，不得利用涉税数据谋取不正当利益。

第3节　税务师职业道德①

一、税务师行业职业道德指引总则

为保证税务师事务所及其涉税服务人员依法、公正提供涉税专业服务，规范服务行为，促进税务师行业健康发展，根据国家税务总局《涉税专业服务监管办法（试行）》、中国注册税务师协会《税务师行业涉税专业服务规范基本指引（试行）》相关规定，制定《税务师行业职业道德指引（试行）》。

税务师行业职业道德，是指税务师事务所及其涉税服务人员提供涉税专业服务应当遵守的职业品德、职业纪律、职业判断、专业胜任能力等行业规范的总称。

【点拨指导】《税务师行业职业道德指引（试行）》适用于税务师事务所及其涉税服务人员。

【例9-10·多项选择题】下列各项中，表述正确的有（　　）。

A. 根据国家税务总局《涉税专业服务监管办法（试行）》、中国注册税务师协会《税务师行业涉税专业服务规范基本指引（试行）》相关规定，制定《税务师行业职业道德指引（试行）》

B. 税务师行业职业道德，是指税务师事务所及其涉税服务人员提供涉税专业服务应当遵守的职业品德、职业纪律、职业判断、专业胜任能力等行业规范的总称

C.《税务师行业职业道德指引（试行）》适用于税务师事务所及其涉税服务人员

D.《税务师行业职业道德指引（试行）》只适用于涉税服务人员

【答案】ABC

① 本节内容主要依据《税务师行业职业道德指引（试行）——税务师行业涉税专业服务规范第1.1号》编写，本节正文内容中的“《税务师行业职业道德指引（试行）——税务师行业涉税专业服务规范第1.1号》”均以“《税务师行业职业道德指引（试行）》”来代替。

【解析】 选项D，正确说法是：《税务师行业职业道德指引（试行）》适用于税务师事务所及其涉税服务人员。

二、税务师行业职业道德的一般原则

税务师行业职业道德的一般原则包括：

（1）税务师事务所及其涉税服务人员应当恪守诚信、独立、客观、公正的原则。

（2）税务师事务所涉税服务人员应当具备和保持应有的专业胜任能力和职业判断能力，并履行保密义务。

【例9-11·单项选择题】 税务师事务所涉税服务人员应当具备和保持应有的专业胜任能力和职业判断能力，并履行（　　）义务。

A. 诚信　　　　B. 独立

C. 公正　　　　D. 保密

【答案】 D

三、诚　信

1. 诚信的含义

诚信是指税务师事务所及其涉税服务人员在提供涉税服务活动中应当正直自律、诚实守信，规范服务。

2. 诚信的具体要求

（1）税务师事务所涉税服务人员应当认真履行协议，严格按照税收法律、法规规定的期间、时效与委托人约定的时间，办理委托事项，严格守约，全面履约。

（2）税务师事务所涉税服务人员不得违反税收法律、行政法规，造成委托人未缴或者少缴税款；不得采取隐瞒、欺诈、贿赂、串通、回扣等不正当竞争手段承揽业务，损害委托人或他人利益；不得利用服务之便，谋取不正当利益；不得以税务机关和税务人员的名义敲诈纳税人、扣缴义务人。

（3）税务师事务所涉税服务人员不得向税务机关工作人员行贿或者指使、诱导委托人行贿。

（4）委托人委托事项属于法律法规或者《税务师行业职业道德指引（试行）》限制或禁止的，税务师事务所涉税服务人员应当告知委托人，并提出修改建议或者予以拒绝。

（5）未经委托人同意，税务师事务所涉税服务人员不得将委托人所托事务转托他人办理。

（6）在业务报告、申请资料或其他信息中，税务师事务所涉税服务人员不得存在下列出具虚假和误导意见的行为：

1）虚假或误导性陈述；

2）缺少依据的陈述或信息；

3）遗漏或表达不清的信息。

（7）税务师事务所应当建立和完善内部管理制度，严格执行涉税专业服务相关业务规范，保证税务师事务所涉税服务人员服务行为规范有序。

（8）税务师事务所涉税服务人员应当遵守国家法律法规的相关规定，避免任何损害职业声誉的言行。

（9）税务师事务所涉税服务人员应当与同行保持良好关系，不得联合抬高或压低业务收费，不得使用不正当手段开展业务。

（10）税务师事务所涉税服务人员对外宣传时，应当实事求是、客观、真实，不得对自身或同行有夸大、贬低、诋毁的言行。

（11）税务师事务所涉税服务人员不得利用税务师事务所拥有的客户资源谋取私利。

（12）税务师事务所涉税服务人员从税务师事务所离职，未经客户或者事务所同意，不得私自保留客户资料，不得利用离职税务师事务所拥有的客户资源开展业务。

（13）税务师事务所及其涉税服务人员负责向所属地方税务师协会如实提供信用信息和相应资料，并对其真实合法性负责。

【点拨指导】中国注册税务师协会通过税务师行业平台，负责诚信记录系统的建立和管理制度制定、日常维护和人员培训；地方注册税务师协会根据中国注册税务师协会制定的相关管理制度负责诚信记录系统平台信息的收集、整理、分析和更新，开展信用调查，并按行业规定披露和使用信用信息，同时将信用披露信息向中国注册税务师协会备案。

（14）税务师事务所参与公开招标时，应当根据实际情况出具相关信用资料。

【例9-12·多项选择题】 下列各项中，属于在业务报告、申请资料或其他信息中，税务师事务所涉税服务人员不得存在的出具虚假和误导意见行为的有（　　）。

A. 虚假的陈述

B. 误导性的陈述

C. 缺少依据的陈述或信息

D. 遗漏或表达不清的信息

【答案】ABCD

【解析】在业务报告、申请资料或其他信息中，税务师事务所涉税服务人员不得存在下列出具虚假和误导意见的行为：（1）虚假或误导性的陈述；（2）缺少依据的陈述或信息；（3）遗漏或表达不清的信息。

【例9-13·判断题】 委托人委托事项属于法律法规或者《税务师行业职业道德指引（试行）》限制或禁止的，税务师事务所涉税服务人员应当告知委托人，并提出修改建议或者予以拒绝。（　　）

【答案】√

四、独　立

1. 独立的含义

独立是指税务师事务所及其涉税服务人员在提供涉税专业服务过程中应当秉持良好的职业操守，保持独立性。

2. 独立的具体要求

（1）税务师事务所涉税服务人员从事涉税鉴证、纳税情况审查业务，必须从实质上保持独立性。

税务师事务所涉税服务人员从事纳税申报代理、一般税务咨询、专业税务顾问、税收策划、其他税务事项代理、其他涉税服务业务，应当从形式上保持独立性。

（2）税务师事务所涉税服务人员应当遵从税收法律制度，当涉税服务与客户利益有冲突时，应当保证涉税专业服务的独立性。

（3）税务师事务所及其涉税服务人员在提供涉税服务的过程中，应当恪守职业道德，不因任何利害关系影响涉税专业服务的标准和涉税服务的结果。

（4）在提供涉税专业服务过程中，如果认为存在对独立性有不利影响的因素，税务师事务所涉税服务人员应当识别、判断和评价不利影响的严重程度。

（5）税务师事务所及其涉税服务人员如果知悉或有理由相信相关因素对独立性将产生不利影响，应当采取措施排除或者消除该影响因素。

（6）税务师事务所及其涉税服务人员在提供涉税服务的过程中，如果无法采取适当的措施防范、排除或者消除不利于独立性的影响因素，应拒绝接受涉税专业服务业务委托或终止提供涉税专业服务。

（7）税务师事务所涉税服务人员承办业务，如与委托人存在以下利害关系之一，可能影响业务公正执行的，应当主动向所在的税务师事务所说明情况并请求回避。所称利害关系主要包括：

1）与委托人存在密切的商业关系或者涉及直接的经济利益；

2）税务师事务所的收入过度依赖于委托人；

3）承办业务的涉税服务人员受雇于该委托人；

4）税务师事务所受到解除业务关系的威胁；

5）与委托人有夫妻关系、直系血亲关系、三代以内旁系血亲关系以及近姻亲关系；

6）执业相关法律法规规定的利益冲突关系；

7）其他可能影响业务公正执行的情况。

（8）税务师事务所应当严格执行涉税专业服务业务规范，并制定必要的规章制度，支持和保障税务师事务所涉税服务人员涉税专业服务的独立性。

【例9－14·单项选择题】 下列各项中，对税务师事务所及其涉税服务人员独立的具体要求表述错误的是（　　）。

A. 税务师事务所涉税服务人员从事涉税鉴证、纳税情况审查业务，必须从形式上

保持独立性

B. 税务师事务所涉税服务人员应当遵从税收法律制度，当涉税服务与客户利益有冲突时，应当保证涉税专业服务的独立性

C. 税务师事务所及其涉税服务人员在提供涉税服务的过程中，应当恪守职业道德，不因任何利害关系影响涉税专业服务的标准和涉税服务的结果

D. 税务师事务所及其涉税服务人员如果知悉或有理由相信相关因素对独立性将产生不利影响，应当采取措施排除或者消除该影响因素

【答案】 A

【解析】 选项A，正确的说法是：税务师事务所涉税服务人员从事涉税鉴证、纳税情况审查业务，必须从实质上保持独立性。

五、客观、公正

1. 客观、公正的含义

客观，即保持客观，是指税务师事务所涉税服务人员在提供涉税专业服务的过程中，应当实事求是，遵守国家法律、法规规定，基于委托人的业务事实提供涉税专业服务，不以个人意志为出发点和目的，不因利益冲突、个人偏见或其他因素影响职业判断及职业结论。

公正，即保持公正，是指税务师事务所涉税服务人员在提供涉税专业服务的过程中，应当公平正直，遵守国家法律、法规规定，符合正当的社会基本价值取向，恪守公认的道德规范要求和《税务师行业职业道德指引（试行）》要求。

2. 客观、公正的具体要求

（1）税务师事务所涉税服务人员在提供涉税专业服务的过程中，应当保持客观、公正。

（2）税务师事务所涉税服务人员不得伪造证据，不得改变证据的内容、形式及属性，不得有意忽视证据。

（3）委托人提供不实资料的，税务师事务所涉税服务人员应当终止提供涉税服务。

（4）税务师事务所涉税服务人员不得违反涉税专业服务相关业务规范提供服务，出具虚假意见。

【例9-15·判断题】 委托人提供不实资料的，税务师事务所涉税服务人员也不能终止提供涉税服务。 （　　）

【答案】 ×

【解析】 委托人提供不实资料的，税务师事务所涉税服务人员应当终止提供涉税服务。

六、专业胜任能力

1. 专业胜任能力的含义

税务师事务所涉税服务人员应当持续了解、及时掌握、准确理解、正确执行国家财会、税收政策和相关规定。

2. 专业胜任能力的具体要求

（1）税务师事务所涉税服务人员应当获取专业知识技能和保持应有的专业胜任能力。

（2）税务师事务所涉税服务人员应当确保为委托人提供具有专业水准的服务。

（3）税务师事务所涉税服务人员应当具备和保持职业判断意识和能力。

（4）税务师事务所涉税服务人员应当按规定参加继续教育。

【例 9－16 · 多项选择题】 下列各项中，对税务师事务所涉税服务人员专业胜任能力的具体要求表述正确的有（　　）。

A. 税务师事务所涉税服务人员应当获取专业知识技能和保持应有的专业胜任能力

B. 税务师事务所涉税服务人员应当确保为委托人提供具有专业水准的服务

C. 税务师事务所涉税服务人员应当具备和保持职业判断意识和能力

D. 税务师事务所涉税服务人员应当按规定参加继续教育

【答案】 ABCD

【解析】 本题中的四项表述正是税务师事务所涉税服务人员专业胜任能力的具体要求包括的四项内容。

【例 9－17 · 情境案例】 甲税务师事务所的税务师在本年涉税服务工作中存在以下情况：

（1）税务师张某发现委托人提供的资料为虚假资料后，上报甲税务师事务所领导，并立刻终止提供涉税服务。

（2）税务师李某按规定积极参加继续教育。

【要求】 从税务师行业职业道德一般原则的角度，分析评价张某、李某的行为。

【解析】（1）根据客观、公正的具体要求，委托人提供不实资料的，税务师事务所涉税服务人员应当终止提供涉税服务，税务师张某发现委托人提供的资料为虚假资料后，上报甲税务师事务所领导，并立刻终止提供涉税服务，体现了客观、公正的税务师行业职业道德一般原则。

（2）根据专业胜任能力的具体要求，税务师事务所涉税服务人员应当按规定参加继续教育，税务师李某按规定积极参加继续教育，体现了专业胜任能力的税务师行业职业道德一般原则。

七、保密义务

税务师事务所涉税服务人员未经委托人允许，不得向税务师事务所以外的第三方泄露其所获取的委托人隐私和商业秘密，国家法律法规另有规定的除外。

税务师事务所涉税服务人员不得利用所获取的涉密信息为自己或任何形式的第三方牟取利益。

【例 9－18 · 判断题】 税务师事务所涉税服务人员无论在任何情况下，都不得向税务师事务所以外的第三方泄露其所获取的委托人隐私和商业秘密。（　　）

【答案】×

【解析】按照规定，税务师事务所涉税服务人员未经委托人允许，不得向税务师事务所以外的第三方泄露其所获取的委托人隐私和商业秘密，国家法律法规另有规定的除外。因此，并非任何情况下都不允许。

八、自律管理

税务师事务所应当主动防止有损职业道德的行为发生，发现涉税服务人员存在违规行为应当及时制止，对情节严重者应当上报所在的地方注册税务师协会。

对违反税务师职业道德相关规范的行为，中国注册税务师协会和地方注册税务师协会根据情节严重程度，采取相应的自律管理措施。

【点拨指导】税务师事务所涉税服务人员违反国家法律法规的，由中国注册税务师协会或地方注册税务师协会提请行政或司法机关调查处理。

【例 9－19 · 单项选择题】税务师事务所发现涉税服务人员存在违规行为应当及时制止，对情节严重者应当上报（　　）。

A. 中国注册税务师协会

B. 中国注册会计师协会

C. 所在的地方注册税务师协会

D. 所在的地方注册会计师协会

【答案】C

【解析】税务师事务所应当主动防止有损职业道德的行为发生，发现涉税服务人员存在违规行为应当及时制止，对情节严重者应当上报所在的地方注册税务师协会。

第 4 节　资产评估职业道德①

一、资产评估职业道德准则总则

为规范资产评估机构及其资产评估专业人员职业道德行为，提高职业素质，维护职业形象，在财政部指导下，中国资产评估协会根据《资产评估基本准则》制定了《资产评估职业道德准则》。

资产评估职业道德，是指资产评估机构及其资产评估专业人员开展资产评估业务应当具备的道德品质和体现的道德行为。

资产评估机构及其资产评估专业人员开展资产评估业务，应当遵守《资产评估职业道德准则》。

① 本节内容主要依据《资产评估职业道德准则》编写。

【例 9－20・判断题】 资产评估职业道德，是指资产评估专业人员开展资产评估业务应当具备的道德品质和体现的道德行为。（　　）

【答案】 ×

【解析】 资产评估职业道德，是指资产评估机构及其资产评估专业人员开展资产评估业务应当具备的道德品质和体现的道德行为。

二、资产评估职业道德基本遵循的原则

资产评估职业道德基本遵循的原则包括：

（1）资产评估机构及其资产评估专业人员应当诚实守信，勤勉尽责，谨慎从业，坚持独立、客观、公正的原则，不得出具或签署虚假资产评估报告或者有重大遗漏的资产评估报告。

（2）资产评估机构及其资产评估专业人员开展资产评估业务，应当遵守法律、行政法规和资产评估准则，履行资产评估委托合同规定的义务。

【特别提示】 资产评估机构应当对本机构的资产评估专业人员遵守法律、行政法规和资产评估准则的情况进行监督。

（3）资产评估机构及其资产评估专业人员应当自觉维护职业形象，不得从事损害职业形象的活动。

【例 9－21・多项选择题】 下列各项中，属于资产评估职业道德基本遵循的原则的有（　　）。

A. 资产评估机构及其资产评估专业人员应当诚实守信，勤勉尽责，谨慎从业，坚持独立、客观、公正的原则

B. 资产评估机构及其资产评估专业人员不得出具或者签署虚假资产评估报告或者有重大遗漏的资产评估报告

C. 资产评估机构及其资产评估专业人员开展资产评估业务，应当遵守法律、行政法规和资产评估准则，履行资产评估委托合同规定的义务

D. 资产评估机构及其资产评估专业人员应当自觉维护职业形象，不得从事损害职业形象的活动

【答案】 ABCD

三、专业能力

专业能力的具体要求包括：

（1）资产评估专业人员应当具备相应的评估专业知识和实践经验，能够胜任所执行的资产评估业务。

（2）资产评估专业人员应当完成规定的继续教育，保持和提高专业能力。

（3）资产评估机构及其资产评估专业人员应当如实声明其具有的专业能力和执业经验，不得对其专业能力和执业经验进行夸张、虚假和误导性宣传。

（4）资产评估机构执行某项特定业务缺乏特定的专业知识和经验时，应当采取弥补措施，包括利用专家工作及相关报告等。

【例9-22·单项选择题】 下列各项中，不属于对资产评估职业道德专业能力的具体要求的是（　　）。

A. 资产评估专业人员应当具备相应的评估专业知识和实践经验，能够胜任所执行的资产评估业务

B. 资产评估专业人员应当完成规定的继续教育，保持和提高专业能力

C. 资产评估机构执行某项特定业务缺乏特定的专业知识和经验时，应当采取弥补措施，包括利用专家工作及相关报告等

D. 资产评估机构不得分别接受利益冲突双方的委托，对同一评估对象进行评估

【答案】 D

【解析】 选项D，属于对资产评估职业道德独立性的具体要求。

四、独立性

独立性的具体要求包括：

（1）资产评估机构及其资产评估专业人员开展资产评估业务，应当采取恰当措施保持独立性。

【特别提示】 资产评估机构不得受理与自身有利害关系的资产评估业务。

【点拨指导】 资产评估专业人员与委托人、其他相关当事人和评估对象有利害关系的，应当回避。

（2）资产评估机构及其资产评估专业人员开展资产评估业务，应当识别可能影响独立性的情形，合理判断其对独立性的影响。

【点拨指导】 可能影响独立性的情形通常包括资产评估机构及其资产评估专业人员或其亲属与委托人或者其他相关当事人之间存在经济利益关联、人员关联或者业务关联。

1）亲属是指配偶、父母、子女及其配偶。

2）经济利益关联是指资产评估机构及其资产评估专业人员或者其亲属拥有委托人或者其他相关当事人的股权、债权、有价证券、债务，或者存在担保等可能影响独立性的经济利益关系。

3）人员关联是指资产评估专业人员或其亲属在委托人或者其他相关当事人担任董事、监事、高级管理人员或其他可能对评估结论施加重大影响的特定职务。

4）业务关联是指资产评估机构从事的不同业务之间可能存在利益输送或者利益冲突关系。

（3）资产评估机构不得分别接受利益冲突双方的委托，对同一评估对象进行评估。

【例9-23·单项选择题】 下列各项中，对资产评估机构及其资产评估专业人员独立性的具体要求表述错误的是（　　）。

A. 资产评估机构及其资产评估专业人员开展资产评估业务，应当采取恰当措施保持独立性

B. 资产评估机构及其资产评估专业人员开展资产评估业务，应当识别可能影响独立性的情形，合理判断其对独立性的影响

C. 可能影响独立性的情形通常包括资产评估机构及其资产评估专业人员或者其亲属与委托人或者其他相关当事人之间存在经济利益关联、人员关联或者业务关联

D. 资产评估机构可以分别接受利益冲突双方的委托，对同一评估对象进行评估

【答案】 D

【解析】 选项D，正确的说法是：资产评估机构不得分别接受利益冲突双方的委托，对同一评估对象进行评估。

【例9-24·情境案例】 甲资产评估师事务所的评估师在本年资产评估工作中存在以下情况：

（1）评估师张某向客户如实声明其具有的专业能力和执业经验。

（2）评估师李某与委托人有利害关系，于是李某主动选择了回避。

【要求】 从资产评估职业道德要求的角度，分析评价张某、李某的行为。

【解析】 根据专业能力的具体要求中的"资产评估机构及其资产评估专业人员应当如实声明其具有的专业能力和执业经验，不得对其专业能力和执业经验进行夸张、虚假和误导性宣传"，评估师张某向客户如实声明其具有的专业能力和执业经验，体现了专业能力的资产评估职业道德要求。

根据独立性的具体要求中的"资产评估专业人员与委托人、其他相关当事人和评估对象有利害关系的，应当回避"，评估师李某与委托人有利害关系，于是主动选择了回避，体现了独立性的资产评估职业道德要求。

五、与委托人和其他相关当事人的关系

与委托人和其他相关当事人的关系的具体要求包括：

（1）资产评估机构及其资产评估专业人员不得以恶性压价、支付回扣、虚假宣传，或者采用欺骗、利诱、胁迫等不正当手段招揽业务。

【特别提示】 资产评估专业人员不得私自接受委托从事资产评估业务并收取费用。

（2）资产评估机构及其资产评估专业人员不得利用开展业务之便，为自己或他人谋取不正当利益，不得向委托人或其他相关当事人索要、收受或者变相索要、收受资产评估委托合同约定以外的酬金、财物等。

（3）资产评估机构及其资产评估专业人员执行资产评估业务，应当保持公正的态度，以客观事实为依据，实事求是地进行分析和判断，拒绝委托人或者其他相关当事人的非法干预，不得直接以预先设定的价值作为评估结论。

（4）资产评估机构及其资产评估专业人员执行资产评估业务，应当与委托人进行必

要沟通，提醒资产评估报告使用人正确理解评估结论。

（5）资产评估机构及其资产评估专业人员应当遵守保密原则，对评估活动中知悉的国家秘密、商业秘密和个人隐私予以保密，不得在保密期限内向委托人以外的第三方提供保密信息，除非得到委托人的同意或者属于法律、行政法规允许的范围。

【例9-25·多项选择题】 资产评估机构及其资产评估专业人员应当遵守保密原则，对评估活动中知悉的国家秘密、商业秘密和个人隐私予以保密，不得在保密期限内向委托人以外的第三方提供保密信息，除非（　　）。

A. 得到委托人的同意

B. 属于法律允许的范围

C. 属于行政法规允许的范围

D. 上级领导同意

【答案】 ABC

【解析】 选项D，不能因为上级领导同意，而在保密期限内向委托人以外的第三方提供保密信息。

六、与其他资产评估机构及资产评估专业人员的关系

与其他资产评估机构及资产评估专业人员的关系的具体要求包括：

（1）资产评估机构不得允许其他资产评估机构以本机构名义开展资产评估业务，或者冒用其他资产评估机构名义开展资产评估业务。

【特别提示】 资产评估专业人员不得签署本人未承办业务的资产评估报告，也不得允许他人以本人名义从事资产评估业务，或者冒用他人名义从事资产评估业务。

（2）资产评估机构及其资产评估专业人员在开展资产评估业务过程中，应当与其他资产评估专业人员保持良好的工作关系。

（3）资产评估机构及其资产评估专业人员不得贬损或者诋毁其他资产评估机构及资产评估专业人员。

【特别提示】 资产评估机构及其资产评估专业人员在执行资产评估业务过程中，应当指导专家和相关业务助理人员遵守《资产评估职业道德准则》相关条款。

【例9-26·单项选择题】 下列各项中，对资产评估机构及其资产评估专业人员与其他资产评估机构及资产评估专业人员的关系表述错误的是（　　）。

A. 资产评估机构不得允许其他资产评估机构以本机构名义开展资产评估业务

B. 资产评估机构不得冒用其他资产评估机构名义开展资产评估业务

C. 资产评估专业人员不得签署本人未承办业务的资产评估报告

D. 资产评估专业人员可以允许他人以本人名义从事资产评估业务

【答案】 D

【解析】 选项D，正确的说法是：资产评估专业人员不得允许他人以本人名义从事资产评估业务。

【例 9－27·判断题】 资产评估机构及其资产评估专业人员不得贬损或者诋毁其他资产评估机构及资产评估专业人员。（　　）

【答案】 √

技能训练

一、单项选择题

1. 内部审计人员应当遵循（　　）原则，公正、不偏不倚地作出审计职业判断。

A. 诚信　　B. 正直

C. 客观性　　D. 保密

2. 当内部审计人员的客观性受到严重影响，且无法采取适当措施降低影响时，停止实施有关业务，并及时向（　　）报告。

A. 董事会和最高管理层　　B. 内部审计机构负责人

C. 董事会或者最高管理层　　D. 会计机构负责人

3. 下列各项中，不属于内部审计人员应当具备履行职责所需的专业胜任能力的是（　　）。

A. 诚信正直　　B. 专业知识

C. 职业技能　　D. 实践经验

4. 下列各项中，不属于涉税专业服务的是（　　）。

A. 一般税务咨询　　B. 纳税情况审查

C. 涉税鉴证　　D. 投融资咨询

5. 下列各项中，对税务师事务所及其涉税服务人员诚信的具体要求表述错误的是（　　）。

A. 税务师事务所涉税服务人员不得违反税收法律、行政法规，造成委托人未缴或者少缴税款

B. 税务师事务所涉税服务人员不得采取隐瞒、欺诈、贿赂、串通、回扣等不正当竞争手段承揽业务，损害委托人或他人利益

C. 不得利用服务之便，谋取不正当利益

D. 税务师事务所涉税服务人员不得将委托人所托事务转托他人办理

6. 税务师事务所涉税服务人员应当遵从税收法律制度，当涉税服务与客户利益有冲突时，应当保证涉税专业服务的（　　）。

A. 公正性　　B. 独立性

C. 客观性　　D. 有效性

7. 为规范资产评估机构及其资产评估专业人员职业道德行为，提高职业素质，维护职业形象，在财政部指导下，中国资产评估协会根据（　　）制定了《资产评估职业道德准则》。

A.《国有资产评估管理办法》

B.《国有资产评估管理办法施行细则》

C.《资产评估基本准则》

D.《中国资产评估协会会员管理办法》

8. 资产评估机构从事的不同业务之间可能存在利益输送或者利益冲突关系的是（　　）。

A. 经济利益关联　　B. 业务关联

C. 人员关联　　D. 关系关联

9. 下列各项中，对资产评估机构及其资产评估专业人员与委托人和其他相关当事人关系的具体要求表述错误的是（　　）。

A. 资产评估机构及其资产评估专业人员不得以恶性压价、支付回扣、虚假宣传，或者采用欺骗、利诱、胁迫等不正当手段招揽业务

B. 资产评估机构及其资产评估专业人员不得利用开展业务之便，为自己或者他人谋取不正当利益

C. 资产评估机构及其资产评估专业人员不得向委托人或者其他相关当事人索要、收受或者变相索要、收受资产评估委托合同约定以外的酬金、财物等

D. 资产评估机构及其资产评估专业人员执行资产评估业务，应当与委托人进行必要沟通，提醒委托人正确理解评估结论

二、多项选择题

1. 下列各项中，属于内部审计人员诚信原则中不应有的行为的有（　　）。

A. 歪曲事实

B. 进行缺少证据支持的判断

C. 利用职权谋取私利

D. 做误导性或者含糊的陈述

2. 下列各项中，内部审计人员实施内部审计业务之前，对客观性进行评估采取的步骤表述正确的有（　　）。

A. 识别可能影响客观性的因素

B. 评估可能影响客观性因素的严重程度

C. 向审计项目负责人或者内部审计机构负责人报告客观性受损可能造成的影响

D. 当内部审计人员的客观性受到严重影响，且无法采取适当措施降低影响时，停止实施有关业务，并及时向董事会或者最高管理层报告

3. 下列各项中，对内部审计人员保密原则表述正确的有（　　）。

A. 内部审计人员应当对实施内部审计业务所获取的信息保密，非因有效授权、法律规定或其他合法事由不得披露

B. 内部审计人员在社会交往中，应当履行保密义务，警惕非故意泄密的可能性

C. 内部审计人员不得利用其在实施内部审计业务时获取的信息牟取不正当利益

D. 内部审计人员不得以有悖于法律法规、组织规定及职业道德的方式使用信息

4. 下列各项中，属于涉税专业服务机构的有（ ）。

A. 从事涉税专业服务的会计师事务所

B. 从事涉税专业服务的律师事务所

C. 代理记账机构

D. 财税类咨询公司

5. 下列各项中，属于涉税专业服务职业道德基本内容的有（ ）。

A. 从事涉税专业服务应当诚实守信、正直自律、勤勉尽责

B. 从事涉税专业服务应当自觉维护职业形象，廉洁从业

C. 涉税服务人员应当通过继续教育、业务培训等途径持续掌握和更新法律法规、办税实务和信息技术等方面的专业知识和技能，保持专业胜任能力

D. 从事涉税专业服务应当有效保护和合法合规使用涉税专业服务过程中知悉的涉税数据，不得利用涉税数据谋取不正当利益

6. 下列各项中，属于税务师行业职业道德一般原则的有（ ）。

A. 诚信　　B. 独立

C. 客观　　D. 保密义务

7. 下列各项中，属于可能影响税务师事务所涉税服务人员承办业务公正执行的利害关系的有（ ）。

A. 与委托人存在密切的商业关系或者涉及直接的经济利益

B. 税务师事务所的收入过度依赖委托人

C. 承办业务的涉税服务人员受雇于该委托人

D. 与委托人有夫妻关系、直系血亲关系、三代以内旁系血亲关系以及近姻亲关系

8. 下列各项中，对税务师事务所涉税服务人员客观、公正的具体要求表述正确的有（ ）。

A. 税务师事务所涉税服务人员在提供涉税专业服务的过程中，应当保持客观、公正

B. 税务师事务所涉税服务人员不得伪造证据，不得改变证据的内容、形式及属性，不得有意忽视证据

C. 委托人提供不实资料的，税务师事务所涉税服务人员不得终止提供涉税服务

D. 税务师事务所涉税服务人员不得违反涉税专业服务相关业务规范提供服务，出具虚假意见

9. 下列各项中，对税务师事务所涉税服务人员保密义务表述正确的有（ ）。

A. 税务师事务所涉税服务人员未经委托人允许，不得向税务师事务所以外的第三方泄露其所获取的委托人隐私和商业秘密，国家法律法规另有规定的除外

B. 无论在任何情况下，税务师事务所涉税服务人员都不得向税务师事务所以外的第三方泄露其所获取的委托人隐私和商业秘密

C. 税务师事务所涉税服务人员不得利用所获取的涉密信息为自己牟取利益

D. 税务师事务所涉税服务人员不得利用所获取的涉密信息为任何形式的第三方牟取利益

10. 对违反税务师职业道德相关规范的行为，（　　）根据情节严重程度，采取相应的自律管理措施。

A. 中国注册税务师协会

B. 国家税务总局

C. 地方注册税务师协会

D. 省级税务局

11. 下列各项中，对资产评估职业道德专业能力的具体要求表述正确的有（　　）。

A. 资产评估专业人员应当具备相应的评估专业知识和实践经验，能够胜任所执行的资产评估业务

B. 资产评估专业人员应当完成规定的继续教育，保持和提高专业能力

C. 资产评估机构及其资产评估专业人员应当如实声明其具有的专业能力和执业经验，不得对其专业能力和执业经验进行夸张、虚假和误导性宣传

D. 资产评估机构执行某项业务缺乏特定的专业知识和经验时，应当将此项特定业务转交给具有该特定专业知识和经验的其他资产评估机构

12. 下列各项中，对可能影响独立性的情形描述正确的有（　　）。

A. 可能影响独立性的情形通常包括资产评估机构及其资产评估专业人员或者其亲属与委托人或者其他相关当事人之间存在经济利益关联、人员关联或者业务关联

B. 业务关联是指资产评估机构及其资产评估专业人员或者其亲属拥有委托人或者其他相关当事人的股权、债权、有价证券、债务，或者存在担保等可能影响独立性的经济利益关系

C. 人员关联是指资产评估专业人员或者其亲属在委托人或者其他相关当事人担任董事、监事、高级管理人员或者其他可能对评估结论施加重大影响的特定职务

D. 经济利益关联是指资产评估机构从事的不同业务之间可能存在利益输送或者利益冲突关系

13. 下列各项中，对资产评估机构及其资产评估专业人员与其他资产评估机构及资产评估专业人员的关系表述正确的有（　　）。

A. 资产评估机构可以委托其他资产评估机构以本机构名义开展资产评估业务

B. 资产评估机构不得冒用其他资产评估机构名义开展资产评估业务

C. 资产评估专业人员不得签署本人未承办业务的资产评估报告

D. 资产评估专业人员不得允许他人以本人名义从事资产评估业务，或者冒用他人名义从事资产评估业务

三、判断题

1. 内部审计人员应当遵循客观性原则，按照规定使用其在履行职责时所获取的信息。（　　）

2. 当内部审计人员的客观性受到严重影响，且无法采取适当措施降低影响时，停止实施有关业务，并及时向董事会或者最高管理层报告。（　　）

3. 涉税专业服务是指涉税专业服务机构接受委托，利用专业知识和技能，就涉税事项向委托人提供的税务代理等服务。（　　）

4. 从事涉税鉴证、纳税情况审查服务，可以与被鉴证人、被审查人存在影响独立性的利益关系。（　　）

5.《税务师行业职业道德指引（试行）》是根据国家税务总局《涉税专业服务监管办法（试行）》、中国注册税务师协会《税务师行业涉税专业服务规范基本指引（试行）》相关规定制定的。（　　）

6. 税务师事务所涉税服务人员不得将委托人所托事务转托他人办理。（　　）

7. 税务师事务所涉税服务人员应当持续了解、及时掌握、准确理解、正确执行国家财会、税收政策和相关规定。（　　）

8. 对违反税务师职业道德相关规范的行为，中国注册税务师协会和地方注册税务师协会根据情节严重程度，采取相应的自律管理措施。（　　）

9. 资产评估机构应当对本机构的资产评估专业人员遵守法律、行政法规和资产评估准则的情况进行监督。（　　）

10. 资产评估机构及其资产评估专业人员应当遵守保密原则，对评估活动中知悉的国家秘密、商业秘密和个人隐私予以保密，在任何情况下，都不得在保密期限内向委托人以外的第三方提供保密信息。（　　）

四、案例分析题

甲公司的内部审计人员在本年审计工作中存在以下情况：

（1）内部审计人员张某不断学习并掌握审计、会计、财务、税务、经济、管理、内部控制、风险管理等相关专业知识。

（2）内部审计人员李某的外甥以 20 000 元好处费作为诱饵，来换取李某在实施内部审计业务时获取的商业信息，遭到李某的严词拒绝。

【要求】从内部审计人员职业道德规范一般原则的角度，分析评价张某、李某的行为。

参考文献

［1］财政部关于印发《会计人员职业道德规范》的通知（财会〔2023〕1 号），2023.

［2］申铖，梁晓纯. 倡导“三坚三守”推进诚信建设——我国首次制定会计人员职业道德规范.（2023－01－31）［2023－03－08］. http://www.gov.cn/xinwen/2023－01/31/content_5739420.htm.

［3］项怀诚. 会计职业道德. 北京：人民出版社，2003.

［4］项怀诚. 会计职业道德案例. 北京：经济科学出版社，2003.

［5］本书编写组. 会计职业道德和会计违法违纪案例. 北京：中国财政经济出版社，2012.

［6］全国会计从业资格考试辅导教材编写组. 财经法规与会计职业道德. 北京：经济科学出版社，2016.

［7］顾惠忠. 中航工业会计职业道德. 北京：航空工业出版社，2012.

［8］王东娓，等. 新时代职业道德建设读本. 北京：中国言实出版社，2020.

［9］叶陈刚，等. 会计职业道德. 北京：经济科学出版社，2019.

［10］杨明，等. 会计职业道德. 北京：中国财政经济出版社，2019.

［11］邓丽，等. 会计职业道德问题研究. 沈阳：辽海出版社，2019.

［12］张俊民. 商务伦理与会计职业道德. 上海：复旦大学出版社，2017.

［13］张曾莲. 商业伦理与会计职业道德. 北京：经济管理出版社，2015.

［14］张东风. 职业道德. 3 版. 北京：中国劳动社会保障出版社，2018.

［15］尹凤霞. 职业道德与职业素养. 北京：机械工业出版社，2015.

［16］何荣华. 财经法规与会计职业道德辅导读本. 2 版. 北京：中国财政经济出版社，2015.

［17］财政部会计资格评价中心. 经济法基础. 北京：经济科学出版社，2023.

［18］财政部会计资格评价中心. 初级会计实务. 北京：经济科学出版社，2023.

［19］会计专业精品教材编委会. 财经法规与会计职业道德. 3 版. 上海：立信会计出版社，2023.

［20］会计专业精品教材编委会. 财经法规与会计职业道德（第三版）训练题库. 上海：立信会计出版社，2023.

［21］张清亮，梁文涛. 财经法规与会计职业道德. 3 版. 北京：高等教育出版社，2023.

［22］张清亮，梁文涛. 财经法规与会计职业道德习题集. 3 版. 北京：高等教育出版社，2023.

［23］梁文涛. 经济法基础. 2 版. 北京：中国人民大学出版社，2024.

［24］梁文涛. 税法. 7 版. 北京：中国人民大学出版社，2023.

［25］梁文涛. 税法习题集. 北京：中国人民大学出版社，2023.

［26］1990—2024 年中华人民共和国相关财经、会计、税收等法律法规文件.

图书在版编目（CIP）数据

会计职业道德/梁文涛主编；苏杉，张清亮副主编
．--2 版．--北京：中国人民大学出版社，2023.10
普通高等学校应用型教材．会计
ISBN 978-7-300-32221-6

Ⅰ．①会… Ⅱ．①梁… ②苏… ③张… Ⅲ．①会计人员-职业道德-高等学校-教材 Ⅳ．①F233

中国国家版本馆 CIP 数据核字（2023）第 183227 号

普通高等学校应用型教材·会计
会计职业道德（第 2 版）
主　编　梁文涛
副主编　苏　杉　张清亮
Kuaiji Zhiye Daode

出版发行	中国人民大学出版社		
社　　址	北京中关村大街 31 号	**邮政编码**	100080
电　　话	010－62511242（总编室）		010－62511770（质管部）
	010－82501766（邮购部）		010－62514148（门市部）
	010－62515195（发行公司）		010－62515275（盗版举报）
网　　址	http://www.crup.com.cn		
经　　销	新华书店		
印　　刷	北京密兴印刷有限公司	**版　　次**	2021 年 2 月第 1 版
开　　本	787 mm×1092 mm　1/16		2023 年 10 月第 2 版
印　　张	14.25 插页 1	**印　　次**	2025 年 1 月第 4 次印刷
字　　数	306 000	**定　　价**	39.00 元

中国人民大学出版社　管理分社

教师教学服务说明

中国人民大学出版社管理分社以出版工商管理和公共管理类精品图书为宗旨。为更好地服务一线教师，我们着力建设了一批数字化、立体化的网络教学资源。教师可以通过以下方式获得免费下载教学资源的权限：

★ 在中国人民大学出版社网站 www.crup.com.cn 进行注册，注册后进入“会员中心”，在左侧点击“我的教师认证”，填写相关信息，提交后等待审核。我们将在一个工作日内为您开通相关资源的下载权限。

★ 如您急需教学资源或需要其他帮助，请加入教师 QQ 群或在工作时间与我们联络。

中国人民大学出版社　管理分社

教师 QQ 群： 648333426（工商管理）　114970332（财会）　648117133（公共管理）
教师群仅限教师加入，入群请备注（学校+姓名）

联系电话： 010-62515735，62515987，62515782，82501048，62514760

电子邮箱： glcbfs@crup.com.cn

通讯地址： 北京市海淀区中关村大街甲 59 号文化大厦 1501 室（100872）

管理书社　　人大社财会　　公共管理与政治学悦读坊